Mark Fisher – Gespenster meines Lebens

AF856882

Mark Fisher ist der Autor der Flugschrift »Kapitalistischer Realismus ohne Alternative?« (übersetzt von Peter Scheiffele Christian Werthschulte und Johannes Springer, Hamburg: VSA, 2013). Er schreibt unter anderem für *Sight & Sound*, *The Wire*, *The Guardian*, *Film Quarterly* und *frieze*. Er lehrt am Goldsmiths, University of London, wo er das MA-Programm »Aural and Visual Cultures« leitet, sowie an der University of East London. Mark Fisher lebt in Suffolk.

Titel der Originalausgabe: »Ghosts of my Life. Writings on Depression, Hauntology and Lost Futures«, Zero Books 2014.
© Mark Fisher 2013

Edition
TIAMAT
Deutsche Erstveröffentlichung
1. Auflage: Berlin 2015
© Verlag Klaus Bittermann
www.edition-timat.de
Druck: cpi books
Buchcovergestaltung: Felder Kölnberlin Grafikdesign
ISBN: 978-3-89320-195-2

Mark Fisher

Gespenster meines Lebens

Depression, Hauntology und die verlorene Zukunft

Aus dem Englischen von
Thomas Atzert

Critica
Diabolis
223

Edition
TIAMAT

Zöe, meiner Frau, und George, meinem Sohn

Inhalt

00: Verlorene Zukunft

»Das allmähliche Aufkündigen der Zukunft«

Zeit gibt es hier keine, jetzt nicht mehr.

Die letzte Folge der britischen Fernsehserie *Sapphire and Steel* endete mit Bildern, die geradezu dafür gemacht schienen, in meinem jugendlichen Kopf noch eine ganze Weile herumzuspuken. Sapphire und Steel, die beiden Titelhelden, gespielt von Joanna Lumley und David McCallum, finden sich in etwas wieder, was wie ein Tankstellencafé aus den 1940ern wirkt. Im Radio läuft ruhiger Big-Band-Jazz im Stil Glenn Millers. Ein weiteres Paar, ein Mann und eine Frau, deren Kleidung das Flair der vierziger Jahre verstärkt, sitzen an einem Nachbartisch. Die Frau, nunmehr im Stehen, sagt: »Das ist die Falle. Hier ist nirgendwo – auf immer und ewig.« Sie und ihr Begleiter verschwinden daraufhin, ihre gespenstischen Konturen verblassen, danach nichts mehr. Sapphire und Steel geraten in Panik. Sie betrachten die spärliche Einrichtung des Cafés, auf der Suche nach etwas, das ihnen zur Flucht dienen könnte. Es gibt nichts. Schließlich reißen sie die Vorhänge zurück, doch draußen ist nur schwarze Leere, in der Sterne funkeln. Einer Raumkapsel gleich treibt, so scheint es, das Café durch die Tiefen des Alls.[1]

Sehe ich mir heute diese ganz außergewöhnliche Schlusssequenz an, lassen mich die Bilder, das Café und wie es da im Weltall treibt, irgendwie an eine Kombination aus Edward Hopper und René Magritte denken. Solche Bezüge waren mir damals freilich unbekannt; und als ich später dann mit Hopper und Magritte in Berührung kam, erinnerten sie mich umgekehrt tatsächlich zunächst an *Sapphire and Steel*. Damals, im August 1982, war ich gerade fünf-

[1] *Sapphire and Steel*, TV-Serie, GB (ITV), 1979-1982.

zehn geworden. Es sollten mehr als zwanzig Jahre vergehen, bevor ich die Bilder wiedersah. Doch dank VHS, DVD und YouTube scheint inzwischen praktisch alles jederzeit verfügbar. Unter den Bedingungen digitaler Erinnerung geht der Verlust selbst verloren.

Der Abstand von dreißig Jahren lässt *Sapphire and Steel* in noch stärkerem Maße seltsam und fremd erscheinen. Es war Science Fiction ohne das genreübliche Drumherum, ohne Raumschiffe, Laserwaffen oder anthropomorphe Gegner: Es gab lediglich das zerfasernde Gefüge im Korridor der Zeit, in dem unheilbringende Wesen herumgeistern und sich dabei der Schwachstellen und Risse im chronologischen Kontinuum bedienen. Von Sapphire und Steel wissen wir nur, dass sie »Ermittler« besonderer Art waren, vermutlich nicht menschlich, ausgesandt von einer mysteriösen »Behörde«, um jene Störungen in der Zeit zu beheben. »Ausgangspunkt von *Sapphire and Steel*«, erklärt Peter J. Hammond, der Schöpfer der Serie, »war mein Wunsch, eine Detektivgeschichte zu schreiben, in der ›Zeit‹ eine wichtige Rolle spielen sollte. Mich hat das Phänomen Zeit immer schon interessiert, insbesondere auch die Vorstellungswelten von J. B. Priestley oder H. G. Wells, aber ich wollte mich dem Thema anders nähern. Statt also die Protagonisten rückwärts oder vorwärts durch die Zeit reisen zu lassen, sollte es um Brüche in der Zeit gehen, und nachdem diese Prämisse feststand, merkte ich, wieviel Potential darin steckte, zwei Agenten zu zeigen, deren Aufgabe es war, Brüche in der Zeit zu beheben.«[2]

Hammond hatte zuvor als Drehbuchautor für Krimiserien wie *The Gentle Touch* (dt. *Auf die sanfte Tour*) und *Hunter's Walk* gearbeitet und darüber hinaus auch für Fantasy-Kinderserien wie *Ace of Wands* und *Dramarama* geschrieben. Mit *Sapphire and Steel* erzielte er als Autor einen Er-

[2] Steve O'Brien, «The Story Behind *Sapphire & Steel*», in: *The Fan Can*.

folg, an den anzuknüpfen ihm später nicht noch einmal gelingen sollte. Die Voraussetzungen für derartige phantastische Geschichten im öffentlichen Fernsehen schwanden in den 1980er Jahren, als die britischen Medien sich zunehmend dem Diktat einer neoliberalen »Besatzungsmacht« beugten, wie Denis Potter, selbst Fernsehautor, es einmal formulierte. Heutzutage jedenfalls scheint kaum noch vorstellbar, auch das eine Folge jener neoliberalen Okkupation, wie solch eine Serie es jemals zur besten Sendezeit ins Fernsehen schaffen konnte – und das ausgerechnet auf ITV, dem damals einzigen kommerziellen Sender des Landes. Tatsächlich gab es seinerzeit in Britannien überhaupt nur drei Fernsehkanäle: BBC 1, BBC 2 und eben ITV; erst einige Monate nach dem Ende der Serie sollte Channel 4 auf Sendung gehen.

Gemessen an Erwartungen, wie *Star Wars* sie geweckt hatte, kam *Sapphire and Steel* recht billig und verspielt daher. Selbst 1982 sahen die Chroma-Key-Tricks wenig überzeugend aus, und der Umstand, dass es nur minimalistische Kulissen und eine recht überschaubare Besetzung gab (tatsächlich wirkten bei den meisten »Aufträgen« neben Lumley und McCallum nur eine Hand voll anderer mit), erweckte eher den Eindruck einer Theaterproduktion. Dennoch entstand keine plumpe Vertrautheit, wie man sie aus dem zeitgenössischen Wohnküchennaturalismus kannte. *Sapphire and Steel* hatte mehr mit der rätselhaften und bedrückenden Atmosphäre gemein, wie sie Stücke Harold Pinters schaffen, die in den siebziger Jahren des Öfteren im Programm der BBC auftauchten.

Aus der Perspektive des 21. Jahrhunderts betrachtet, wirken eine ganze Reihe von Dingen an der Serie bemerkenswert. Erstens die kompromisslose Weigerung, dem Publikum »entgegenzukommen«, wie wir das gewöhnlich erwarten. Zum Teil sind die Gründe konzeptioneller Art: *Sapphire and Steel* bleibt kryptisch, die Geschichten und die Hintergründe werden niemals vollständig offengelegt, geschweige denn erklärt. Die Serie steht weniger *Star Wars* als den BBC-Adaptionen von John Le Carrés Smiley-Romanen nahe – *Tinker Tailor Soldier Spy* (dt. *Dame, König, As, Spion*) war als Miniserie 1979 auf Sendung, die erste Folge der Nachfolgeproduktion *Smiley's People* (dt. *Agent in eigener Sache*) lief einen Monat nach dem Ende von *Sapphire and Steel*. Doch auch die emotionale Grundhaltung des Ganzen ist bemerkenswert: Beiden Protagonisten und der Serie insgesamt fehlt vollkommen die Wärme und die ironische Art, die heute in Unterhaltungsformaten als selbstverständlich gelten. McCallums Steel begegnet anderen, deren Wege er wider Willen kreuzt, mit technokratischer Teilnahmslosigkeit, und obwohl er stets seine Aufgabe im Auge behält, ist er leicht reizbar, ungeduldig und häufig genervt von der Art und Weise, wie Menschen durch ihr Leben stolpern. Lumleys Sapphire wirkt sympathischer, auch wenn man dabei das Gefühl nicht los wird, ihre offenkundige Zuneigung Menschen gegenüber habe etwas von der gutmütigen Begeisterung vieler Halter für ihre Vierbeiner. Die emotionale Kälte, die *Sapphire and Steel* von Anfang an auszeichnet, bekommt zudem mit dem letzten Auftrag eine eindeutig pessimistische Färbung. Die Le-Carré-Parallelen verdichten sich in dem dunklen Verdacht, die Protagonisten seien, ganz wie in *Tinker Tailor Soldier Spy*, von der eigenen Seite verraten worden.

Ein weiteres Element ist die beiläufige Musik Cyril Ornadels. Wie Nick Edwards feststellt, sorgen »Ornadels für ein kleines Ensemble (vorwiegend aus Holzblasinstrumenten) arrangierte Kompositionen, die großzügig mit elektronischen Effekten (wie Ringmodulationen oder Echo/Hall) arbeiten, um die Dramatik und das nur angedeutete Ungeheuerliche zu intensivieren, für weitaus mehr Schauer und sind atmosphärisch dichter als alles, was heutzutage im medialen Mainstream zu finden sein dürfte«.[3]

[3] Nick Edwards, »Sapphire & Steel«, in: *The Gutterbreakz*, 13.5.2009.

Sapphire and Steel verfolgte nicht zuletzt die Absicht, Geistergeschichten aus einem viktorianischen Umfeld herauszulösen und auf heutige belebte oder auch gerade verlassene Schauplätze zu verlagern. Ihr erwähnter letzter Auftrag führt die beiden Agenten zu einer kleinen Tankstelle. An den Fenstern und Wänden der Werkstatt und des angrenzenden Cafés prangen Firmenlogos: *Access*, *7 Up*, *Castrol GTX*, *LV*. Dieser »Zwischenort« ist ein Paradebespiel dessen, was der Anthropologe Marc Augé 1992 in seiner gleichnamigen Studie *Non-lieux*, »Nicht-Orte«, nennen sollte – typische Orte des Transits wie Einkaufszentren oder Flughäfen, wie sie die Räumlichkeit des Spätkapitalismus zunehmend bestimmen.[4] Tatsächlich ist die provinzielle Tankstelle in *Sapphire and Steel* auf eine eigenartige Weise anheimelnd, verglichen jedenfalls mit den typischen geklonten Monstren, die sich in den darauffolgenden dreißig Jahren an den Autobahnen breit machten.

Die Aufgabe, die auf Sapphire und Steel bei ihrem letzten Auftrag wartet, ist wie immer ein Problem in der Ordnung der Zeit. An der Tankstelle gibt es Echos aus der Vergangenheit: Ständig tauchen Bilder und Personen aus den Jahren 1925 und 1948 wieder auf, sodass, wie Silver, ein Agentenkollege der beiden Protagonisten, es formuliert, »die Zeiten sich auf eine Art vermischen, zusammenstoßen und durcheinandergeraten, die keinerlei Sinn ergibt«. Anachronismen und das Ineinanderrutschen einzelner, diskreter Zeitabschnitte markieren in der gesamten Serie symptomatisch den Zusammenbruch zeitlicher Ordnung. Bereits bei einem der vorhergehenden Aufträge bemängelte Steel nicht zuletzt die menschliche Angewohnheit, Gegenstände aus unterschiedlichen Epochen wahllos zusammenzustellen,

[4] Marc Augé, *Non-lieux. Introduction à une anthropologie de la surmodernité*, Paris: Éd. du Seuil, 1992 (dt. *Orte und Nicht-Orte. Vorüberlegungen zu einer Ethnologie der Einsamkeit*, übers. von Michael Bischoff, Frankfurt a. M.: S. Fischer, 1994).

löse solche zeitlichen Anomalien aus. Beim letzten Auftrag nun schlägt die anachronistische Störung in Stasis um: Die Zeit kommt zum Stillstand. Die Tankstelle befindet sich »in einem Loch, in einem Vakuum«. Noch immer »fahren Autos, doch sie fahren nirgendwohin«: Die Verkehrsgeräusche verschmelzen zu einem Brummen in einer akustischen Endlosschleife. »Zeit gibt es hier keine, jetzt nicht mehr«, stellt Silver fest. Die ganze Szenerie wirkt wie eine Eins-zu-eins-Übertragung eines Passus aus Harold Pinters Stück *No Man's Land*: »Sie sind im Niemandsland. Das sich nie regt, sich nie ändert, nie älter wird, doch ewig bleibt, eisig und stumm.«[5] Hammond berichtet, dass er eigentlich nicht beabsichtigt hatte, die Serie hier enden zu lassen. Er hatte gedacht, dass sie, nach einer Pause, irgendwann eine Fortsetzung finden würde. Doch es kam zu keiner Fortsetzung – jedenfalls nicht im Fernsehen. 2004 kehrten Sapphire und Steel in einer Hörspielreihe mit neuen Abenteuern zurück, doch weder Hammond noch McCallum oder Lumley wirkten dabei mit, und auch die Zielgruppe war inzwischen keineswegs mehr die Fernsehöffentlichkeit, sondern jene Art Nischenpublikum, wie die digitale Kultur es typischerweise bedient. In einem endlosen Schwebezustand, ohne Hoffnung auf einen Ausweg und ohne dass eine umfassende Erklärung für ihre missliche Lage – so wenig wie für ihre Herkunft – gegeben würde, erscheint das Gefangensein Sapphires und Steels in diesem Café im Nirgendwo wie der Vorgeschmack eines verallgemeinerten Zustands, in dem das Leben weitergeht, doch die Zeit irgendwie zum Stillstand gekommen ist.

[5] Harold Pinter, *No Man's Land* (1974), in: *Complete Works*, Bd. IV: 1971-1981, New York: Grove Press, 1990, S. 153 (dt. *Niemandsland*, übers. von Renate und Martin Esslin, in: *5 Theaterstücke*, Reinbek bei Hamburg: Rowohlt, 1976, S. 44).

Das allmähliche Aufkündigen der Zukunft

Ich möchte in diesem Buch die Behauptung untermauern, dass die Kultur des 21. Jahrhunderts durch einen die Zeit suspendierenden Stillstand und eine Unbeweglichkeit gekennzeichnet ist, wie Sapphire und Steel ihnen bei ihrem letzten Auftrag begegnen. Doch diese Stasis ist verborgen (und begraben) unter einer oberflächlichen Gier nach »Neuheit« und ständiger Bewegung. Das Durcheinandergeraten der Zeit, das Ineinanderfließen verschiedener Zeiten ist keiner Erwähnung mehr wert; es hat sich so verallgemeinert, dass wir es nicht einmal mehr bemerken.

In seinem Buch *After the Future* beschreibt Franco Berardi (Bifo), wie »das allmähliche Aufkündigen der Zukunft in den 1970ern und 1980ern an Fahrt aufnahm«, und er präzisiert:

> »Dabei steht ›Zukunft‹ nicht einfach für die Richtung der Zeit. Eher denke ich an psychologische Dispositionen in einer kulturellen Situation, die durch fortschreitende Modernisierung charakterisiert zu sein scheint, oder auch an die im Verlauf des langen Aufstiegs der Moderne fabrizierten kulturellen Erwartungen, die in den Jahren nach dem Zweiten Weltkrieg einen Höhepunkt erreichten. In derartige Erwartungen schreibt sich der konzeptionelle Bezugsrahmen einer unendlich voranschreitenden Entwicklung ein, wenn auch unterschiedlich ausgeformt: als hegelmarxistische Mythologie der *Aufhebung*, auf der die neue Totalität des Kommunismus gründet, als bourgeoise Mythologie einer linearen Entwicklung von Wohlstand und Demokratie, als technokratische Mythologie von der Allmacht der Wissenschaft etc.
>
> Meine Generation wuchs in der Blütezeit einer solchen mythologischen Temporalisierung auf, und es ist sehr schwer, wenn nicht unmöglich, das wieder los zu werden und die Wirklichkeit nicht durch die Brille einer solchen

Zeitwahrnehmung zu betrachten. Ich werde wohl niemals im Leben in der Lage sein, mich an diese neue Realität zu gewöhnen, ganz gleich, wie evident, unmissverständlich oder auch dramatisch die gesellschaftliche Konstellation dies nahelegt.«[6]

Bifo gehört der Generation vor mir an, doch stehen wir, was den Bruch in der Wahrnehmung der Zeit anbelangt, beide auf derselben Seite. Wie er werde ich wohl niemals wirklich imstande sein, mich auf die Paradoxien dieser neuen Situation einzustellen. Nun liegt die Versuchung ziemlich nahe, von hier aus in ein nur allzu vertrautes Narrativ zu verfallen, nämlich den Alten anzulasten, mit dem Neuen nicht zurechtzukommen und lediglich zu beklagen, zu ihrer Zeit sei es besser gewesen. Doch gerade dieses Bild – einschließlich der Annahme, die Jungen stünden automatisch an der Spitze des kulturellen Wandels – ist heute überholt.

Es ist weniger das Besorgnis erregende oder Unverständnis auslösende »Neue« als vielmehr gerade das schiere Fortbestehen identifizierbarer Formen, das all jene verstört, deren Erwartungen in früheren Zeiten geprägt wurden. Nirgendwo wird dies deutlicher als in der populären Musikkultur. Die Veränderungen und Umbrüche im Pop dienten vielen von uns, die in den Sechzigern, Siebzigern oder Achtzigern aufwuchsen, als Maßstab und Gradmesser für einen sich vollziehenden kulturellen Wandel – wie auch für den Lauf der Zeit im Allgemeinen. Doch die Musik des beginnenden 21. Jahrhunderts löst gerade dies nicht mehr aus; der »Zukunftsschock« ist verschwunden. Ein einfaches Gedankenexperiment illustriert dies schlagend: Stellen wir uns vor, ein beliebiges in letzter Zeit veröffentlichtes Stück

[6] Franco Berardi (Bifo), *After The Future*, hg. von Gary Genosko und Nicholas Thoburn, übers. von Arianna Bove, Melinda Cooper, Erik Empson, Enrico, Giuseppina Mecchia und Tiziana Terranova, Edinburgh/Oakland, CA: AK Press, 2011, S. 18-19.

würde durch die Zeit zurückgebeamt, meinetwegen ins Jahr 1995, und liefe dort im Radio. Beim Publikum hielte sich die Überraschung in Grenzen. Ein Schock für die Hörerinnen und Hörer von 1995 wäre im Gegenteil wohl eher die Vertrautheit des Sounds: Sollte die Musik sich tatsächlich in den kommenden zwei Jahrzehnten so wenig verändern? Der Gegensatz zu den raschen Stilwechseln der 1960er bis 1990er Jahre ist unverkennbar: Ein 93er Jungle-Track beispielsweise hätte sich für Leute im Jahr 1989 so unerhört neu angehört, dass damit alles, was für sie Musik war oder hätte sein können, in Frage gestellt gewesen wäre. Beherrschte die experimentelle Popkultur im 20. Jahrhundert ein rekombinatorisches Delirium, getragen von der Emphase unbegrenzt verfügbarer Neuheit, so lastet auf dem 21. Jahrhundert der Alp der Endlichkeit und Erschöpfung. So fühlt sich keine Zukunft an. Oder vielmehr: Es fühlt sich an, als hätte das 21. Jahrhundert noch nicht einmal begonnen. Wir sitzen in der Falle des 20. Jahrhunderts, so wie Sapphire und Steel damals in ihrem Tankstellencafé.

Das allmähliche Aufkündigen der Zukunft ist von einer Deflation der Erwartungen begleitet. Es wird heute nur wenige geben, die überzeugt sind, in nächster Zeit sei mit der Veröffentlichung eines Albums vergleichbarer Größe wie meinetwegen *Funhouse* von den Stooges oder wie *There's a Riot Goin' On* von Sly and the Family Stone zu rechnen. Und noch weniger erwarten wir einen epochalen Bruch, wie ihn vielleicht die Beatles oder Disco brachten. Das Gefühl, zu spät dran zu sein, den Goldrausch verpasst zu haben, ist heute omnipräsent, auch wenn es allenthalben bestritten wird. Nun wird, wer die Ödnis der Gegenwart mit dem fruchtbaren Boden vergangener Zeiten vergleicht, gern und schnell der »Nostalgie« beschuldigt, doch setzen heutige Künstler in einer Weise auf längst etablierte Stilmittel, die zumindest nahelegt, eine Art *formaler Nostalgie* halte die Gegenwart in ihrem Griff – mehr dazu gleich.

Nicht, dass gar nichts passiert wäre in diesen Jahren des

allmählichen Aufkündigens der Zukunft. Ganz im Gegenteil: Jene drei Jahrzehnte waren Zeiten massiven Wandels und traumatischer Veränderungen. In Großbritannien markierte die Wahl Margaret Thatchers zur Premierministerin das Ende der mitunter schwierigen Kompromisse, die den sozialen »Konsens« der Nachkriegszeit kennzeichneten. Thatchers neoliberales politisches Programm wurde begleitet und verstärkt durch eine transnationale Restrukturierung der kapitalistischen Ökonomie. Der Übergang zum sogenannten Postfordismus – mitsamt Globalisierung, einer Allgegenwart von Computern und der Prekarisierung der Lohnarbeit – führte zu einer totalen Umwälzung der Art und Weise, wie Arbeit und Freizeit organisiert waren. In den vergangenen zehn, fünfzehn Jahren schließlich verwandelten Internet und Mobilkommunikation die Struktur unserer Alltagserfahrungen grundlegend, teilweise bis zur Unkenntlichkeit. Immer deutlicher wird spürbar, vielleicht gerade *aufgrund* dieser ganzen Entwicklungen, dass Kunst und Kultur die Fähigkeit verloren haben, unsere Gegenwart zu fassen und zu artikulieren. Natürlich könnte es auch sein, dass es in einem gewissen, letztlich entscheidenden Sinn gar keine Gegenwart mehr gibt, die sich fassen und artikulieren ließe.

Betrachten wir nur das Schicksal der sogenannten futuristischen Musik. Im Popmusikbereich hat »futuristisch« schon lange aufgehört, sich auf eine zu erwartende, andersgeartete Zukunft zu beziehen; stattdessen bezeichnet das Konzept etablierte Stilmittel, ähnlich der Verwendung einer bestimmten Typographie. Als »futuristisch« gilt uns immer noch etwas in der Art der Musik von Kraftwerk, auch wenn deren Musik heute ebenso betagt ist wie es Glenn Millers Big-Band-Jazz in den frühen 1970ern war, als die deutsche Gruppe erstmals mit Synthesizern experimentierte.

Wo gibt es für das 21. Jahrhundert etwas Kraftwerk Vergleichbares? Entsprang die Musik von Kraftwerk einem Moment der Unzufriedenheit dem Etablierten gegenüber, so charakterisiert die Gegenwart ein seltsames Arrangement mit der Vergangenheit. Mehr noch, die Unterscheidung zwischen Vergangenheit und Gegenwart selbst bricht gerade zusammen. 1981 schienen die sechziger Jahre weit ferner als heute. Seither ist in der Kultur die Zeit kollabiert, und lineare Entwicklung wich einer merkwürdigen Simultaneität.

Zwei Beispiele mögen genügen, diese seltsame Zeitlichkeit zu illustrieren. Als ich das Video zur 2005er Single »I Bet You Look Good On The Dancefloor« von den Arctic Monkeys zum ersten Mal sah, glaubte ich ernsthaft, es sei irgendein verschollenes Stück aus der Zeit um 1980. Alles in dem Video – Licht, Kleidung, Haarschnitte – erweckte den Eindruck, es handle sich um einen Ausschnitt aus *The Old Grey Whistle Test*, der »seriösen« Rockmusik-Show jener Zeit auf BBC 2. Zudem gab es zwischen Look und Sound keinerlei Diskrepanz. Zumindest beim oberflächlichen Hören hätte das Ganze genauso gut von einer Post-Punk-Gruppe aus den frühen Achtzigern stammen können. Analog zum oben beschriebenen Gedankenexperiment ist »I Bet You Look Good On The Dancefloor« deshalb durchaus als ein Beitrag in *The Old Grey Whistle Test* vorstellbar, ohne das Publikum von 1980 zu verwirren. Und den Verweis auf »1984« im Chorus hätten damalige Hörerinnen und Hörer – wie ich auch – ebenso gut auf die Zukunft beziehen können.

Das Ganze ist allemal frappierend. Drehen wir die Zeit von 1980 aus 25 Jahre zurück, gelangen wir zu den Anfängen des Rock'n'Roll. Doch Musik, die an Buddy Holly oder Elvis erinnerte, hätte in den Achtzigern unzeitgemäß geklungen. Natürlich erschienen damals solche Stücke, aber sie galten als *Retro* und wurden entsprechend vermarktet. Wenn die Arctic Monkeys 2005 nicht als Retro-Gruppe angesehen wurden, so nicht zuletzt deshalb, weil es kein »Jetzt« gab, von dem sich ihre Rückwendung abhob. In den 1990ern war es möglich, etwas wie das Revival des Britpop durch den Vergleich mit experimentellen Strömungen im britischen Dance Underground oder im US-amerikanischen R&B einzuordnen. Doch 2005 hatte die Innovationsrate auf beiden Gebieten immens nachgelassen. Auch wenn die britische Dance-Szene sehr viel lebendiger als Rock bleibt, beschränkt sich der Wandel auf verschwindend geringe, inkrementelle und überwiegend nur von Eingeweihten wahrnehmbare Veränderungen – es gibt keinen der Umbrüche, wie sie in den Neunzigern zu hören waren, als Rave von Jungle und Jungle von Garage abgelöst wurde. Während ich diese Zeilen schreibe, erinnert eine der dominanten Strömungen im Pop – der globalisierte Club-Sound, der R&B verdrängt hat – überdeutlich an Euro-Trance, einen besonders langweiligen europäischen Cocktail aus den 1990ern, zusammengerührt aus den fadesten Bestandteilen von House und Techno.

Zweites Beispiel. Zum ersten Mal hörte ich »Valerie« in der Version von Amy Winehouse, als ich durch ein Einkaufszentrum lief, im Übrigen vielleicht der perfekte Ort für das Stück. Bis dahin hatte für mich festgestanden, dass die Zutons, eine Indie-Rock-Band, »Valerie« erstmals aufgenommen hatten; doch der antiquierte Sixties-Soul-Sound der nun gehörten Aufnahme und auch der Gesang (den ich beim flüchtigen Hören zunächst nicht als den von Amy Winehouse identifizierte) erschütterten vorübergehend meine Überzeugung: Handelte es sich bei der Aufnahme der Zutons nicht um ein Cover dieser offenbar »älteren« Nummer, die ich bislang nur noch nicht gehört hatte? Natürlich dauerte es nicht lange zu erkennen, dass der Sixties-Soul-Sound lediglich eine Simulation war und hier der Zutons-Song gecovert wurde, arrangiert in dem aufgemotzten Retro-Stil, auf den sich Mark Ronson, der Produzent des Albums, spezialisiert hatte.

Ronsons Produktionen illustrieren beinahe mustergültig, was Fredric Jameson die »Nostalgie-Welle« nennt. Jameson identifizierte diese Tendenz bereits Anfang der 1980er Jahre in bemerkenswert vorausschauenden Essays zur Postmoderne.[7] »Valerie« oder die Arctic Monkeys sind für das postmoderne Retro so typisch durch die Art und Weise, wie der Anachronismus umgesetzt wird. Sie klingen »historisch« genug, um die Performance beim ersten Hören als einer nachgemachten Vergangenheit zugehörig durchgehen zu lassen, doch gleichzeitig stimmt irgendwas nicht. Diskrepanzen in der Textur – Ergebnis moderner Studio- und Aufnahmetechniken – verweisen darauf, dass sie weder der Gegenwart noch der Vergangenheit angehören, sondern einer vermeintlich »zeitlosen« Epoche, ewigen Sechzigern oder ewigen Achtzigern. Deren »klassischer« Sound kann dank neuer Technologie immer wieder aufpoliert werden und lässt dabei die Zwänge seines historischen Entstehungszusammenhangs ganz hinter sich.

Wenn Jameson eine Nostalgiewelle diagnostiziert, so bezeichnet dies – und es ist wichtig, sich darüber im Klaren zu sein – kein psychologisches Phänomen. Tatsächlich schließt Jamesons theoretischer Ansatz das Psychologische sogar eher aus, da die Nostalgiewelle, die er vor Augen hat, in dem Moment ins Rollen kommt, da ein historisches Verständnis von Zeit zusammenbricht. Eine Gestalt, die in der Lage ist, echte Sehnsucht nach der Vergangenheit zu zeigen und auszudrücken, gehört hingegen geradezu paradigmatisch zur Moderne – zu denken wäre etwa an die überragende Art, in der Marcel Proust oder James Joyce das Einholen verlorener Zeit zum Gegenstand machen. Jamesons Nostalgiewelle ist daher eher im Sinn einer *formalen* Hinwendung zu Techniken und Formen der Vergangenheit zu verstehen, eine Konsequenz der Absage an die mit der Moderne ver-

[7] Vgl. etwa Fredric Jameson, »Postmodernism, or The Cultural Logic of Late Capitalism«, in: *New Left Review* 146, 1984, insb. S. 66-68 (dt. »Postmoderne. Zur Logik der Kultur im Spätkapitalismus«, übers. von Hildegard Föcking und Sylvia Klötzer, in: Andreas Huyssen und Klaus R. Scherpe (Hg.), *Postmoderne. Zeichen eines kulturellen Wandels*, Reinbek: Rowohlt, 1986, S. 63-66).

bundene Anforderung, zeitgenössische Erfahrung zum Maßstab der Innovation kultureller Formen zu machen. Jamesons Beispiel ist der heute halb vergessene Film *Body Heat* (dt. *Heißblütig – Kaltblütig*) von Lawrence Kasdan aus dem Jahr 1981, der, obwohl die Handlung »eigentlich« in den Achtzigern situiert ist, den Eindruck erweckt, als spiele er in den dreißiger Jahren. *Body Heat* sei, so Jameson,

> »technisch gesehen kein Nostalgiefilm, da der Ort der Handlung eine zeitgenössische Kleinstadt in Florida ist, nicht weit von Miami. Tatsächlich aber bleibt diese Zeitgenossenschaft sehr unklar. [...] Technisch gesehen [...] sind die Objekte (die Autos beispielsweise) Produkte der 1980er Jahre, doch alles in dem Film ist darauf angelegt, diese unmittelbaren zeitgenössischen Bezüge zu verschleiern und es so zu ermöglichen, ihn zugleich als einen Nostalgiefilm zu rezipieren – als eine Erzählung, die in einer undefinierten nostalgischen Vergangenheit angesiedelt ist, den ›ewigen‹ dreißiger Jahren etwa, außerhalb der Geschichte. Äußerst symptomatisch scheint mir, dass der Stil von Nostalgiefilmen heute auch Produktionen besetzt und kolonisiert, die in der Jetztzeit spielen, ganz so als ob wir, aus welchen Gründen auch immer, nicht in der Lage wären, uns auf unsere eigene Gegenwart zu konzentrieren, als ob uns die Fähigkeit abhandengekommen wäre, unsere Gegenwartserfahrung ästhetisch darzustellen. Doch wenn das zutrifft, ist es zugleich ein schreckliches Armutszeugnis für den Konsumkapitalismus – oder zumindest ein alarmierendes und pathologisches Symptom einer Gesellschaft, die außerstande ist, sich mit Zeit und Geschichte auseinanderzusetzen.«[8]

[8] Fredric Jameson, »Postmodernism and Consumer Society«, in: ders., *The Cultural Turn. Selected Writings on the Postmodern*, 1983-1998, London/New York: Verso, 1998, S. 9-10.

Die Weigerung, sich explizit auf die Vergangenheit zu beziehen, verhindert, dass *Body Heat* tatsächlich zu einem in einer früheren Zeit situierten Nostalgiefilm wird. Das Ergebnis ist ein Anachronismus besonderer Art, und paradoxerweise charakterisieren das »Verschleiern des Zeitgenössischen« und das »Schwinden von Historizität« zunehmend unsere kulturelle Erfahrung.[9] Als ein weiteres Beispiel der von ihm beschriebenen Nostalgiewelle führt Jameson *Star Wars* an:

> »Eine der prägenden kulturellen Erfahrungen der Generationen, die zwischen den 1930er und den 1950er Jahren aufwuchsen, waren Samstagnachmittagsserien in der Art von Buck Rogers: Da gab es außerirdische Schurken, wahre amerikanische Helden, Protagonistinnen in Not, Todesstrahlen und Weltuntergangsszenarien, und am Ende den Cliffhanger, dessen wundersamer Ausgang erst am Samstag darauf zu bestaunen war. *Star Wars* bringt diese Erfahrung in der Form eines Pastiche wieder zurück – ohne solche Serien zu parodieren, schließlich sind sie seit langem ausgestorben. *Star Wars* ist daher keine sinnfreie Satire auf jene toten Formen, sondern befriedigt vielmehr ein tiefes (und vielleicht sogar unterdrücktes?) Verlangen, sie zurückzuholen; so entsteht ein komplexes Objekt, bei dem auf einer ersten Ebene Kinder und Jugendliche die Abenteuer als solche rezipieren können, während das erwachsene Publikum ein tieferes und im eigentlichen Sinn nostalgisches Verlangen zu befriedigen in der Lage ist: das Begehren, in jene alten Zeiten zurückzukehren und die Erfahrung jener überaus merkwürdigen ästhetischen Artefakte noch einmal zu durchleben.«[10]

[9] Vgl. Jameson, »Postmoderne«, S. 66.
[10] Jameson, »Postmodernism and Consumer Society«, S. 8.

Es ist in diesem Fall keine Sehnsucht nach einer bestimmten Zeit oder Epoche (und falls doch, so allenfalls indirekt): Die Nostalgie, die Jameson hier beschreibt, ist die nach einer *Form*. Der postmoderne Anachronismus findet in *Star Wars* in besonderer Weise seinen Niederschlag, nicht zuletzt durch die Art, wie hier Technologie eingesetzt wird, um die Archaik der Form zu bemänteln. Die eigenen Ursprünge in verstaubten Abenteuerserien werden eskamotiert, und dank nie dagewesener, mithilfe modernster Technologie geschaffener Special Effects kann *Star Wars* als »neu« erscheinen. Baut Kraftwerk in geradezu paradigmatisch moderner Weise auf Technologie, um neue Formen hervortreten zu lassen, so dient der Einsatz von Technologie im Nostalgiemodus lediglich dem Zweck, das Alte aufzupolieren. Das Ziel lautet, das Verschwinden der Zukunft als ihr Gegenteil zu maskieren.

Die Zukunft verschwand nicht über Nacht. Bifos Formel vom »allmählichen Aufkündigen der Zukunft« ist so treffend, weil sie das sukzessive, doch zugleich unaufhaltsame Erodieren von Zukunft im Verlauf der vergangenen rund drei Jahrzehnte zu fassen erlaubt. Die späten 1970er und frühen 1980er waren zweifellos der Moment, als die gegenwärtige Krise kultureller Zeitlichkeit zum ersten Mal zu spüren war, doch sollte es noch bis ins erste Jahrzehnt des 21. Jahrhunderts dauern, bis der von Simon Reynolds als »Dyschronie« bezeichnete Zustand endemisch wurde. Diese Dyschronie, diese temporale Disjunktion, sollte sich unheimlich anfühlen, doch die Prädominanz dessen, was Reynolds »Retromanie«[11] nennt, führt dazu, dass dieser Zustand jedwede Dimension des *Unheimlichen* verloren hat: Der Anachronismus wird nunmehr als selbstverständlich hinge-

[11] Vgl. Simon Reynolds, *Retromania. Pop Culture's Addiction to Its Own Past*, London: Faber & Faber, 2011 (dt. *Retromania. Warum Pop nicht von seiner Vergangenheit lassen kann*, übers. von Chris Wilpert, Mainz: Ventil, 2012).

nommen. Die von Jameson beschrieben Postmoderne mit ihren Vorlieben für Retrospektive und Pastiche wurde naturalisiert. Nehmen wir nur die erstaunlichen Erfolge von Adele: Obgleich ihre Musik nicht als Retro daherkommt, gibt es an den Stücken nichts für das 21. Jahrhundert Charakteristisches. Wie so viele Produktionen in der zeitgenössischen Popkultur vermitteln Adeles Alben ein vages doch bleibendes Gefühl von Vergangenheit, ohne an einen spezifischen historischen Moment zu erinnern.

Jameson sieht im postmodernen »Schwinden von Historizität« die »Logik der Kultur im Spätkapitalismus«, doch sagt er kaum etwas darüber, warum in seinen Augen beides synonym ist. Weshalb führte der Aufstieg des neoliberalen, postfordistischen Kapitalismus zu einer durch Retrospektion und Pastiche geprägten Kultur? Vielleicht lassen sich an dieser Stelle ein paar vorläufige Überlegungen formulieren. Die erste bezieht sich auf den Konsum. Könnte die vom neoliberalen Kapitalismus vorangetriebene Zerstörung von Solidarität und Sicherheit nicht im Gegenzug die Sehnsucht nach Gängigem und Vertrautem gefördert haben? Paul Virilio etwa beschreibt eine »polare Trägheit«, in gewisser Weise eine Folge der massiven Beschleunigung im Bereich der Kommunikation und zugleich ein Gegengewicht dazu.[12] Als Beispiel hierfür nennt Virilio Howard Hughes, der 15 Jahre lang in einem Hotelzimmer lebte, wo er ununterbrochen *Ice Station Zebra* schaute. Hughes, einst ein Luftfahrtpionier, war zu einem frühen Entdecker auf dem Terrain geworden, das der Cyberspace der menschlichen Existenz erschließen sollte, einem Terrain, auf dem der Zugang zur gesamten Kulturgeschichte keiner physischen Mobilität mehr bedarf. Bifo seinerseits macht geltend, die Intensivierung und Prekarisierung der Arbeit im Spätkapitalismus

[12] Paul Virilio, »Polare Trägheit«, übers. von Hans-Walter Schmidt, in: *Technopathologien*, hg. von Bernhard J. Dotzler, München: Fink, 1992, S. 171-189.

versetze die Menschen in einen Zustand ständiger Erschöpfung bei gleichzeitiger Reizüberflutung. Die Kombination prekärer Arbeit und digitaler Kommunikation führe zu permanentem Aufmerksamkeitsstress. Eine solche insomnische Überforderung führe dazu, die Kultur zu deerotisieren. Für Verführungskünste bleibe keine Zeit, so Bifo, und eine Mittel wie Viagra verweise entsprechend weniger auf ein organisches denn auf ein kulturelles Defizit: Weil es uns über die Maßen an Zeit, Energie und Aufmerksamkeit mangelt, suchen wir nach schneller Abhilfe. Retro verspricht – wie Pornographie, für Bifo ebenso exemplarisch – eine solche schnelle und bequeme Lösung, durch die nur minimale Variation schon vertrauter Befriedigung.

Eine andere Erklärung der Verknüpfung von Spätkapitalismus und Retrospektion stellt die Produktion in den Mittelpunkt. Ungeachtet aller Neuheit und Innovation beschwörenden Rhetorik hat der neoliberale Kapitalismus sukzessive, gleichwohl systematisch Künstlerinnen und Künstler der notwendigen Ressourcen beraubt, um Neues zu schaffen. In Großbritannien etwa bildeten Nachkriegs-Sozialstaat und nicht zuletzt Stipendien für Studierende eine Art indirekter Förderung für den größten Teil der Experimente in der Popkultur der 1960er bis 1980er Jahre. Der danach einsetzende ideologische und praktische Angriff auf den staatlichen Sektor und der Kahlschlag bei den öffentlichen Ausgaben bedeuteten eine massive Dezimierung der Räume, die Kunstschaffenden vor dem Zwang, etwas unmittelbar Erfolgreiches zu produzieren, eine Zuflucht boten. In dem Maß, wie der öffentliche Rundfunk »marktorientierter« wurde, ist in der kulturellen Produktion eine zunehmende Tendenz zu beobachten, dem bereits Arrivierten nachzueifern. Hinzu kommt, dass die gesellschaftlichen Möglichkeiten, sich zeitweise aus (bezahlter) Arbeit zurückzuziehen und sich ganz in eine künstlerische Produktion abseits des Marktes zu stürzen, drastisch reduziert sind. Wenn es etwas gibt, das mehr als alles andere zum Kulturkonservatismus beiträgt, so ist es die inflationäre Kostenentwicklung auf dem Wohnungs- und Immobilienmarkt. Nicht zufällig fällt die Blütezeit des künstlerischen Aufbruchs der Punk- und Post-Punk-Szenen in London und New York in die späten 1970er und frühen 1980er Jahre, als in diesen Städten reichlich billiger und besetzter Raum zur Verfügung standen. Seither verringerten der Niedergang des sozialen Wohnungsbaus, die harte Linie gegen Hausbesetzungen und die Kostenexplosion für Wohn- und Arbeitsräume die für die künstlerische Produktion disponible Zeit und Energie massiv. Doch vermutlich erst mit dem Siegeszug des digitalen Kommunikationskapitalismus spitzte sich diese Entwicklung endgültig krisenhaft zu. Der von Bifo beschriebene Aufmerksamkeitsstress betrifft natürlich die Künstlerinnen und Künstler ebenso wie das Publikum. Neues zu produzieren ist immer auf die eine oder andere Art mit einem Rückzug verbunden, sei dieser nun auf das soziale Umfeld oder auf bestehende formale Konventionen bezogen; angesichts der Dominanz sozialer Netzwerke mit ihren endlosen Möglichkeiten zu Mikrokontakten und einer Flut von YouTube-Links im Cyberspace jedoch wird ein solcher Rückzug schwieriger denn je. Tatsächlich hat sich in den letzten Jahren, Simon Reynolds brachte es auf den Punkt, das Alltagsleben beschleunigt, die Kultur hingegen verlangsamt.

Was immer die Gründe für die Pathologien der Zeitlichkeit sind, kein Bereich westlicher Popkultur ist immun dagegen. Was einmal als Inbegriff von »Zukunft« galt, wie die elektronische Musik, bietet keinen Ausweg aus formaler Nostalgie. In vielerlei Hinsicht steht die Musikkultur paradigmatisch für das Schicksal der Kultur im postfordistischen Kapitalismus. Auf der Ebene der Form dominieren Pastiche und Wiederholung. Gleichzeitig jedoch hat ein massiver und unabsehbarer Wandel die Infrastruktur erfasst: Die alten Konsum-, Vertriebs- und Handelsmuster lösen sich auf, das physische Objekt tritt hinter den Download zurück, Platten- und CD-Läden schließen, Cover-Art verschwindet.

Warum Hauntology?

Was hat all das mit *Hauntology* zu tun? Als das Konzept Mitte des vergangenen Jahrzehnts gelegentlich auf elektronische Musik bezogen wurde, geschah dies zunächst im Grunde mit einer gewissen Zurückhaltung. Jacques Derrida, auf den der Ausdruck zurückgeht, hatte ich früher als eher enttäuschend empfunden. Dekonstruktion, das von Derrida begründete philosophische Projekt, hatte sich in bestimmten Bereichen des akademischen Betriebs etabliert, und im Umfeld entstand ein inniger Kult des Indeterminierten, der es im schlimmsten Fall zur Tugend erhob, jegliche definitive Aussage zu vermeiden. Dekonstruktion war eine Art pathologischer Skeptizismus, und sie förderte bei Anhängerinnen und Anhängern eine durch Ausweichen, Beliebigkeit und obligatorische Zweifel geprägte Haltung. Bestimmte akademische Formen – Heideggers hochtrabende Unverständlichkeit oder die aus der Literaturwissenschaft geläufige Betonung der letztlichen Unsicherheit jedweder Interpretation – galten als quasi-theologische Imperative. Und Derridas Weitschweifigkeit schien einen eher retardierenden Einfluss auszuüben.

Meine erste Begegnung mit Derrida fand übrigens in einem Umfeld statt, das mittlerweile verschwunden ist – ein nicht ganz belangloser Punkt. Es passierte in den 1980er Jahren auf den Seiten des *New Musical Express*, und eigentlich fiel der Name Derrida dort in wirklich spannenden Texten. (Tatsächlich entspringt meine Enttäuschung über Derridas Arbeiten nicht zuletzt einer gewissen Unzufriedenheit. Der Enthusiasmus, den im *NME* Autoren wie Ian Penman oder Mark Sinker für Derrida zeigten, und der formale und theoretische Reichtum, der – aufgrund dessen, wie es schien – ihre Beiträge auszeichnete, schuf Erwartungen, die Derridas eigene Schriften, als ich sie später irgendwann endlich las, nicht erfüllten.) Heute ist es vielleicht kaum zu glauben, doch der *NME* war, neben dem öffentlichen Rundfunk, wirklich so etwas wie eine informelle Säule im Bildungssystem, wo »Theorie« einen eigenartigen, strahlenden Glanz annahm. Derrida selbst hatte ich zudem in Ken McMullens *Ghost Dance* gesehen. Der Film lief in den frühen Tagen von Channel 4 im Nachtprogramm des Senders (und da ich damals noch keinen Videorekorder besaß, musste ich mir, um wach zu bleiben, sogar kaltes Wasser ins Gesicht spritzen).

Was nun Hauntology angeht, so geht der Terminus zurück auf Derridas Buch *Marx' Gespenster*.[13] »Spuken [*hanter*] heißt nicht gegenwärtig sein, und man muß den Spuk [*la hantise*] schon in die Konstruktion eines Begriffs aufnehmen«, schreibt er dort.[14] Dieses Vorgehen nennt er, mit einem Wortspiel, *hantologie*, worin wiederum »Ontologie« anklingt, die Lehre vom Seienden, das heißt die philosophische Untersuchung der Frage, was als existierend betrachtet werden kann. Derridas Neologismus *hantologie* schließt somit an Begriffe an, mit denen er zuvor bereits gearbeitet hatte, wie »Spur« oder »Differenz/*différance*«; sie alle beziehen sich darauf, dass nichts einfach eine positive Existenz genießt. Alles Existierende verdankt seine Möglichkeit einer ganzen Reihe von Absenzen, die ihm vorausgehen, es umgeben und ihm Konsistenz und Intelligibilität überhaupt erst erlauben. Jedem sprachlichen Ausdruck komme, so Derrida, Bedeutung nicht aufgrund eigener positiver Qualitäten zu, sondern einzig durch seine Differenz anderen gegenüber. Hier setzt die scharfsinnige Dekonstruktion der »Metaphysik der Präsenz« und des »Phonozentrismus« an, die zeigt, wie (auf letztlich inkohärente Weise) bestimmte,

[13] Jacques Derrida, *Spectres de Marx. L'État de la dette, le travail du deuil et la nouvelle Internationale*, Paris: Galilée, 1993 (dt. *Marx' Gespenster. Der verschuldete Staat, die Trauerarbeit und die neue Internationale*, Übers. von Susanne Lüdemann, Frankfurt a. M.: Fischer, 1995).
[14] Derrida, *Marx' Gespenster*, S. 253.

etablierte Denkformen die Stimme im Verhältnis zur Schrift privilegieren.

Hantologie bringt die Frage der Zeitlichkeit explizit auf eine ganz andere Art ins Spiel als Spur oder *différance*. Eine in *Marx' Gespenster* häufig wiederholte Phrase stammt aus Shakespeares *Hamlet* und lautet »the time is out of joint«, die Zeit ist aus den Fugen. Im Grunde ließe sich, worauf jüngst Martin Hägglund hingewiesen hat, Derridas gesamtes Werk aus der Perspektive dieser Vorstellung zerbrochener Zeitlichkeit betrachten. »Derrida arbeitet daran«, so Hägglund, »eine allgemeine ›*hantologie*‹ zu formulieren, die sich von der traditionellen Ontologie abhebt, die das Sein unter der Prämisse mit sich selbst identischer Präsenz denkt. Die Gestalt des Gespensts ist daher insofern bedeutsam, als ein Gespenst nicht vollkommen präsent sein kann: Es hat kein Sein an sich, sondern markiert die Beziehung zu einem *Nicht-mehr* oder *Noch-nicht*.«[15]

Steht Hauntology deshalb in gewisser Weise für einen Versuch, das Übernatürliche zu neuem Leben zu erwecken, oder handelt es sich nur um eine rhetorische Figur? Ein Ausweg aus dieser wenig hilfreichen Opposition eröffnet sich, wenn wir bei Hauntology an *das Wirken des Virtuellen* denken und das Gespenst nicht als etwas Übernatürliches begreifen, sondern als ein Wirken ohne (physische, körperliche) Existenz. Die großen Theoretiker der Moderne, Freud ebenso wie Marx, haben verschiedene Arten einer solchen gespenstischen Kausalität entdeckt. Die spätkapitalistische Realität, bestimmt durch die Abstraktionen der Finanzsphäre, ist zweifellos eine Welt, in der Virtualitäten wirken, und das vielleicht ominöseste »Gespenst« Marx' ist das Kapital selbst. Doch auch die Psychoanalyse ist eine »Geisterwissenschaft«, wie Derrida in den Interviews in *Ghost Dance* unterstreicht, schließlich untersucht sie, wie der Nachhall

[15] Martin Hägglund, *Radical Atheism. Derrida and the Time of Life*, Stanford: Stanford Univ. Press, 2008, S. 82.

von Ereignissen zum Wiedergänger wird und in der Psyche herumspukt.

Ausgehend von Hägglunds Unterscheidung zwischen *Nicht-mehr* und *Noch-nicht* lassen sich somit vorläufig zwei Richtungen von Hauntology isolieren. Die erste bezieht sich auf ein aktuales *Nicht-mehr*, das jedoch als Virtualität *bleibt*: im traumatischen »Wiederholungszwang«, als fatales Muster. Die zweite Richtung bezieht sich auf das in seiner Aktualität *noch nicht* Geschehene, das virtuell indes *immer schon* wirksam ist: ein Attraktor oder eine Antizipation, die gegenwärtige Verhaltensweisen formt. Das von Marx und Engels in den ersten Zeilen des *Kommunistischen Manifests* beschworene »Gespenst des Kommunismus« ist genau solch ein Spuk: eine Virtualität, die durch ihr angedrohtes Kommen bereits dazu beiträgt, den gegenwärtigen Zustand zu untergraben.

Marx' Gespenster ist nicht nur ein weiteres Moment in Derridas philosophischem Projekt der Dekonstruktion, sondern steht zugleich für die konkrete Auseinandersetzung mit einem unmittelbaren historischen Kontext, der Auflösung des sowjetischen Machtbereichs. Genauer gesagt geht es um die Auseinandersetzung mit dem angeblichen Verschwinden der Geschichte, wie das Francis Fukuyama in seinem Buch *Das Ende der Geschichte* verkündet hatte.[16] Was würde passieren, nun, da der real existierende Sozialismus zusammengebrochen war und der Kapitalismus auf ganzer Breite dominierte, ohne dass seinem Anspruch auf Weltherrschaft durch die Existenz des anderen, verschwundenen Blocks entgegengewirkt würde – abgesehen vielleicht von kleinen widerständigen Inseln wie Kuba oder Nordkorea? Das Zeitalter des »kapitalistischen Realismus« – geprägt durch die

[16] Vgl. Francis Fukuyama, *The End of History and the Last Man*, New York: Free Press, 1992 (dt. *Das Ende der Geschichte. Wo stehen wir?*, übers. von Helmut Dierlamm, Ute Mihr und Karlheinz Dürr, München: Kindler, 1992).

weithin geteilte Überzeugung, dass es zum Kapitalismus keine Alternative gebe – wird nicht länger vom Gespenst des Kommunismus heimgesucht, sondern von dessen Verschwinden.[17] Derrida beschreibt das so:

»Es gibt heute in der Welt einen *dominierenden* Diskurs. [...] Dieser herrschsüchtige Diskurs nimmt oft die manische, jubilatorische und beschwörende [*incantatoire*] Form an, die Freud der sogenannten Phase des Triumphs in der Trauerarbeit zuschrieb. Die Beschwörung [*incantation*] wiederholt sich und wird ritualisiert, sie hält auf Zauberformeln und hält sich an Zauberformeln, wie jede animistische Magie es will. Immer wieder intoniert sie die alte Leier und den Refrain. Im Rhythmus des Gleichschritts ruft sie: Marx ist tot, der Kommunismus ist tot, ganz und gar tot, mit seinen Hoffnungen, seinem Diskurs, seinen Theorien und seinen Praktiken, es lebe der Kapitalismus, es lebe der Markt, es überlebe der ökonomische und politische Liberalismus!«[18]

Marx' Gespenster formuliert eine Reihe von Überlegungen, welche medialen (und post-medialen) Technologien das Kapital in seinem nunmehr globalen Hoheitsgebiet zum Einsatz bringen wird. Hauntology scheint insofern keineswegs exotisch, sondern der »Techno-Tele-Diskursivität«, »Techno-Tele-Ikonizität«, der »Simulakra« und »synthetischen Bilder« durchaus angemessen. Hauntology bezieht sich, die Erörterung solcher »Tele-«Dimensionen zeigt es, auf eine Krise von Raum und Zeit gleichermaßen. Theoretiker wie Virilio oder Jean Baudrillard hatten schon länger darauf hin-

[17] Vgl. Mark Fisher, *Capitalist realism. Is There No Alternative?*, Winchester/Washington, DC: Zero Books, 2009 (dt. *Kapitalistischer Realismus ohne Alternative? Eine Flugschrift*, übers. von Christian Werthschulte, Peter Scheiffele und Johannes Springer, Hamburg: VSA, 2013).
[18] Derrida, *Marx' Gespenster*, S. 88-89.

gewiesen – und *Marx' Gespenster* wäre insofern auch als eine Auseinandersetzung Derridas mit diesen Denkern zu lesen –, dass jene »Tele-Technologien« Raum und Zeit kollabieren lassen und räumlich entfernte Ereignisse dem Publikum augenblicklich präsentieren. Die »Tele-Technologie« allerdings, deren Entwicklung Raum und Zeit am radikalsten zusammenschrumpfen ließ, den Cyberspace des Internet nämlich, erlebten weder Baudrillard noch Derrida in all ihren Auswirkungen – oder besser gesagt, in all ihren Auswirkungen bislang. Doch begegnen wir hier einem Motiv, warum im ersten Jahrzehnt des 21. Jahrhunderts Hauntology und Popkultur zueinander in Beziehung gesetzt werden sollten: Es war der Moment, da das Internet begann, Rezeption, Distribution und Konsum in der Kultur – und insbesondere in der Musikkultur – in einem bislang unbekannten Ausmaß zu dominieren.

Auf Musik bezogen hat Hauntology bei Kritikern wie Simon Reynolds, Joseph Stannard oder mir in erster Linie eine Ansammlung von künstlerischen Positionen bezeichnet. Die Betonung liegt dabei auf dem Ausdruck »Ansammlung«, denn diese Künstler – darunter etwa William Basinski, das Label Ghost Box, The Caretaker, Burial, Mordant Music oder Philip Jeck – haben sich in gewisser Weise auf einem Terrain getroffen, ohne einander eigentlich zu beeinflussen. Gemeinsam ist ihnen nicht so sehr ein Sound als vielmehr eine bestimmte Sensibilität, eine existentielle Ausrichtung. Diese *Hauntologen* sind erfüllt von einer überwältigenden Melancholie; und sie beschäftigen sich intensiv mit der Art und Weise, wie Technologie Erinnerung materialisiert. Die Faszination gilt Fernsehaufzeichnungen, Vinyl- und Tonbandaufnahmen und insbesondere dem Klang solcher im Niedergang begriffenen Technologien. Eine solche Fixierung auf die materialisierte Erinnerung führt zum vielleicht auffallendsten klanglichen Erkennungszeichen der Hauntologen: dem Knistern und Knacken, wie es die Vinyloberfläche erzeugt. Das Knacken ruft uns in Erinnerung, dass wir eine Zeit hören, die aus den Fugen ist; es durchkreuzt in uns die Illusion der Präsenz. Die normale Ordnung des Hörens wird umgekehrt, eine Ordnung, in der wir es, wie Ian Penman es einmal formuliert hat, gewohnt sind, dass das »Re-«, die Re-Präsentation der Aufnahme unterdrückt wird.[19] Und neben dem Umstand, dass es sich um eine Aufnahme handelt, rückt auch die Technologie des benutzten Abspielsystems ins Bewusstsein. Durch den hauntologischen Sound schwebt zudem nicht selten der Unterschied zwischen analog und digital: Im Äther des digitalen Zeitalters rufen viele hauntologische Tracks die Körperlichkeit analoger Medien in Erinnerung. Natürlich sind auch MP3-Dateien »materiell«, doch ihre Materialität bleibt uns weithin verborgen, im Gegensatz zur taktilen Qualität von Vinylplatten und sogar noch CDs.

Ganz zweifellos trägt die Sehnsucht nach einer solchen Materialität älterer Ordnung zu der Melancholie bei, die hauntologische Musik transportiert. Die tieferen Ursachen dieser Melancholie benennt indes der Titel eines Albums von James Leyland Kirby: *Sadly, The Future Is No Longer What It Was*. Hauntologische Musik erkennt implizit an, dass die Hoffnungen, wie sie die elektronische Avantgarde oder die euphorische Dance-Szene der 1990er befördert hatten, sich verflüchtigt haben – die Zukunft ist nicht nur nicht eingetreten, sondern scheint überhaupt nicht länger möglich. Doch zugleich steht die Musik für die Weigerung, das Verlangen nach der Zukunft aufzugeben. Diese Weigerung verleiht der Melancholie eine politische Dimension, insofern sie es ablehnt, sich mit dem begrenzten Horizont des kapitalistischen Realismus zu arrangieren.

[19] Ian Penman, »Tricky: Black Secret Tricknology«, in: *The Wire* 133 (März 1995), S. 39.

In der Freud'schen Theorie geht es bei Trauer und Melancholie gleichermaßen um die Erfahrung von Verlust. Doch während Trauer die langsame und schmerzhafte Ablösung libidinöser Energie vom verlorenen Objekt bezeichnet, bleibt bei der Melancholie die Libido an das Verschwundene geknüpft. Damit die Trauer wirklich beginnen kann, so Derrida in *Marx' Gespenster*, muss der Tote beschworen werden und »die Beschwörung sich versichern, daß der Tote nicht wiederkehrt: Bloß schnell alles tun, damit die Leiche an sicherem Ort verwahrt bleibt, in Auflösung selbst da, wo sie bestattet oder einbalsamiert wurde, wie man es in Moskau gerne tat.«[20] Doch gibt es diejenigen, die sich weigern, der Beisetzung zuzustimmen, und ebenso besteht die Gefahr eines Overkills, der den Toten zum Spuk werden lässt, reine Virtualität. Derrida fährt fort:

> »Die kapitalistischen Gesellschaften können erleichtert aufseufzen, solange sie wollen, und sich sagen: Seit dem Zusammenbruch der totalitären Regime des 20. Jahrhunderts ist der Kommunismus tot, und er ist nicht nur tot, sondern er hat nicht stattgefunden, er war nur ein Phantom. Sie werden damit immer nur eines verleugnen, das Unleugbare selbst: Ein Phantom stirbt niemals, sein Kommen und Wiederkommen ist das, was immer (noch) aussteht.«[21]

Das Gespenstische, Spukende lässt sich als misslungene Trauer deuten. Darin schwingt die Weigerung, das Phantom daranzugeben, oder auch – was bisweilen auf dasselbe hinauslaufen kann – die Weigerung des Spuks, von uns abzulassen. Das Gespenst wird es uns nicht gestatten, uns in und

[20] Derrida, *Marx' Gespenster*, S. 157.
[21] Ebd., S. 160.

mit den mediokren Befriedigungen einzurichten, die uns eine vom kapitalistischen Realismus regierte Welt bietet.

Hauntology im 21. Jahrhundert verhandelt nicht das Verschwinden oder den Verlust eines bestimmten Objekts. Verschwunden ist eine Tendenz, eine virtuelle Entwicklungslinie. Ein Name dafür wäre *Popmoderne*. Das oben angesprochene kulturelle Ökosystem – die Musikzeitschriften und die interessanteren Formate des öffentlichen Rundfunks – gehörten zu einer solchen britischen Popmoderne ebenso wie Post-Punk, brutalistische Architektur, Penguin Taschenbücher oder der BBC Radiophonic Workshop. Die Popmoderne verteidigt rückblickend das elitäre Projekt der Moderne und stellt unmissverständlich klar, dass Popkultur nicht populistisch sein muss. Spezifisch moderne Techniken werden weiter verbreitet, kollektiv überarbeitet und entwickelt; auch der von der Moderne artikulierte Anspruch, Formen auf der Höhe der Zeit hervorzubringen, wird wieder aufgenommen und reformuliert. Mit anderen Worten, die Kultur, die den Großteil meiner frühen Vorstellungen formte, war im Wesentlichen popmodern – auch wenn ich mir dessen damals überhaupt nicht bewusst war –, und in den Beiträgen, die in diesem Buch versammelt sind, geht es darum, mit dem Verschwinden ihrer Existenzbedingungen klar zu kommen.

An dieser Stelle lohnt es vielleicht, die hauntologische Melancholie, von der ich hier spreche, gegen zwei andere melancholische Zustände abzugrenzen. Da gibt es zum ersten, was Wendy Brown »linke Melancholie« nennt. Oberflächlich betrachtet könnte meine Beschreibung womöglich nach linksmelancholischer Resignation klingen, nach dem Motto: Obwohl bestimmt nicht perfekt, waren die sozialstaatlichen Institutionen doch viel besser als alles, was wir heute erwarten können, ja vielleicht waren sie sogar das Beste, was überhaupt zu erwarten ist… In ihrem Essay »Resisting Left Melancholy« wendet sich Brown gegen »eine Linke, die meint, auf eine grundlegende, radikale Kritik der herrschenden Verhältnisse, aber auch auf überzeugende Alternativen zum Bestehenden verzichten zu können. Vielleicht noch beunruhigender indes ist eine Linke, die sich ihren verpassten Gelegenheiten stärker verbunden fühlt als ihrem produktiven Potential, eine Linke, der Hoffnung fremd ist und die sich am liebsten in ihrer eigenen Marginalität und Erfolglosigkeit einrichtet, eine Linke, die einer bestimmten Spielart ihrer eigenen toten Vergangenheit in melancholischer Verbundenheit die Treue hält, ihrem Wesen nach gespensterhaft und in der Struktur ihres Begehrens rückwärtsgewandt und selbstquälerisch.«[22] Die Melancholie, die Brown hier so schonungslos analysiert, speist sich nicht zuletzt aus Selbstverleugnung. Browns melancholische Linke ist depressiv, hält sich dabei aber für realistisch; es sind Menschen, die nicht mehr erwarten, die ehedem ersehnte radikale Transformation sei zu erreichen – ohne allerdings die eigene Resignation zuzugeben. Browns Befund diskutiert Jodi Dean in ihrem Buch *The Communist Horizon* und weist in diesem Zusammenhang auf Jacques Lacans Feststellung hin, dass »es nur eines gibt, dessen man schuldig sein kann, [...] und das ist, abgelassen zu haben von seinem Begehren«.[23] Die von Brown beschriebene Verschiebung – von einer Linken, die selbstbewusst davon ausging, ihr gehöre die Zukunft, zu einer Linken, die aus ihrer eigenen Handlungsunfähigkeit eine Tugend zu machen versucht – scheint ein Paradebeispiel für den Übergang vom Begehren (das im Lacan'schen Sinn immer ein Begehren des Begehrens ist) zum Trieb (das heißt zur genussreichen Selbstquälerei). Die Art der Melancholie, die mir vor Augen steht, zeichnet hingegen nicht Resignation aus, sondern

[22] Wendy Brown, »Resisting Left Melancholy«, in: *boundary 2*, 26.3 (1999), S. 26.

[23] Jodi Dean, *The Communist Horizon*, London: Verso, 2012, S. 173; vgl. Jacques Lacan, *Das Seminar. Buch VII (1959-1960). Die Ethik der Psychoanalyse*, übers. von Norbert Haas, Weinheim/Berlin: Quadriga, 1996, S. 380.

vielmehr die Weigerung nachzugeben – das heißt die Weigerung, sich dem anzupassen, was unter den gegenwärtigen Bedingungen »Realität« heißt, selbst um den Preis, sich in dieser unserer Gegenwart als Außenseiter zu fühlen…

Die zweite Art Gefühlszustand, gegen den die hauntologische Melancholie abzugrenzen wäre, ist die von Paul Gilroy beschriebene »postkoloniale Melancholie«. Definiert sieht Gilroy sie durch Strategien der Vermeidung, die darauf abzielen, der »schmerzhafte Verpflichtung [auszuweichen], sich mit den düsteren Details der Geschichte des Imperialismus und Kolonialismus auseinanderzusetzen und die paralysierende Schuld in eine produktivere Scham zu verwandeln, die dazu beitragen könnte, eine multikulturelle Nationalität zu schaffen, die auf die Möglichkeit der Begegnung mit dem Fremden oder Anderen nicht mehr phobisch reagiert«.[24] Die postkoloniale Melancholie ergibt sich aus einer »Niederlage phantasierter Allmacht«. Wie auch die von Brown beschriebene linke Melancholie ist die postkoloniale eine verleugnete Form von Melancholie; ihre »Signatur vereint«, schreibt Gilroy, »manische Euphorie mit Traurigkeit, Selbstekel und affektiver Ambivalenz«.[25] So weigern sich postkoloniale Melancholiker nicht nur, Veränderungen zu akzeptieren, sondern in gewisser Hinsicht weigern sie sich sogar anzuerkennen, dass sich überhaupt etwas verändert hat. Charakteristisch ist die Inkohärenz, mit der an Allmachtsphantasien festgehalten wird. Veränderungen werden nur als Niedergang und Scheitern erfahren; die Verantwortung dafür wird dem migrantischen Anderen angelastet. (Hier ist die Inkohärenz unübersehbar: Wäre die Allmacht des postkolonialen Melancholikers real, welchen Schaden könnten Migranten anrichten?) Bei oberflächlicher Betrachtung ließe sich die hauntologische Melancholie für

[24] Paul Gilroy, *Postcolonial Melancholia*, New York: Columbia Univ. Press, 2005, S. 99.
[25] Ebd., S. 104.

eine Variante der postkolonialen halten: noch mehr weiße Jungs, die über den Verlust ihrer Privilegien jammern... Doch hieße das anzunehmen, angesichts des Abhandengekommenen könne sich einzig Ressentiment der schlimmsten Art zeigen – oder bestenfalls eine Haltung, die Alex Williams »negative Solidarität« genannt hat, die nicht ein Mehr an Freiheit zelebriert, sondern stattdessen bejubelt, dass auch andere nun schlechter dastehen (was umso trauriger ist, als es dabei im Wesentlichen um die Arbeiterklasse geht).[26]

Nostalgische Verklärung?

Das bringt uns zurück zum Thema: Ist Hauntology, wie manche kritischen Stimmen unterstellen, bloß ein anderer Name für Nostalgie? Geht es nur um die Sehnsucht nach dem Sozialstaat und seinen Institutionen? In Anbetracht der Allgegenwart der oben beschriebenen formalen Nostalgie muss die Frage doch lauten: *Nostalgie nach was?* Es erscheint ein wenig seltsam, begründen zu müssen, warum die Feststellung, die Gegenwart stehe im Vergleich zur Vergangenheit nicht besonders gut da, nicht automatisch als nostalgisch zu beanstanden ist, doch angesichts des enthistorisierenden Drucks, den Werbung und populistische Diskurse aufbauen, ist es gleichwohl notwendig. Werbung und Populismus propagieren im Grunde die relativistische Illusion, Intensität und Innovation seien in der Kultur zu allen Zeiten gleich verteilt. Was letztlich Nostalgie so unerträglich macht, ist die verbreitete Tendenz, die Vergangenheit zu überschätzen; doch gerade die 1970er Jahre sind eine Zeit, die fälschlicherweise eher unterschätzt wird. So zeigt Andy Beckett in seiner politischen Geschichte jenes Jahrzehnts in

[26] Vgl. Alex Williams, »On Negative Solidarity and Post-Fordist Plasticity«, in: *Splintering Bone Ashes*, 31. Januar 2010.

Großbritannien überzeugend, wie eine mythengetränkte Dämonisierung der Siebziger zur Grundlage des kapitalistischen Realismus wird.[27] Wer sich nicht an die Vergangenheit erinnern kann, ist dazu verdammt, immer wieder die gleichen Mythen verkauft zu bekommen, während umgekehrt die allgegenwärtige Werbung uns verleiten will, die Gegenwart zu verklären.

Waren die Siebziger in vielerlei Hinsicht besser, als der Neoliberalismus uns glauben lassen möchte, so müssen wir zugleich anerkennen, dass die kapitalistische Dystopie in der Kultur des 21. Jahrhunderts nicht bloß aufgezwungen ist, sondern auch auf stillgestellten Wünschen gründet. »Fast alles, wovon ich in den vergangenen dreißig Jahren befürchtete, es könnte eintreten, ist eingetreten«, bemerkt Jeremy Gilbert, und fährt fort: »Alles, wovor meine politischen Mentoren gewarnt hatten, seit ich ein Junge war und in den frühen Achtzigern in einer traurigen Sozialsiedlung in Nordengland aufwuchs, oder was ich ein paar Jahre später, auf der Oberschule, in linken Zeitschriften an harten Vorwürfen gegen den Thatcherismus las, kam letztendlich ganz genauso schlimm wie vorhergesagt. Und dennoch wünsche ich mir keineswegs, vor vierzig Jahren zu leben. Das scheint genau der Punkt: Eine solche Welt hatten wir befürchtet, in gewisser Weise haben wir sie aber auch gewollt.«[28] Doch die Alternative Internet oder soziale Sicherheit ist keine. Hauntology verweist in diesem Sinn darauf, dass die verlorene Zukunft keine solchen falschen Alternativen erzwingt; der Spuk ist das Phantom einer Welt, in der all die Wunderwerke der Informations- und Kommunikationstechnologie sich mit Formen gesellschaftlicher Solida-

[27] Andy Beckett, *When the Lights Went Out. What Really Happened to Britain in the Seventies*, London: Faber & Faber, 2009.
[28] Jeremy Gilbert, »Moving on from the Market Society: Culture (and Cultural Studies) in a Post-Democratic Age«, in: *OpenDemocracy*, 13. Juli 2012.

rität kombinieren lassen, stärker als alles, was der Sozialstaat je anbieten konnte.

Die Popmoderne steht keineswegs für ein abgeschlossenes Projekt im Zenit seiner Vollendung, das keiner weiteren Ausarbeitung bedurfte. Gewiss, in den 1970er Jahren fand eine Öffnung der Kultur für Beiträge der arbeitenden Klassen in einem Maß statt, das heute kaum noch vorstellbar ist; doch zugleich gehörten in jenen Jahren Rassismus, Sexismus und Homophobie im Mainstream zum ganz normalen Alltag. Natürlich waren die Kämpfe gegen Rassismus und (Hetero-)Sexismus zwischenzeitlich nicht auf ganzer Linie erfolgreich, doch gibt es im Hinblick auf hegemoniale Muster signifikante Fortschritte, während andererseits der Neoliberalismus die sozialstaatliche Infrastruktur zerstörte, die eine stärkere Beteiligung der Arbeiterklasse an der Kulturproduktion erlaubte. Tatsächlich ist die Desartikulation von Klasse, »Rasse«, Gender und sexueller Orientierung ganz zentral für den Erfolg des neoliberalen Projekts. Die Folge ist groteskerweise, dass es scheint, als ob der Neoliberalismus in gewisser Weise eine Vorbedingung für die errungenen Erfolge antirassistischer und anti-(hetero-)sexistischer Kämpfe wäre.

Hauntology sehnt sich nicht nach einer bestimmten Zeit, sondern es geht dabei um das Wiederanknüpfen an *Prozesse* der Demokratisierung und Pluralisierung, wie Gilroy sie einfordert. Wir sollten uns vielleicht erinnern, dass der Sozialstaat nur im Rückblick als eine abgeschlossene Totalität erscheint; zu seiner Zeit hingegen war er ein Kompromiss, und die Linke sah in ihm bestenfalls einen provisorischen Brückenkopf für weitere Erfolge. Verfolgen sollte uns daher nicht das *Nicht-mehr* jenes einst real existierenden Sozialstaats, sondern vielmehr das *Noch-nicht* einer materiell nie eingetretenen Zukunft, die zu erwarten die Popmoderne uns gleichwohl lehrte. Diese Gespenster – die Gespenster einer verlorenen Zukunft – spuken in der formalen Nostalgie der Welt des kapitalistischen Realismus.

Unverzichtbar für eine Annäherung an jene verlorene Zukunft bleibt die populäre Musikkultur. Die Betonung liegt dabei auf *Kultur*, denn es ist das gesamte kulturelle Umfeld (Mode, Diskurse, Cover-Art), das ebenso wichtig wie die Musik selbst ist, wenn es darum geht, verführerische, unbekannte Welten zu beschwören. Das *Nicht-Befremden* in der Musikkultur des 21. Jahrhunderts (die schreckliche Rückkehr von Multimillionären der Branche wie auch der Jungs von nebenan in den Pop-Mainstream; das Ansehen, das in der Pop-Unterhaltung »Realität« genießt; der zunehmende Hang der Akteure, was Kleidung und Aussehen angeht, als digital oder chirurgisch retuschierte Versionen gewöhnlicher Menschen aufzutreten; die übertriebene, bisweilen akrobatische Darstellung von Gefühlen beim Singen) spielt eine bedeutende Rolle, uns zu konditionieren, das Normalitätsmodell des Konsumkapitalismus anzuerkennen. Michael Hardt und Antonio Negri weisen darauf hin, dass in Auseinandersetzungen um »Rasse«, Gender und sexuelle Orientierung ein revolutionärer Standpunkt weit über die Forderung nach einer Anerkennung verschiedener Identitäten hinausgeht. Der »revolutionäre Prozess der Abschaffung von Identität ist monströs, gewaltsam und traumatisch. Versuche nicht dich selbst zu retten – tatsächlich muss dein *Selbst* geopfert werden! Das heißt nicht, dass die Befreiung uns in ein Meer der Indifferenz ohne Identifikationsobjekte wirft, aber die bestehenden Identitäten werden nicht mehr als Anker dienen.«[29] Ganz zu Recht warnen Hardt und Negri vor den traumatischen Dimensionen dieser Transformation, doch birgt eine solche, wie die beiden Autoren ebenfalls unterstreichen, zugleich glückliche Aspekte. Im gesamten 20. Jahrhundert war die Musikkultur ein wichtiges Labor,

[29] Michael Hardt und Antonio Negri, *Commonwealth*, Cambridge, MA: Harvard University Press, 2009, S. 339 (dt. *Common Wealth. Das Ende des Eigentums*, übers. von Thomas Atzert und Andreas Wirthensohn, Frankfurt a. M./New York: Campus, 2010, S. 346).

um die Menschen darauf vorzubereiten, eine Zukunft zu begrüßen, die nicht länger weiß, männlich oder heterosexuell wäre, eine Zukunft, in der die Absage an Identitäten, die ohnehin nur dürftige Fiktion waren, beglückend und befreiend wirkte. Im 21. Jahrhundert hingegen beschränkt sich die populäre Musikkultur darauf – und die zunehmende Verschmelzung von Pop und Reality-TV ist in dieser Hinsicht bezeichnend –, die spätkapitalistische Subjektivität lediglich widerzuspiegeln.

Es sollte an dieser Stelle bereits deutlich geworden sein, dass der Terminus Hauntology verschiedene Bedeutungen trägt. Es gibt den spezifischen, im Hinblick auf die populäre Musikkultur verwendeten Sinn, und ebenso gibt es die stärkere allgemeine Bedeutung, in der Hauntology sich auf Persistentes, Repetitives oder Präfiguratives bezieht. Und es gibt mehr oder weniger gutartige Varianten von Hauntology. Das vorliegende Buch wird sich zwischen diesen verschiedenen Bedeutungen bewegen.

Das Buch handelt zudem von den Gespenstern *meines Lebens*, im hier Vorgetragenen gibt es daher notwendigerweise eine persönliche Dimension. Doch nehme ich das alte Motto »Das Persönliche ist politisch« als Aufforderung, nach den kulturellen, strukturellen und politischen Bedingungen der Subjektivität zu fragen. Die produktivste Art, das Persönliche politisch zu verstehen, ist, das Persönliche als nicht persönlich anzusehen. Es ist für uns alle elend, wir *selbst* sein zu müssen (und mehr noch, gezwungen zu sein, uns selbst zu vermarkten). Kultur und Kulturanalyse hat ihre Bedeutung nicht zuletzt dadurch, dass sie uns vor uns selbst zu entkommen erlaubt.

Der Weg zu solcherart Einsichten war mühsam. Depression heißt der böse Spuk, der mein Leben lang an meinen Fersen klebt. (Ich verwende den Ausdruck Depression, um einen trostlosen, solipsistischen Zustand von der eher lyrischen – und kollektiven – Ödnis hauntologischer Melancholie zu unterscheiden.) In einem Zustand der Depression, der mir das alltägliche Leben kaum erträglich scheinen ließ, habe ich 2003 zu bloggen angefangen. Das Schreiben war verschiedentlich Teil der Auseinandersetzung mit diesem Zustand, und es ist kein Zufall, dass mein (bislang erfolgreicher) Ausweg aus der Depression mit einer gewissen Externalisierung von Negativität einherging: Das Problem ist nicht (nur) meines, sondern eines der gesamten Kultur um mich herum. Für mich steht fest, dass die Zeit von ungefähr 2003 bis heute, zumindest was die (Pop-)Kultur anbelangt, als die schlimmste seit den 1950er Jahren angesehen werden wird – und das nicht in irgendeiner fernen Zukunft, sondern schon bald. Die kulturelle Ödnis festzustellen heißt allerdings nicht, andere Möglichkeiten hätten nicht existiert. Dieses Buch ist ein Versuch, solchen Spuren nachzugehen.

Ghosts Of My Life: Goldie, Japan, Tricky

Es muss etwa 1994 gewesen sein, als ich in einem Plattenladen in der Innenstadt die EP *Ghosts Of My Life* von Rufige Kru zum ersten Mal im Regal entdeckte. Veröffentlicht worden war das Vier-Track-Minialbum schon 1993, aber zu jener Zeit – vor dem Internet-Hype und der Verfügbarkeit von Online-Discographien – dauerte es eine kleine Weile vom Underground ans Tageslicht. Rufige Krus EP ist ein erstklassiges Beispiel für Darkside Jungle. Dabei bezeichnet Jungle eine Teilmenge dessen, was Simon Reynolds das »Hardcore-Kontinuum« nennen sollte, jenen Raum immer neuer Mutationen im britischen Dance-Underground, ausgelöst durch die Einführung des Breakbeat, von Hardcore Rave zu Jungle, Speed Garage, 2Step.

Ich werde an der Bezeichnung Jungle festhalten und nicht den eher blassen und irreführenden Ausdruck Drum and Bass verwenden, weil das Genre seinen Reiz ja gerade aus der Tatsache bezog, dass hier weder gängiges Schlagzeug noch E-Bass zu hören waren. Statt Klang und Eigenschaften vorhandener »realer« Instrumente zu simulieren, wurden mittels Digitaltechnologie Sounds produziert, die ohne derartige Vorbilder auskamen. Die Methode des Time-Stretching – die es erlaubt, Dauer und Wiedergabegeschwindigkeit gegebenen Audiomaterials zu verändern, ohne die Tonhöhe zu beeinflussen – verwandelte gesampelte Breakbeats in Rhythmen, die so kein Mensch spielen könnte. Produzenten verwerteten auch die eigenartigen, metallisch klingenden Wucherungen, die bei der verlangsamten Wiedergabe der Samples auftreten, wenn die Software entstehende Lücken füllt. Das Ergebnis war ein abstrakter Rausch, der chemische Substanzen beinahe überflüssig werden ließ, die Metabolisierung beschleunigte, Erwartungen steigerte und das Nervensystem stimulierte.

Noch etwas anderes spricht dafür, bei der Bezeichnung Jungle zu bleiben, evoziert sie doch ein Terrain: Darin klingen Urbanität und Großstadtdschungel an, der Untergrund einer Metropole, die drauf und dran ist, digital zu werden. Bisweilen scheint die Rede von »urban« sich – höflich umschreibend – einzig auf »schwarze« Musik zu beziehen. Doch ist es durchaus möglich, »Urban« nicht als Desavouierung von »Rasse« zu hören, sondern als Anrufung der Macht eines kosmopolitischen Zusammenlebens. Zugleich steht Jungle keineswegs nur für das Zelebrieren des Urbanen. Wenn Jungle irgendetwas zelebriert, dann *Dunkelheit* mit ihren Verlockungen. Jungle befreit in dystopischen Impulsen verdrängte Libido, entfesselt und verstärkt so eine *Jouissance*, die sich aus der antizipierten Zerstörung aller gegenwärtigen Gewissheiten speist.[30] Wie Kodwo Eshun feststellt, findet eine Libidinisierung der Angst statt, eine Transformation der Kampf- oder Flucht-Impulse und ihr Umschlag in Genießen.

Das Ganze ist zutiefst ambivalent: Auf einer Ebene hören wir Sonic-Fiction-artig intensiviert und extrapoliert den Sound der neoliberalen Zerstörung von Solidarität und Sicherheit. Jungle weist die Nostalgie nach den vertrauten Verhältnissen der Kleinstadt zurück; die digitale Stadt bietet den Fremden keinerlei Geborgenheit, hier können wir niemandem trauen. In vielen Tracks scheinen Hobbes'sche Szenarien aus Spielfilmen der 1980er Jahre auf, aus *Blade Runner*, *Terminator* oder *Predator 2*. Es ist keineswegs Zufall, dass es in allen drei Filmen um das Jagen geht. Die Welt des Jungle ist eine, in der Wesen – menschliche wie nicht-menschliche – einander belauern, weil sie auf Beute aus sind oder einfach zum Zeitvertreib. Bei Darkside Jungle geht es ebenso sehr um den Thrill der Gejagten, um

[30] Vgl. zum Konzept der *Jouissance* Jacques Lacan, *Das Seminar. Buch XX (1972-1973). Encore*, übers. von Norbert Haas, Vreni Haas und Hans J. Metzger, Weinheim/Berlin: Quadriga, 1986.

angstgetriebene Videospiel-Euphorie, dem Jäger zu entgehen, wie um den Rausch, die Beute zur Strecke zu bringen.

Auf einer anderen Ebene projiziert Darkside Jungle eine Zukunft, die das Kapital verschleiern möchte. Letzterem ist es unmöglich einzugestehen, menschenverachtender Beutegier zu entspringen; der Terminator kann die menschliche Maske niemals ablegen.

Jungle reißt ihm nicht nur die Maske vom Gesicht, sondern identifiziert sich mit den nicht-organischen Schaltkreisen darunter: dem Androiden-Totenkopf, den Rufige Kru als Logo verwendet. Die paradoxe Identifikation mit dem Tod, das Gleichsetzen der inhumanen Zukunft mit dem Tod ist mehr als eine billige nihilistische Attitüde. An einem bestimmten Punkt schlägt die absolute Negativität des Dystopischen um in eine (verschoben) utopische Geste, und die Annihilation wird zur Möglichkeitsbedingung des radikal Neuen.

1994 war ich Doktorand und hatte weder das Geld noch den Nerv, meine Zeit in einschlägigen Plattenläden zu verbringen und alle Neuerscheinungen mitzunehmen. Meine Begegnung mit Jungle Tracks verlief entsprechend sprunghaft, ähnlich der Art, wie ich in den Siebzigern US-Comics konsumiert hatte. Ich legte mir welche zu, wo und wann immer ich konnte, und bei Jungle waren es gewöhnlich CD-Compilations, die erschienen, wenn die Frische der Dubplates schon merklich nachgelassen hatte. Im Großen und Ganzen war es unmöglich, den unaufhaltsamen Flow im Jungle in ein Narrativ zu drängen.

Und passend zum entpersönlichten und dehumanisierten Sound waren die Namen der Acts kryptische Cyberpunk-Tags, ohne jegliche bio- oder geographische Verortung. Jungle evozierte die Vorstellung eines anonymen elektrolibidinalen Stroms, der durch die Produzenten hindurchging, eine Reihe von Affekten und Effekten, von jeglicher Autorschaft entkoppelt: der Klang einer Audio-(Un-)Lebensform, einer wilden, ungezähmten künstlichen Intelligenz, unwillkürlich im Studio entstanden, mit Breakbeats, die wie genetisch manipulierte Jagdhunde heftig an ihren Leinen zerrten.

Rufige Kru war einer der wenigen Jungle Acts, über den ich ein bisschen etwas wusste. Durch Simon Reynolds' kanonische Texte im nun schon lange eingestellten *Melody Maker* war mir bekannt, dass Rufige Kru eines der von Goldie verwendeten Pseudonyme war; Goldie selbst war damals bereits auf dem Weg, ein Künstler zu werden, den man wiedererkannte, was in der Anonymität der Jungle-Szene recht einzigartig war. Sollte diese gesichtslose Musik ein Gesicht bekommen, war Goldie – ein farbiger ehemaliger Graffiti-Künstler mit Goldzähnen – zweifellos ein starker Kandidat. Goldie kam aus der HipHop-Kultur, doch prägend für ihn wurde schließlich das kollektive Delirium des Rave. Seine Karriere liest sich wie eine Parabel auf eine ganze Reihe von Widersprüchen. Produzenten, die aus dem Scenius, der sozialen Intelligenz des Hardcore-Kontinuums aufsteigen, geraten immer wieder in Versuchung, den wesentlich kollektiven Charakter der Produktionsbedingungen zu leugnen. Es war eine Versuchung, der Goldie erlag, doch bezeichnenderweise wurden seine Sachen genau in dem Moment schwächer, da er aufhörte, Tracks unter unpersönlichen, kollektiven Etiketten zu veröffentlichen, und begann, seinen »eigenen« angenommenen Namen zu verwenden. Goldies erstes Album, *Timeless*, glättete die anorganischen Kanten des Jungle durch den Einsatz analoger Instrumente und eine alarmierende jazzig-funkige Gediegenheit. Goldie wurde zu einem kleinen Star, eine Weile wirkte er in der BBC-Soap *EastEnders* mit. Erst 2008 sollte er die Art Album veröffentlichen, die man 15 Jahre zuvor von Rufige Kru erwartet hätte. Die Lektion war klar: Urbane Künstler können nur erfolgreich sein, wenn sie sich vom Scenius entfernen, wenn sie das Kollektive hinter sich lassen.

Die ersten Tracks, die Goldie und seine Mitstreiter unter den Namen Rufige Kru und Metalheadz herausbrachten, drehten noch mit am ostentativen Buzz im Rave. »Terminator« aus dem Jahr 1992 war das epochalste Stück: zittrige, reizbare Rave-Salven, phasenverschobene und gestretchte Beats, die anomale, unmögliche Geometrien erzeugen, dazu Vokalsamples – von Linda Hamilton in der Rolle der Sarah Connor aus *Terminator* –, in denen von Zeitparadoxien und verhängnisvollen Strategien die Rede ist. Der Track klingt, als kommentiere er sich selbst, als ob die von Sarah Connor geschilderten Zeitanomalien – »You're talking about things that I haven't done yet in the past tense // Sie reden über Dinge, die ich noch nicht getan habe, in der Vergangenheit« – sich in diesem schwindelerregend implodierenden Sound vergegenständlichten.

Rufige Kru produzierte weiter, der Sound wurde glatter. Erweckten die früheren Aufnahmen noch den Eindruck, zerstückelte Organe seien versammelt und mit groben Stichen zusammengeflickt worden, erinnerten die späteren Veröffentlichungen stärker an genetisch modifizierte Mutanten. Eigenwillige, flüchtige Rave-Elemente verschwanden sukzessive, an ihre Stelle traten schlichtere und stimmigere Texturen. Die Titel – »Dark Rider«, »Fury«, »Manslaughter« – erzählten eine eigene Geschichte. Beim Hören fühlte man sich wie bei einer Verfolgungsjagd durch Sichtbetonarkaden, in einer nicht allzu fernen Zukunft. Die reduzierten Vokalsamples kommen dezent und opak daher. »Manslaughter« allerdings präsentiert eine der faszinierendsten Bemerkungen des schurkischen Replikanten Roy Batty (gespielt von Rutger Hauer) aus *Blade Runner*: »If only you could see what I've seen, through your eyes // Wenn du mit deinen Augen sehen könntest, was ich gesehen habe, mit deinen Augen.« Es ist der perfekte Slogan für die neuen, von Underground-Ingenieuren geschaffenen Mutanten des Jungle, ausgestattet mit geschärften Sinnen, bei allerdings verkürzter Lebenszeit.

Von Rufige Kru habe ich alle Aufnahmen gekauft, die mir in die Hände fielen, der Titel *Ghosts Of My Life* allerdings elektrisierte mich allein durch die Anspielung auf das Artpop-Meisterwerk »Ghosts« der Gruppe Japan aus dem Jahr 1981. Als ich die 12-Inch-EP abspielte, stellte ich beglückt fest, dass die tiefe, durch Pitch-Shifting verfremdete Stimme, die das titelgebende »Ghosts Of My Life« wiederholt, tatsächlich David Sylvian gehörte, dem Sänger von Japan. Doch verliert sich damit die Spur von »Ghosts« nicht. Nach ein wenig atonalem Vagieren und nervösen Breakbeats kippt der Tack plötzlich, und – es ist ein Moment, der mir auch heute noch beim Hören den Atem stocken lässt – kurz und krakelig füllt eine abstrakt elektronische Sequenz die Lücke, deutlich identifizierbar ebenfalls aus dem 1981er Stück von Japan, bevor schließlich zähtriefende Bässe und synthetisch kreischende Höhen, die sonischen Erkennungszeichen des Darkside Jungle, alles verzehren.

Die Zeit selbst war kollabiert. Einer meiner frühesten Fixpunkte im Pop war wiedergekehrt und behauptete sich in einem ganz unerwarteten Kontext. Neuromantischer Synthie-Pop der frühen Achtziger, in Großbritannien geschmäht und verhöhnt, in der Clubszene von Detroit, New York oder Chicago hingegen verehrt, kehrte endlich heim und begründete, späte Genugtuung, den UK-Underground.

Kodwo Eshun, der damals an *More Brilliant Than The Sun* schrieb, sollte die These formulieren, dass Synthie-Pop für Techno, HipHop und Jungle die gleiche Schlüsselrolle spielte wie der Delta-Blues für Rock.[31] Für mich war es, als sei ein verleugneter Teil meiner selbst – ein Spuk aus einem anderen Lebensabschnitt – wiedergekehrt, wenn auch in einer unwiderruflich anderen Form.

[31] Kodwo Eshun, *More Brilliant Than The Sun. Adventures in Sonic Fiction*, London: Quartet Books, 1998 (dt. *Heller als die Sonne. Abenteuer in der Sonic Fiction*, übers. von Dietmar Dath, Berlin: ID Verlag, 1999).

»Ghosts« hatte ich 1982 aus dem Radio aufgenommen und den Song ein ums andere Mal gehört, die Kassette am Ende zurückgespult und erneut »Play« gedrückt. »Ghosts« ist ein Stück, das einen, selbst heute noch, dazu bringt, es immer wieder abzuspielen. Das liegt nicht zuletzt daran, dass der Song mit unglaublich vielen Details aufwartet und man nie das Gefühl hat, wirklich alles mitbekommen zu haben.

Kein anderes Stück von Japan war wie »Ghosts«. Es war eine Anomalie, nicht nur wegen des Bekenntnishaften – eher eine Ausnahme in der Arbeit einer Band, die einen ästhetisierenden Gestus expressiver Emotionalität vorzog –, sondern auch aufgrund des Arrangements und der Struktur des Songs. In den anderen Stücken auf *Tin Drum* – dem 1981er Album, auf dem »Ghosts« erstmals veröffentlicht wurde – entfalteten Japan eine Art artifiziellen Ethno-Funk: Elektronische Fetzen huschen durch eine federnde rhythmische Architektur, die Bass und Schlagzeug schaffen. In »Ghosts« hingegen finden sich weder traditionelles Schlagzeug noch eine durchgängige Basslinie. Percussion beschränkt sich auf sanft angeschlagene metallische Wirbel, und sie treffen auf ein Ensemble von Klängen, die asketisch synthetisch auf eine Art sind, die von Stockhausen stammen könnte.

»Ghosts« setzt ein mit Idiophonklängen wie aus dem Innern einer metallenen Glocke. Die Luft ist voller Spannung, ein elektrisches Feld, erfüllt von diffusem Radiowellengezwitscher. Zugleich verströmt das Stück eine immense Stille, eine ruhige Gelassenheit. In Erinnerung bleibt der außergewöhnliche Liveauftritt der Band mit »Ghosts« in der Fernsehshow *The Old Grey Whistle Test*. Die Musiker scheinen eher in ihre Instrumente versunken, als dass sie darauf spielen.

Einzig David Sylvian wirkt lebendiger, doch letztlich bewegt sich nur sein Gesicht, halb verdeckt durch einen gewaltigen asymmetrischen Pony. Die in seiner Stimme schwingende Existenzangst verbindet sich auf eigentümliche Art mit der asketischen elektronischen Instrumentierung des Stücks. Das Gefühl einer entkräfteten Vorahnung wird durch das einzig Melodramatische im Song durchbrochen, einzelne treibende Synthesizer-Einsätze, die an Streicher aus einem Thriller erinnern und zum Chorus überleiten: »Just when I think I'm winning / When I've broken every door / The ghosts of my life / Blow wilder than before… // Gerade als ich denke, ich gewinne / Jede Tür aufgebrochen habe / Heulen die Gespenster meines Lebens / Wilder als je zuvor…«

Welche Dämonen genau sind es, die Sylvian heimsuchen? Der Song bezieht seine Atmosphäre nicht zuletzt aus der Weigerung, diese Frage zu beantworten, aus einer fehlenden Festlegung. In den Lücken können wir unsere eigenen Schemen entdecken. Klar wird indes, dass es keine äußerlichen Umstände sind, die Sylvians Wohlbefinden verderben. Etwas aus seiner Vergangenheit, etwas, das er längst hinter sich lassen wollte, holt ihn immer wieder ein. Er ist unfähig, es hinter sich zu lassen, weil er es mit sich schleppt. Antizipiert er nur das nahende Unglück oder hat das Verhängnis bereits seinen Lauf genommen? Das Präsens – oder vielmehr das Schwanken zwischen Vergangenheits- und Gegenwartsform – schafft Ambiguität; angedeutet wird eine schicksalhafte Unendlichkeit, ein Wiederholungszwang – ein Zwang, der zu einer selbsterfüllenden Prophezeiung werden mag. Die Dämonen kehren wieder, weil er es befürchtet…

Es fällt schwer, »Ghosts« nicht als eine Betrachtung zu Japans Weg bis zu jenem Zeitpunkt zu hören. In der Band kulminiert eine spezifisch englische Version von Art Pop, die in den frühen 1970er Jahren mit David Bowie oder Roxy Music begonnen hat. Die Musiker von Japan stammen aus Beckenham, Catford, Lewisham, jenem wenig glamourösen urbanen Ballungsgebiet also, wo Kent in den Londoner

Süden übergeht – das gleiche vorstädtische Umland, aus dem Bowie, Billy Idol und Siouxsie Sioux kamen. Wie die meisten Protagonisten des englischen Art Pop empfand die Band ihre Umgebung eher als eine negative Inspirationsquelle; Suburbia war etwas, dem man entkommen wollte. »Es gab eine bewusste Tendenz weg von allem, was die Kindheit ausgemacht hatte«, merkt David Sylvian dazu an.[32] Pop war das Tor, um diese prosaische Umgebung zu verlassen, die Musik war nur ein Teil davon. Art Pop wurde für Autodidakten aus der Arbeiterklasse zu einer Art Studienkolleg, um Spuren ihrer Vorläufer nachzugehen – Anspielungen in Songtexten, Stücktiteln oder Interviews – und sich so Dinge anzueignen, die im Lehrplan für Jugendliche ihrer gesellschaftlichen Klasse nicht vorgesehen waren: zeitgenössische Kunst, europäische Autorenfilme, die literarische Avantgarde… Sich einen anderen Namen zu suchen, war ein erster Schritt: David legte seinen Familiennamen Batt ab und wählte einen Künstlernamen, der auf Sylvain Sylvain von den New York Dolls verwies, jene Band, deren Stil Japan anfänglich imitierte.

Als »Ghosts« veröffentlicht wurde, war indes die ganze Dolls-Phase mit ihrem Bemühen um amerikanische Coolness längst vergessen; Sylvian hatte zwischenzeitlich als eine artifizielle Massenkopie von Bryan Ferry eine gewisse Perfektion erreicht. Was Ian Penman zufolge die Besonderheit der Stimme Ferrys ausmacht, ist der nur teilweise geglückte Versuch, den Geordie-Akzent abzulegen und ein klassisches, zeitloses Englisch an dessen Stelle treten zu lassen. Sylvians Gesangsstimme nun ist das Fake eines Fakes. Die überempfindliche Zerbrechlichkeit Ferrys wird bewahrt, doch nur als Style ohne emotionalen Inhalt. Es ist eine kultivierte Attitüde, an der nichts natürlich ist; exzen-

[32] David Sylvian im Interview mit Nick Coleman, in: *Q Magazine*, 28. September 2003 (online: www.davidsylvian.net/releases/articles-interviews/11-transcripts/710-david-sylvian-the-q-interview-sept-2003.html)

trisch, überaffektiert, und genau aus diesem Grund zugleich auf merkwürdige Art kalt. Der Gegensatz zur Sprechstimme Sylvians in jenen Jahren – plump, unausgebildet, deutlich alle Spuren der Klassenzugehörigkeit und des Londoner Südens offenbarend, die die Singstimme zu kaschieren bemüht war – könnte größer nicht sein: »Sons of pioneers are hungry men. // Söhne von Pionieren sind hungrige Männer.«

»Ghosts« paralysierten sehr englische Ängste: Fast könnte man meinen, da singt Pip aus Dickens' *Great Expectations*. In England wohnt dem Aufstieg aus der Arbeiterklasse immer noch die Angst inne, möglicherweise entdeckt zu werden, die Herkunft preiszugeben. Irgendeine Benimmregel wird verletzt, was niemals hätte passieren dürfen. Oder aber es fällt ein falsch ausgesprochenes Wort – die Angst vor einer fehlerhaften Aussprache verfolgt Autodidakten zeitlebens, weil Bücher einem nicht in jedem Fall vermitteln, wie bestimmte Ausdrücke sich anhören müssen. Vielleicht markiert »Ghosts« tatsächlich gerade den Moment, in dem Art Pop dieser Sorge begegnet – der Sorge, dass die Klassenherkunft herauskommt, dass der Background nie überwunden werden kann, dass die Dämonen von Lewisham wiederkehren, ganz egal, wie weit nach Osten die Reise führt.

Japan überführen Art Pop in absolute Oberflächlichkeit, in kompromisslosen Ästhetizismus. *Tin Drum*, das 1981er Album, von dem »Ghosts« stammt, ist Art Pop als Barthes Pop, ein offenkundig verführerisches Spiel mit Zeichen um ihrer selbst willen. Das Albumcover lässt einen sofort in eine durchgestylte Welt eintreten: Sylvian, mit Trevor-Horn-Brille, den wasserstoffblonden Pony mit viel Haarspray kunstvoll über die Stirn drapiert, sitzt in einem schmucklosen, chinesisch anmutenden Raum, Essstäbchen in den Händen, während sich hinter ihm ein dort hängendes Mao-Poster von der Wand löst. Alles ist Pose, jedes Zeichen mit geradezu fetischistischer Sorgfalt gewählt – allein die Art, wie der Lidschatten die Lider beinahe opiumschwer wirken lässt –, und doch sieht alles zugleich unglaublich zerbrechlich aus: Sylvians Gesicht eine Nō-Maske, anämisch bleich, seine Körperhaltung marionettenhaft. Hier sitzt er nun, einer der letzten Glam-Rock-Prinzen und vielleicht der großartigste, sein Gesicht und Körper – nicht anders (und nicht weniger) als die Musik – ungewöhnliche, grazile Kunstwerke, und alles fügt sich zusammen zu einem übergreifenden Konzept. Jedwede soziale, politische oder kulturelle Bedeutung scheint demgegenüber verschwunden. Wenn Sylvian in »Cantonese Boy«, dem letzten Stück des Albums, »Red Army needs you« singt, dann spricht daraus ebenfalls der Geist eines semiotischen Orientalismus: Signifikanten aus dem Reich der Mitte werden plakativ verkürzt, ausgebeutet und sorgen so für einen kurzen Moment der Erregung.

Zur Zeit der Veröffentlichung von *Tin Drum* hatten Japan die Abkehr vom Trashigen der New York Dolls längst vollzogen und war zu einer Band von Gentlemen-Connaisseurs geworden. Die Jugendlichen aus der Arbeiterklasse von Beckenham hatten sich zu kosmopolitischen Lebemännern entwickelt. (Zumindest, soweit das möglich scheint: »Ghosts« legt ja gerade nahe, dass die Verwandlung niemals vollständig gelingen kann und deshalb die Angst bleibt. Je stärker das Bemühen, den Background zu verschleiern, desto schmerzhafter wird es, wenn er ans Licht kommt.) Die glatte Oberflächlichkeit von *Tin Drum* ist die eines (Hochglanz-)Fotos, die Distanziertheit der Band entspricht der des Fotografen. Bilder werden dekontextualisiert, um sodann neu zusammengefügt und zu einem merkwürdig abstrakten »orientalischen« Panorama kombiniert zu werden. Das Ergebnis ist ein Ferner Osten, wie ihn der surrealistische Schriftsteller Raymond Roussel erdacht haben könnte. Wie Bryan Ferry bleibt auch David Sylvian Objekt und Subjekt gleichermaßen: nicht nur ein eingefrorenes Bildnis, sondern auch derjenige, der die Bilder arrangiert, und zwar nicht in irgendeinem pathologischen, an *Peeping Tom* erinnernden Sinn, sondern cool und distanziert. Die

Distanzierung ist selbst wiederum eine Performance, in der Sublimierung verschleiert sie die Angst. Die Texte bilden kleine Labyrinthe, unauflösbare Enigmen – vielleicht auch nur das Aufscheinen von Enigmen –, Phantastereien, deren falsche Fassade chinesische und japanische Motive schmücken.

Auch Sylvians Stimme ist Teil der Maskerade. Selbst in »Ghosts« beansprucht sie nicht, für bare Münze genommen zu werden. Es ist keine Stimme, die etwas offenbart oder vorgibt zu offenbaren, sondern es ist eine, die etwas zu verbergen weiß, darin dem Make-up und den ostentativ präsentierten Chinoiserien vergleichbar. Die Fixiertheit auf Geographie lässt Sylvian wie einen Touristen auftreten, einen außenstehenden Beobachter, auch seinem »Innenleben« gegenüber. Die Stimme scheint ganz und gar vom Kopf zu kommen, kaum etwas körperliches ist darin zu hören.

Und was dann? Japan sollten sich auflösen, während Duran Duran auf dem besten Weg waren, die exzentrischen Superstarallüren in einer Billigversion zu übernehmen. David Sylvian begab sich auf die Suche nach »Authentizität«, was zwei Dinge bedeutete: eine Abwendung von Rhythmik und eine Hinwendung zu »wirklichen« Instrumenten. Er wischte sich die Schminke aus dem Gesicht, suchte nach Sinn, entdeckte das wahre Selbst. Dabei klingen seine Soloprojekte bis zu seinem 2003er Album *Blemish* wie das angestrengte Bemühen um eine emotionale Authentizität, die seine Stimme nie wirklich liefern konnte – während das Alibi Ästhetizismus nun vollkommen fehlt.

Tin Drum blieb das letzte Studioalbum von Japan; zugleich war es einer der letzten Momente des britischen Art Pop. Eine Zukunft war in aller Stille entschlafen, doch andere sollten auftauchen.

»Deine Augen ähneln meinen…«

Ein Treibgut aus Japans »Ghosts« driftete vierzehn Jahre später auf »Aftermath«, der ersten Single von Tricky. Es war nicht gesampelt, sondern wurde von Mark Stewart beigetragen, Trickys Mentor und wie er ebenfalls aus Bristol stammend. Im Hintergrund der trottend-kratzigen Rhythmen des Tracks ist Stewarts Sprechgesang zu hören, und er rezitiert die Zeilen: »Just when I thought I was winning, just when I thought I could not be stopped… // Gerade als ich dachte, ich gewänne, als ich dachte, ich könnte nicht aufgehalten werden…« Die Verwendung des Japan-Zitats und ebenso die Präsenz von Stewart – einer wichtigen Figur in Bristols Post-Punk-Szene, seit er in den 1970ern The Pop Group mitgründete – weisen bereits unverkennbar darauf hin, dass die gängige Verortung Trickys als »TripHop«-Künstler reduktiv und irreführend ist. Allzu oft bezeichnet das Etikett TripHop faktisch »schwarze« Musik, in der das »Schwarze« zum Schweigen gebracht oder entfernt wurde, HipHop ohne Rap. Doch der »Trip« in Trickys Musik hat weniger mit Psychedelics als mit einer wolkigen Marihuana-Indolenz zu tun. Doch Tricky treibt die Ganja-Lethargie über Kiffer-Schlaffheit hinaus in einen visionären Zustand, in dem die für den Rap typische Aggressivität und das Posen nicht so sehr zurückgenommen als im Hitzedunst einer träumerischen, hydroponischen Umgebung gebrochen werden.

Vordergründig ließe sich Trickys rauer Rap als britische Antwort auf HipHop etikettieren, doch bei ein wenig aufmerksamerem Hören fällt auf, dass er auch Fäden aus Post-Punk und Art Pop aufnimmt und neu belebt. Zu seinen Altvordern zählt Tricky Post-Punk-Acts wie Blondie, The Banshees und The Cure (»Die letzte große Pop-Band, denke ich«, stellt er fest). Dabei geht es nicht darum, eine solche Genealogie den Soul-, Funk- und Dub-Referenzen entgegenzusetzen, die in Trickys frühsten Stücken so klar erkennbar sind. Zumal schon Post-Punk und Art Pop selbst ganz erheblich auf Funk und Dub zurückgriffen.

Tricky erzählt, als ich ihn 2008 interviewe:

»Ich bin in einem weißen Ghetto aufgewachsen. Mein Dad kam aus Jamaika, meine Großmutter ist weiß. Wenn ich in ein Einwandererviertel ging und die dortigen Freunde traf, fragten die so was wie: ›Warum hängst du mit diesen Skinhead-Typen ab, diesen weißen Typen?‹ Und meine Skinhead-Freunde meinten: ›Was hängst du mit diesen schwarzen Typen ab?‹ Ich hab's nicht geschnallt, ich konnte das gar nicht verstehen. Ich konnte immer in beiden Welten ein- und ausgehen, ich konnte in einen Reggae-Club und dann in einen Club mit Weißen und das nicht einmal mitkriegen, weil in meiner Familie alle ganz verschiedenfarbig sind, da hast du alle möglichen Farbtöne. An Weihnachten waren Weiße da, Leute aus der Karibik, afrikanisch aussehende, asiatisch aussehende… Wir haben darauf nicht geachtet, meine Familie ist farbenblind. Doch ganz plötzlich gerieten manche Sachen in Bewegung, Unarten kamen auf, Leute fingen an, dir Sachen zuzuflüstern wie: ›Warum hängst du mit diesen weißen Typen rum?‹ Gemeint waren die, mit denen ich aufgewachsen bin, die ich kenne, seit ich fünf war, die Typen, die selber ›Was hängst du mit diesen schwarzen Typen ab?‹ fragten. Doch dann sehe ich The Specials im Fernsehen, sehe, wie diese weißen und schwarzen Typen zusammenfinden.«[33]

Tricky betritt genau in dem Augenblick die Bühne, als Britpop drauf und dran ist sich durchzusetzen – eine reaktionäre Inszenierung im Rock, die zeitgenössische schwarze Einflüsse »weiß« übertüncht. Die in den Medien hauptsächlich

[33] Mark Fisher, »The Boy with the Thorn in his Side: Tricky«, Interview, in: *The Wire* 294 (August 2008), S. 28-33; hier S. 30.

verhandelte, verlogene Gegenüberstellung von Blur und Oasis lenkt dabei nur ab von den tatsächlichen Bruchlinien in der britischen Musikkultur jener Zeit. Der wirklich bedeutsame Gegensatz nämlich verlief zwischen einer Musik, die das, was in den 1990er Jahren neu war – Technologie, kultureller Pluralismus, Genre- und Stilinnovationen –, anerkannte und weiter vorantrieb, und Strömungen, die in einer monokulturellen *Britishness* Zuflucht suchten: Das musikalische Ergebnis war wichtigtuerischer, weißer Jungs-Rock, der fast ausschließlich auf die in den 1960er und 1970er Jahren etablierten Formen setzte. Solche Musik war dazu geschaffen, verunsicherten weißen Typen Halt zu geben, zumal in einer Zeit, da Gewissheiten unter Druck gerieten, auf die bislang Verlass war – am Arbeitsplatz, in den Geschlechterverhältnissen, im Hinblick auf die ethnische Identität. Wir wissen, dass Britpop letztlich als Sieger dastand. Tricky verschwand ohne viel Aufsehen und blieb Vorbote einer Zukunft des britischen Pop, die sich niemals materialisiert hat. (Eine Art Annäherung zwischen Tricky und Britpop schlug – glücklicherweise – fehl. Damon Albarn von Blur sollte als Gast zu dem von Tricky unter dem Alias Nearly God produzierten Album gleichen Titels beitragen, neben Terry Hall von The Specials und vielen anderen. Doch schließlich wurde der gemeinsam aufgenommene Track noch vor der Veröffentlichung verworfen.)

Als *Maxinquaye* 1995 erscheint, wird Tricky plötzlich über Nacht als die Stimme einer bislang stummen, entpolitisierten Generation verehrt, als der versehrte Prophet, der die psychische Last eines ganzen Jahrzehnts auf seine Schultern geladen hat und überliefert. Welches Ausmaß diese Verherrlichung annahm, verdeutlicht der Ursprung des Alias Nearly God, das auf eine Interviewfrage eines deutschen Journalisten zurückgeht: »Wie fühlt es sich an, Gott zu sein? Na, jedenfalls beinahe Gott?« Doch statt die ihm zugewiesene Rolle im Mainstream-Pop der 1990er anzunehmen und das Falsche zu tun, bloß weil es möglich ist und ein kleiner

Dämon es ihm eingibt, verdrückte sich Tricky irgendwo seitwärts und geriet beinahe in Vergessenheit. Und zwar so sehr, dass es vielen fast den Atem verschlug, als er 2011 als Gast bei Beyoncés Auftritt auf dem Glastonbury-Festival auf die Bühne kam – als ob wir, einen Moment lang, in eine Parallelwirklichkeit eintauchten, in der Tricky da war, wo er verdientermaßen hätte sein müssen, ein mächtiger Gargouille am Prachtbau des Pop im 21. Jahrhundert. Es entbehrte nicht einer gewissen Symbolik, dass Trickys Mikro während des Auftritts offenbar nicht eingeschaltet war – und er folglich kaum zu hören.

»Auf *Maxinquaye*«, schreibt Ian Penman in einem im März 1995 in *The Wire* veröffentlichten, bemerkenswerten Essay, »klingt Tricky wie ein Spuk aus einem anderen Sonnensystem.«[34] Das Geisterhafte an Trickys Musik, die Art, wie sie sich weigert, zu konkretisieren oder zu repräsentieren, die Art, wie sie zwischen Luzidität und Unartikuliertheit oszilliert, steht in einem scharfen Gegensatz zur vielfarbigen Ernsthaftigkeit des, wie Penman es nennt, »*Face*-Cover/Talkin Loud/Jazzie B-Nexus eines groovigen One World-Vibes.« Signifikant an der von Tricky und Goldie vertretenen Version des Multikulturalismus ist gerade die Absage an Ernst und Seriosität. Ihre Musik erbittet keineswegs die Inklusion in irgendeine Art von Normalität. Stattdessen schwelgt sie in ihrem extraterrestrischen *Anders*sein, ihrem Science-Fiction-Glamour. Wie bei David Bowie, dem frühen Pionier des Art Pop, geht es dabei um eine Identifikation mit dem Alien, und das Alien steht für technologische Innovation und kognitive Provokation – und letztlich für Formen bislang noch kaum vorstellbarer sozialer Beziehungen. Bowie war indes keineswegs der erste, der eine solche Identifikation propagierte: »Loving the Alien«, das Alien zu umarmen, ist eine Geste, die sich in den Selbst-

[34] Ian Penman, »Tricky: Black Secret Tricknology«, in: *The Wire* 133 (März 1995), S. 39.

mythologisierungen schwarzer Magier – in Kodwo Eshuns *Sonic Fiction*-Kanon etwa Lee Perry, George Clinton, Sun Ra – lange vor Bowie findet. Und die Identifikation mit dem Alien – was nicht so sehr heißt, für das Alien zu sprechen, als das Alien durch einen selbst sprechen zu lassen – ist etwas, dem die populäre Musik im 20. Jahrhundert einen großen Teil ihrer politischen Bedeutung verdankt. Identifikation mit dem Alien bietet eine Möglichkeit, Identität zu entfliehen, in andere Subjektivitäten, andere Welten.

Auch die Identifikation mit dem Androiden findet statt. »Aftermath« enthält ein Dialogsample aus *Blade Runner*: »I'll tell you about my mother // Ich erzähl ihnen 'was von meiner Mutter«, die höhnische antiödipale Bemerkung, die der Replikant Leon seinem Peiniger Holden im Verhör entgegenschleudert, bevor er ihn erschießt. »Ist es nur ein Zufall, dass Sylvians Verse und das Zitat aus Blade Runner in ein und demselben Song zusammenfinden?«, fragt Penman.

> »›Ghosts‹ … Replikanten? Elektrizität hat uns alle zu Engeln werden lassen. Technik (von der Psychoanalyse bis zur Überwachung) hat uns alle zu Gespenstern gemacht. Der Replikant (›Your eyes resemble mine… // Deine Augen ähneln meinen…‹) ist ein sprechendes Nichts. Das erschreckende an ›Aftermath‹ ist die Behauptung, heute seien *wir alle so.* Sprechende Nichtse, aus Fragmenten und Zitaten zusammengefügt… durch die Erinnerungen anderer kontaminiert… abdriftend…«[35]

Als ich Tricky 2008 treffe, kommt er von sich aus auf »Aftermath« und die Zeile zu sprechen, die Penman in seinem Essay aufgreift.

> »Der ersten Lyrics, die ich jemals für einen Song geschrieben habe, waren ›Your eyes resemble mine, you see

[35] Ebd., S. 64.

as no others can // Deine Augen ähneln meinen, du siehst, wie niemand anderes es kann‹. Ich hatte damals überhaupt noch keine Kinder, von was ist da also bloß die Rede? Von wem spreche ich? [Meine Tochter] Maisy war noch nicht geboren. Meine Mutter hat regelmäßig Gedichte geschrieben, doch zu ihrer Zeit konnte sie mit sowas nichts anfangen, ihr bot sich da keine Gelegenheit. Es ist fast so, als wäre sie dafür gestorben, mir eine Chance zu geben, meinen Texten. Ich werde nie ganz verstehen, warum ich als Frau schreibe; ich denke, ich habe das Talent meiner Mum geerbt, ich bin ihr Medium. Deshalb brauche ich eine Sängerin, die das singt.«[36]

Hauntology, Telepathie, die Persistenz des *Nicht-mehr*… Auch ohne den Glauben an Übersinnliches lässt sich Familie als ein Zusammenhang beschreiben, in dem es spukt, ein *Overlook Hotel* voller böser Vorahnungen und immer wiederkehrender unheimlicher Geschehnisse, etwas, das vor uns spricht, statt unsrer selbst… Von Anfang an verfolgten Tricky, wie uns alle, Gespenster, und die verstörend knisternde Textur der Hauntology im 21. Jahrhundert war bereits in seinen frühesten Stücken wahrzunehmen. Als ich ein Jahrzehnt später *Burial* zum ersten Mal hörte, drängte sich mir auf der Stelle der Vergleich mit Trickys erstem Album *Maxinquaye* auf. Auf eine solche Wesensverwandtschaft deutet nicht nur, dass beide, *Maxinquaye* und *Burial*, das Knistern und Knacken von Vinylscheiben als eine Art Signatur verwenden, sondern auch die auf beiden Alben vorherrschende Stimmung, die erstickte Traurigkeit und die murmelnde Melancholie, die Liebesschmerzerotik und die wie im Traum gesprochenen Worte. Beide Alben wirken wie in Landschaften verwandelte Gefühlszustände, doch während die Musik von Burial urbane Szenen in einem permanenten *Blade Runner*-Nieselregen heraufbeschwört,

[36] Fisher, »The Boy with the Thorn«, S. 32.

fühlt man sich in *Maxinquaye* in eine Wüste versetzt, ein delirierendes und dalieskes Gebiet, jenem Landstrich vergleichbar, den in Nicholas Roegs Film *Walkabout* die Protagonisten auf ihrer Initiationsreise durchqueren: der Boden ist verbrannt, rissig und öde, doch gelegentlich bricht üppiges Grün daraus hervor. (Im erotisch expliziten »Abbaon Fat Tracks« beispielsweise könnten wir uns in die zerstörte Idylle von Talk Talks *Spirit of Eden* verirrt haben.)

»Deine Augen ähneln meinen…« Vom ersten Moment an ist Tricky – wenn er mit der Stimme seiner toten Mutter spricht, ein semi-benigner Norman Bates – bewusst, von weiblichen Dämonen besessen (und enteignet) zu sein. In seiner Vorliebe für Make-up und Crossdressing erscheint er wie ein letztes Aufglühen der Glam-Energie im britischen Pop, seine Genderambivalenz ein willkommenes Antidot gegen das depraviert Jungshafte des Britpop. Dabei ist Genderunbestimmtheit für Tricky keine Angelegenheit pantomimischer Verkleidung, sondern etwas, das seine Musik im Kern berührt. Die Feststellung, Tricky schreibe aus »weiblichem Blickwinkel«, verfehlt allerdings die unheimliche Dimension seines Tuns, insofern er auch Passagen, die aus einer männlichen Perspektive zu sprechen scheinen, von Sängerinnen interpretieren lässt.

> »Ich mag es, Frauen in die Männerrolle zu stecken, sodass eine Frau die Starke spielt und ein Mann den Schwachen. Ich wuchs auf, da saß einer meiner Onkel für 30 Jahre hinter Gittern und der andere für 15 Jahre. Meinen Dad sah ich nicht, ich wuchs bei meiner Großmutter und meiner Tante auf, und meine Großmutter habe ich sich auf der Straße prügeln sehen. Ich hab' gesehen, wie Tante und Großmutter mit den Fäusten aufeinander losgingen, ich hab gesehen, wie Großmutter meine Tante am Arm packte und den Arm in die Tür quetschte und ihn ihr brach, da ging es um ein Stück Fleisch. Also, Frauen habe ich als tough erlebt. Sie haben fürs Essen und für Kleidung ge-

sorgt, meine Großmutter brachte mir das Stehlen bei, meine Tante, wie man kämpft, sie schickte mich zum Boxen, da war ich 15. Wenn Männer in den Krieg ziehen, dann stehst du auf einer Seite, ich auf einer anderen, wir schießen aufeinander, aber das Härteste ist, wenn du zuhause bist und die Kinder weinen hörst und du dafür sorgen musst, dass etwas auf den Tisch kommt. Das ist tough, ich hab da keine Männer gesehen, meinen Onkel hab' ich für sieben Jahre einfahren sehen, dann meinen anderen Onkel für zehn; mein Dad hat nie bei uns geklingelt. Die Frauen halten alles zusammen, sorgen dafür, dass Essen auf dem Tisch steht, verteidigen uns, verteidigen die Kinder, und wenn uns einer blöd kam, waren sie auf der Straße, an der Schule. Männer habe ich so was nie für mich tun sehen, nie hab ich Männer derart für mich da sein sehen. So kenne ich nur Frauen.«[37]

Gender löst sich hier nicht in farb- und gesichtslose Geschlechtsneutralität auf, sondern schafft einen instabilen Raum, in dem die Subjektivität ständig zwischen männlichen und weiblichen Stimmen changiert. Es ist eine Kunst der Teilung und zugleich des Verdoppelns. Durch die für ihn (oder an seiner Stelle) auftretenden Sängerinnen wird Tricky weniger als eins, ein gespaltenes Subjekt, das sich nicht als Ganzheit wiederherstellen lässt; zugleich wird er, wenn sie seiner Unvollkommenheit ihre Stimme leihen, mehr als eins, ein Doppelwesen auf der Suche nach seiner verlorenen anderen Hälfte, die sich niemals zurückgewinnen lassen wird. So oder so erschüttert Tricky – sowohl als Vokalist als auch als Autor/Produzent, der eine *Andere* singen lässt – die Vorstellung, die Stimme sei der feste und unvergängliche Garant von Präsenz und Identität. Trickys eigene gedämpfte, zurückgenommene Stimme, all dieses Heisere, das Murmeln und Raunen deuten eine kaum gegenwärtige

[37] Ebd.

Präsenz an, etwas Supplementäres, eher nicht Zentriertes. Doch auch die in diesen Songs eingesetzte Hauptstimme, gewöhnlich die einer Sängerin, klingt häufig abwesend und zerstreut. Tatsächlich erinnern die weiblichen Stimmen, in ihrer ausdruckslosen, erschöpften Art, die die üblichen gefühlsbetonten Kadenzen vermissen lässt, sehr stark an ein Medium, dessen Stimme die einer oder eines anderen ist.

»So this is the aftermath... // Das also sind die Folgen ...« Nicht, dass Tricky Sängerinnen *hätte*; eher bewegt er sie dazu, an seinen Trancezuständen teilzuhaben. Die ihm aus einer verlorenen weiblichen Quelle zufließenden Worte kommen durch den Mund einer Sängerin zurück. »I'm already on the other side // Ich bin bereits auf der anderen Seite«, singt Martina Topley-Bird in »I Be the Prophet« auf dem Album *Nearly God*. In Trickys Jugend hatte das Schaurige einen besonderen Platz.

> »Meine Großmutter achtete darauf, dass ich gewöhnlich zuhause blieb, weil mein Stiefgroßvater normalerweise weg zur Arbeit war, und sie schaute regelmäßig all diese schwarz-weißen Horror- und Vampirfilme, es war, als würde ich in einem Film aufwachsen. Meine Mum, ihre Tochter, hatte sie verloren, und mich setzte sie mitten auf den Boden. Sie gab sich gern als Billie Holiday, rauchte eine Zigarette und sagte so Zeugs wie ›Du siehst wie deine Mum aus‹ und beobachtete mich dabei. Ich war immer der Geist meiner Mutter. Ich wuchs in einer traumähnlichen Situation auf. Einmal sah ich einen Suizid in der Nähe eines NCP-Parkhauses und die Polizei vernahm mich, um zu hören, was ich gesehen hatte, und am nächsten Tag stand mein Name in der *Evening Post*. Als ich dann aufwachte, hing das am Kühlschrank, meine Großmutter hatte die Zeitung an den Kühlschrank gehängt, als ob ich eine Berühmtheit wäre.«[38]

[38] Ebd.

Wer besessen ist, ist zugleich enteignet – der eigenen Identität und Stimme. Doch ist diese Art des Enteignetseins zweifellos für ein wirklich starkes Schreiben ebenso wie für eine überzeugende künstlerische Darbietung eine Vorbedingung. Autorinnen und Autoren müssen andere Stimmen einschalten, in den darstellenden Künsten gilt es bereit und in der Lage zu sein, sich äußeren Kräften zu überlassen – Trickys mitunter großartige Liveauftritte verdanken sich nicht zuletzt der Fähigkeit, sich selbst in einen unglaublichen Zustand schamanischer Selbstauslöschung zu versetzen. Wie das Okkulte bietet auch die Religion ein symbolisches Repertoire, das auf die Vorstellung jenseitiger Präsenz rekurriert, der fremden Zunge, der Macht der Toten über die Lebenden, und Trickys Sprache war immer schon voller biblischer Bildlichkeit. Die Fegefeuer-Landschaft auf *Maxinquaye* ist übersät von religiösen Zeichen, und *Pre-Millennium Tension* stellt eine Art religiösen Rausch zur Schau: »I met a Christian in Christiansands / A Devil in Helsinki // Ich traf einen Christen in Kristiansand / Einen Teufel in Helsinki«, heißt es im Track »Christiansands«, und »Tricky Kid« reimt: »Here comes the Nazarene / Look good in that magazine […] / Mary Magdalene / That'd be my first sin // Hier kommt der Nazarener / Sieht gut aus in dem Magazin […] / Maria Magdalena / Das wäre meine erste Sünde«.

Als ich ihn interviewe, hat Tricky gerade die Single »Council Estate« veröffentlicht. In dem Song sprechen Gespenster der Klassenzugehörigkeit, allerdings nicht zum ersten Mal in Trickys Schaffen. Die in der Klasse schwelende Wut kann man von Anfang an in vielen seiner Tracks entdecken. »I'll master your language / And in the meantime / I'll create my own // Ich werde deine Sprache beherrschen / Und in der Zwischenzeit / Schaffe ich meine eigene«, warnt er in »Christiansands« aus dem Jahr 1996, in dem er selbst die Rolle des proletarischen Caliban einnimmt, der Rachepläne gegen das anmaßende Establishment schmiedet. Tricky ist überaus bewusst, wie die Klassenherkunft das Schicksal determiniert. »Eine Wohnung oder ein Auto aufbrechen heißt Schlosser, Versicherung, da wird aus mir Geld gemacht. Je länger ich dann im Gefängnis bin, desto mehr Geld machen sie aus mir. Moderne Sklaverei: Statt zu Sklaven machen sie einen zum Kriminellen.«[39]

Das Album, das »Council Estate« enthält, nannte Tricky *Knowle West Boy*, nach dem Viertel, in dem er aufwuchs.

> »Als ich in der Schule war, da gab es einen Lehrer, der immer sagte, wenn ihr mal einen Job sucht, sobald ihr da irgendwo eure Postleitzahl hinschreibt und sie wissen, dass ihr aus Knowle West kommt, werdet ihr die Stelle nicht bekommen. Deshalb lügt, wenn ihr ein Bewerbungsformular ausfüllt, lügt einfach.«[40]

»Council Estate« begreift Ressentiment als motivierende Kraft und Erfolg als Rache. Es geht nicht darum, die Zukunft hinter sich zu lassen, wie David Sylvian das wollte, sondern darum, Erfolg zu haben, um die eigene Klassenherkunft den Leuten in den Hals zu schieben, die ebendiesen Erfolg nicht für möglich hielten. Wie für viele andere aus proletarischen Verhältnissen stammende Popstars vor ihm – Sylvian eingeschlossen – war der Erfolg für Tricky eine Bestätigung und eröffnete ihm den Zugang zu einer Welt, die ihn gleichermaßen anzog wie erschreckte. In »Tricky Kid« aus dem Jahr 1996 setzt er sich mit den aus der Klassenzugehörigkeit resultierenden Verwerfungen auseinander, mit einem Thema also, das die britische Popmusik mindestens seit der Zeit der Kinks beschäftigt hatte. Es ist der beste Song über einen jungen Mann aus der Arbeiterklasse, der aus seinem proletarischen Milieu in die Lustgärten der Super-Erfolgreichen katapultiert wird, seit »Club Country« von The Associates. (»A drive from nowhere leaves you in

[39] Ebd., S. 30.
[40] Ebd., S. 28.

the cold […] / Every breath you breath belongs to… someone there. // Ein Antrieb aus dem Nirgendwo lässt dich in der Kälte zurück […] / Jeder deiner Atemzüge gehört… jemandem dort.«) Mit seiner fiebrigen, anzüglich hedonistischen *Jacob's Ladder*-Vision – »Coke in your nose […] / Everybody wants to be naked and famous // Koks in deiner Nase […] / Jeder will nackt und berühmt sein« – antizipiert »Tricky Kid«, wie im ersten Jahrzehnt des 21. Jahrhunderts proletarische Aufstiegsambitionen durch das Fake-Gold von Berühmtheit und Reality-Shows korrumpiert werden sollten. »Now they call me superstar // Nun nennen sie mich Superstar«, verkündet der 1996er Song dämonisch, ein Vers, der im Refrain von »Council Estate« widerhallt. Warum ist »Superstar« für Tricky ein solch wichtiges Wort? »Weil es auf bestimmte Art so dumm ist. Früher lief das so: Du machst ein Album, und sollte das erfolgreich sein, ist der Ruhm beinahe schon ein Teil des Spiels. […] Als ich anfing, wollte ich einfach bloß ein gutes Album machen, ich wollte etwas machen, wie es zuvor noch nie jemand gehört hat – was anderes interessierte mich nicht.«[41]

[41] Ebd., S. 30.

01: Die Rückkehr der Siebziger

Keine Freuden mehr: Joy Division

(nach einem k-punk-Eintrag vom 9. Januar 2005)

Joy Division scheinen wichtiger denn je, ist es ihnen doch gelungen, den depressiven Geist *unserer* Zeit einzufangen. Hören wir sie heute, stellt sich unausweichlich der Eindruck ein, die Gruppe habe unsere Gegenwart – ihre Zukunft – katatonisch heraufbeschworen. Vom ersten Augenblick an ist ihr Schaffen erfüllt von tiefen Vorahnungen, dem Gefühl einer versperrten Zukunft, der Auflösung aller Gewissheiten – so, als liege vor ihnen nur wachsende Düsternis. Es ist inzwischen hinreichend deutlich, dass die Jahre 1979/80, mit denen Joy Division immer identifiziert sein werden, einen ganz entscheidenden Moment markieren: den Punkt nämlich, als die Zeit einer ganzen (sozialstaatlich, fordistisch, industriell geprägten) Welt mit einem Mal ablief, während die Konturen einer neuen (neoliberalen und konsumistischen, informatisierten) Welt sich abzeichneten. Gewiss, das Urteil ist retrospektiv, selten wird ein Bruch im Augenblick seines Auftretens auch wirklich wahrgenommen. Und doch üben jene Siebziger eine besondere Faszination aus, heute, da diese neue Welt uns umschließt – eine Welt, die Gilles Deleuze »Kontrollgesellschaft« nennt und dabei übrigens einen Ausdruck verwendet, der wiederum mit Joy Division in Zusammenhang gebracht werden sollte.[1] Die Siebziger sind die Zeit vor dem großen Umbruch, in gewisser Weise zugleich freundlicher und härter als die Gegenwart. Damals als selbstverständlich angesehene Dimensionen der (sozialen) Sicherheit sind zwischenzeitlich längst zerstört, andererseits gelten viele finstere, zu jener

[1] Gilles Deleuze, »Postskriptum über die Kontrollgesellschaften«, in: ders., *Unterhandlungen. 1972-1990*, übers. von Gustav Roßler, Frankfurt a. M.: Suhrkamp, 1993, S. 254-262.

Zeit allenthalben zu hörende Ressentiments heute als unakzeptabel. Die Voraussetzungen, unter denen eine Band wie Joy Division existieren konnte, haben sich verflüchtigt, doch ebenso verschwunden ist das Graue und die Trostlosigkeit des Alltagslebens in Großbritannien, damals ein Land, in dem die Rationierung von Konsumgütern immer noch gegenwärtig schien.

Anfang der 2000er Jahre waren die Siebziger lange genug Geschichte, um zur Filmkulisse mit Zeitkolorit zu werden, und Joy Division waren Teil der Szenerie. So kamen sie in Michael Winterbottoms Film *24 Hour Party People* aus dem Jahr 2002. Die Gruppe ist darin wenig mehr als Beiwerk, das erste Kapitel in der Geschichte des Labels Factory Records und seines überdreht-genialen Impresarios Tony Wilson. In den Mittelpunkt rücken Joy Division dann in Anton Corbijns *Control* aus dem Jahr 2007, doch gelingt es dem Film nicht wirklich, Verbindungen herzustellen. Für alle, die mit der Geschichte vertraut sind, reiht Corbijn zu sehr Wohlbekanntes aneinander, allen Nicht-Insidern hingegen bleibt er es schuldig, die magische Kraft der Band deutlich werden zu lassen. *Control* nimmt uns mit durch die Geschichte, doch zieht der Film uns an keiner Stelle in den Bann und lässt uns niemals spüren, warum irgendetwas wichtig war. Vielleicht ist das aber unausweichlich so. Rock beruht ganz wesentlich auf einer ungewöhnlichen Körperlichkeit wie auch auf den Besonderheiten einer Stimme und vor allem auf der unerklärlichen Beziehung beider. *Control* gelingt es nicht, den Verlust Ian Curtis', seines Körpers und seiner Stimme, wettzumachen. Das Ergebnis ist letzten Endes Arthouse-Karaoke-Naturalismus: Die Schauspieler können die Akkorde nachspielen, sie können Curtis' Bewegungen imitieren, doch können sie nicht sein alle fesselndes Charisma fälschen oder die beiläufige nekromantische Atmosphäre schaffen, die einfache musikalische Strukturen in einen wilden Expressionismus verwandelte, einen Ausgang ins Freie. Dazu bedarf es Filmmaterials, das die Musiker bei

Auftritten zeigt, und des Sounds ihrer Alben. Das ist der Grund, warum es von den drei Filmen, die sich der Band widmen, Grant Gees ebenfalls 2007 fertiggestellter Dokumentation *Joy Division* – die Super-8-Schnipsel, Fernsehaufzeichnungen, neuere Interviews und alte Bilder aus dem Manchester der Nachkriegszeit verbindet – am besten gelingt, uns in jene verschwundenen Zeiten zurückzuversetzen. Gees Film beginnt mit einem Motto, das Marshall Bermans Studie *All That Is Solid Melts Into Air* entnommen ist:

> »Modern zu sein bedeutet, unter Bedingungen zu leben, die uns Abenteuer, Möglichkeiten, Vergnügen, Wachstum und die Veränderung unserer selbst und der Welt versprechen – und zugleich drohen, alles, was wir haben, alles, was wir kennen, alles, was wir sind, zu zerstören.«[2]

Während *Control* bemüht ist, die Präsenz der Gruppe zu beschwören, doch letztlich nur Spuren legt, eine Skizze bleibt, steht in *Joy Division* die sinnliche Wahrnehmung des Verlusts im Mittelpunkt. Die Dokumentation ist eine reflektierte Studie einer Zeit und eines Ortes, die heute beide verloren sind. *Joy Division* ruft die rundum verschwundenen Plätze und Menschen in Erinnerung – viele sind tatsächlich tot: Curtis, Rob Gretton, der Manager der Band, Martin Hannett, ihr Produzent, und nicht zuletzt auch Tony Wilson. Ein wirklicher Coup und vielleicht das Elektrisierendste in Gees Film ist eine Tonaufnahme. Es ist die Stimme eines Toten, der das Land der Toten durchwandert: eine verrauschte alte Kassettenaufnahme von Ian Curtis bei einer »Regression in ein früheres Leben« unter Hypnose. *I travelled far and wide through many different times // Ich reiste endlos weit durch viele verschiedene Zeiten.*[3] Eine lang-

[2] Marshall Berman, *All That Is Solid Melts into Air: The Experience of Modernity*, New York: Penguin Books, 1988, S. 15.
[3] Joy Division, »Wilderness«, auf *Unknown Pleasures* (1979).

same, undeutlich sprechende Stimme beschwört eine kalte und entlegene Erinnerung: »Wie alt sind Sie?« – »28.« Ein umso frappierenderer Dialog, als wir wissen, dass Curtis im Alter von 23 starb.

Tollhäuser mit weit geöffneten Türen

Ich nahm Joy Division erst 1982 wahr, für mich war Curtis also immer schon tot. Als ich die Band mit 14 dann zum ersten Mal hörte, war das für mich wie die Szene in John Carpenters *In the Mouth of Madness* (dt. *Die Mächte des Wahnsinns*), in der Sutter Cane den Detektiv John Trent zwingt, den hyperfiktionalen Roman zu lesen, in dem Trent selbst als eine der Figuren auftaucht. Mein ganzes zukünftiges Leben schien mir in diesen Klangbildern aufs Äußerste verdichtet: Ballard, Burroughs, Dub, Disco, Gothic, Antidepressiva, Klapse, Überdosis, aufgeschnittene Pulsadern. Viel zu viele Anstöße, um auch nur anzufangen, sie aufzunehmen. Nicht einmal Joy Division verstanden, was sie da taten. Wie um alles in der Welt sollte ich es verstehen?

New Order waren dann vor allem auf der Flucht aus dem für Joy Division errichteten Mausoleum, und der endgültige Bruch mit ihrer Vergangenheit gelang ihnen 1990. Englands Song zur Fußballweltmeisterschaft, das Herumspringen mit einem kneipenmäßig kumpelhaften Keith Allen, einem Typen, der wie kaum ein anderer das alltägliche Mackertum der britischen Mainstreamkultur in den späten 1980er und '90er Jahren verkörperte, war ein vollendeter Akt der Entsublimierung.

Für New Order war das letzten Endes, um es mit Kodwo Eshun zu sagen, der »Preis dafür, der Einflussangst zu entkommen«, der Angst nämlich vor dem eigenen Einfluss. Auf dem Album *Movement* litt die Gruppe noch unter posttraumatischem Stress, erstarrt in wenig kommunikativer Trance (»And the noise that surrounds me / Pulls so loud in my head // Und der Lärm, der mich umgibt / Zuckt so laut in meinem Kopf«).[4]

In den besten Interviews, die Mitglieder der Band jemals gaben – Jon Savage führte sie, anderthalb Jahrzehnte nach Curtis' Tod –, wird klar, dass sie keinerlei Vorstellung von dem hatten, was sie taten, noch den Wunsch, es herauszufinden. Über Curtis' verstörend-zwingende, extrem aufgeladene, zuckende Trance und über seine ebenso verstörend-zwingende, katatonische Downer-Lyrik sagten sie nichts und fragten auch nicht danach, vielleicht aus Angst, den Zauber zu zerstören. Sie waren ahnungslose Nekromanten, denen eine Formel zugefallen war, die sie Geisterstimmen beschwören ließ, Zauberlehrlinge ohne Meister. Sich selbst sahen sie als Golems ohne Verstand, beseelt durch Curtis' visionäre Kraft. (Als er starb, so sagen sie, hatten sie das Gefühl, ihre Augen verloren zu haben...)[5]

Eines steht fest: Joy Division waren – nicht zuletzt aufgrund der Zustimmung ihres Publikums – mehr als eine Popgruppe, mehr als Entertainment. Wir kannten die ganzen Texte, als ob wir sie selbst geschrieben hätten, wir folgten verstreuten Andeutungen in den Lyrics an alle möglichen dunklen Orte; heute die Alben zu hören ist wie sich ganz heimisch zu fühlen... Doch wer ist dieses »Wir«? Nun, vielleicht war es das letzte »Wir«, dem sich eine ganze Generation Heranwachsender zugehörig fühlen konnte. Eine merkwürdige Universalität einte die (stillschweigend unterstellt: männlichen) Joy Division-Fans.

Stillschweigend unterstellt: männlich... Die Joy Division-Religion war, ohne Frage, ein Jungsding. Deborah Curtis merkt dazu an: »Ob es nun Absicht war oder nicht, jedenfalls wurden die Frauen und Freundinnen der Gruppe nach und nach bei allen oder wenigstens den meisten Gigs ausge-

[4] New Order, »Truth«, auf *Movement* (1981).
[5] Jon Savage, »Good Evening, We're Joy Division«, in: Joy Division, *Heart & Soul*, CD-Booklet, London Records, 1997.

schlossen. Es entstand so eine seltsame Männerfreundschaft. Die Jungs blieben unter sich und schienen Spaß dabei zu haben.«[6]

Als Ian Curtis' Ehefrau wird Deborah aus dem Lustgarten des Rock vertrieben und gerät so nicht in den Todeskult jenseits des Lustprinzips. Ihr bleibt es lediglich überlassen, nachher aufzuräumen.

Waren Joy Division noch so sehr eine Jungsband, in »She's Lost Control«, dem Song, der am deutlichsten ihre Handschrift trägt, verwirft und verschiebt Ian Curtis sein eigenes Leiden, die »heilige Krankheit« Epilepsie, auf eine *Andere*. Sigmund Freud betrachtet den epileptischen Krampf – ebenso wie übrigens auch den von sexueller Leidenschaft ergriffenen Körper – als Beispiel des *Unheimlichen*, eines zugleich Unvertrauten und auf merkwürdige Art Vertrauten. Der organische Körper wird den mechanischen Rhythmen des Nichtorganischen untergeordnet; das Unbeseelte gibt den Ton an, wie es bei Joy Division immer der Fall ist. »She's Lost Control« bietet eines der deutlichsten Beispiele für die Begegnung von Rock mit dem mineralischen Sog des Unbeseelten. Der eiskalte Schauer den Rücken hinunterjagende Sound der Untoten von Joy Division klingt, als sei er während eines Krampfanfalls im Innern lädierter synaptischer Verbindungen im Gehirn aufgenommen, und Curtis' sepulkraler, anhedonischer Gesang hallt – wie die Stimmer einer anderen, eines anderen – in langen, expressionistisch verzerrten Echos wider, um wie Acid-Nebel bitter nachzuklingen. »She's Lost Control« durchquert, Edgar Allan Poe gleich, kataleptische schwarze Löcher der Subjektivität, unternimmt Reisen ins Land der Toten auf der Nulllinie, um dem Moment, von dem an es kein

[6] Deborah Curtis, *Touching from a Distance. Ian Curtis and Joy Division*, London: Faber & Faber, 1995, S. 77 (dt. *Aus der Ferne. Ian Curtis und Joy Division*, übers. von Ina Schott, Berlin: Die Gestalten Verlag, 1996).

Zurück mehr gibt, ins Auge zu sehen, erblickt in den kleinen Spasmen kleine Tode (*petits maux* als *petites morts*), eine erschreckende, doch zugleich berauschende Befreiung von Identität, mächtiger als jeder Orgasmus.

In dieser Kolonie

Versuchen wir, uns das England von 1979 vorzustellen…

Prä-VHS, prä-PC, prä-C4. Keineswegs schon überall ein Telefon. (Zuhause hatten wir erst so um 1980 eins, glaube ich.) Mit dem Schwarz-Weiß-Fernsehen verschwindet der Nachkriegskonsens.

Mehr als irgendjemand sonst verwandeln Joy Division die Trostlosigkeit in eine Uniform, ein selbstbewusstes Zeichen wahrer Authentizität. Die bedacht nichtssagende Förmlichkeit ihrer Kleidung markiert die Trennung vom tribalistischen Anti-Glamour im Punk, sie sind »Depressive, die sich für die Depression kleiden«, so Deborah Curtis.[7] Es ist alles andere als Zufall, dass sie sich am Anfang ihres Wegs Warsaw nennen. Es ist ein Ostblockgefühl, ein Sumpf der Verzweiflung, aus dem heraus Kids aus der Arbeiterklasse Songs schreiben, die Dostojewski, Conrad, Kafka, Burroughs, Ballard aufrufen, Kids, die, ohne darüber nachzudenken, rigorose Vertreter der Moderne sind, denen es niemals in den Sinn kommen würde, sich zu wiederholen, geschweige denn das, was zwanzig oder dreißig Jahre zuvor war, wieder auszugraben und nachzuahmen. Die Sechziger sind 1979 nur noch eine verblassende Wochenschauerinnerung.

Damals, 1979, gibt es noch eine Beziehung zwischen Art Rock und den sonischen Experimenten des Schwarzen Atlantik. Heute fast unvorstellbar, steht damals weißer Pop der elektronischen Avantgarde nicht fern, echte Deals sind

[7] Curtis, *Touching from a Distance*, S. 107.

möglich. Joy Division liefert dem Schwarzen Atlantik ein wenig Sonic Fiction, die sich neu konfigurieren lässt: zu hören etwa in Grace Jones' ganz außerordentlicher Coverversion von »She's Lost Control«, in Sleazy Ds »I've Lost Control« oder selbst noch in Kanye Wests *808s & Heartbreak* (mit seiner Referenz an Peter Savilles Coverdesign von »Blue Monday« sowie den Anklängen an »Atmosphere« und »In A Lonely Place«). Trotz alledem aber ist Joy Divisions Beziehung zum schwarzen Pop weniger offenkundig als bei einigen anderen aus ihrer Generation. Den Bruch des Post-Punk mit Underdog-Punkrock markiert vornehmlich eine ostentative Begegnung mit (respektive Verwendung von) schwarzem Pop, insbesondere Funk und Dub. Nichts davon gibt es, zumindest oberflächlich betrachtet, bei Joy Division.

Doch während bei Gruppen wie beispielsweise PiL die Hinwendung zu Dub eher ein wenig bemüht klingt, ein wenig prosaisch, gelingt es Joy Division oder auch The Fall, eine Art weißes englisches *Äquivalent* zu Dub zu schaffen. Beide Bands, Joy Division und The Fall, sind, was Prioritäten und Ökonomien ihres jeweiligen Sounds angeht, »schwarz«: basslastig und rhythmusgetrieben. Das ist Dub, nicht der Form nach, sondern als Methode, die es ermöglicht, die Produktion des Sounds als abstrakte, maschinische Technik zu begreifen. Darüber hinaus spannt Joy Division noch den Bogen zu einem weiteren supersynthetischen, kunstvoll-künstlichen »schwarzen« Sound: Disco. So entwickeln Joy Division, auch in diesem Fall überzeugender als PiL, den »Death Disco«-Beat. Die treibenden Synth Drums auf »Insight« scheinen geradezu, wie Jon Savage genüsslich anmerkt, einer Disco-Nummer wie Amii Stewarts »Knock on Wood« entlehnt.

Die Rolle, die bei all dem Martin Hannett zukam, einem Produzenten, der fraglos zu den allergrößten im Pop zählte, darf dabei nicht unterschätzt werden. Neben Peter Saville, der die Plattencover der Band gestaltete, war es Hannett, der dafür sorgte, dass Joy Division mehr Art als Rock war. Der kühle Nebel verstörender und nicht zu überhörender Soundeffekte, in die Hannett die Tracks beim Mix einhüllte, und ebenso Savilles entpersonalisierte Designs schufen die Voraussetzungen, um die Gruppe nicht als eine Handvoll individueller expressiver Subjekte, sondern als eine konzeptionell konsistente Einheit wahrzunehmen. Durch Hannetts und Savilles Zutun mutierten die rauen Neuromantiker von Warsaw zu Cyberpunks.

Tagein, tagaus

Joy Division schufen Verbindungen, weil sie nicht nur waren, was sie waren, sondern das auch noch zu einer ganz bestimmten Zeit. Mrs Thatcher war gerade ins Amt gekommen, der lange, graue Winter der Reagonomics stand vor der Tür, der Kalte Krieg besetzte unser Unbewusstes noch mit retinadeformierenden Alpträumen für ein ganzes Leben. Joy Division waren der Sound zum Speed-Comedown Britanniens, einem langen, langsamen, dröhnenden Abschalten der neuralen Verbindungen. Seit 1956, als der damalige Premier Anthony Eden während der Suezkrise fortwährend Amphetamine nahm, über den Pop der Sechziger, angefangen bei den Beatles, die ihre Karriere in Hamburg auf Uppers starteten, bis hin zu Punk mit einem Speedkonsum, als gäbe es kein Morgen, war Britannien auf Speed – und zwar in jeder Hinsicht. Speed ist eine Konnektivitätsdroge, eine Droge, die Sinn in eine Welt brachte, in der elektronische Netze in unglaublicher Geschwindigkeit zu wuchern begannen. Doch der Comedown ist heftig.

Massiver Serotoninmangel.
Energieabfall.
Fernseher einschalten.
Puls beruhigen.

Alles sein lassen.
Alles wird
Zu viel

Melancholie ist Ian Curtis' Kunstform, so wie Psychose die von Mark E. Smith. Nichts hätte passender sein können als *Unknown Pleasures* mit einem Track namens »Disorder« beginnen zu lassen. Der Schlüssel zu Joy Division ist das Bild einer Ballard'schen kargen Landschaft, ein Ensemble, das individuelle Psychopathologie und soziale Anomie verknüpft: Zusammenbruch und Depression in ihrer jeweiligen doppelten Bedeutung. Jedenfalls sieht es Gitarrist und Keyboarder Bernard Sumner so. Savage gegenüber stellt er fest:

»Es gab da, wo ich lebte, eine enorm lebendige Community. Ich erinnere mich an die Sommerferien, als ich ein Kind war: Wir waren lange auf und spielten auf der Straße, und um Mitternacht waren immer noch ältere Frauen draußen und hielten einen Plausch. Was dann in den Sechzigern passierte, war, schätze ich, dass die Stadtverwaltung meinte, die Verhältnisse seien nicht so gesund, irgendwas sollte weg, und unglücklicherweise war es mein Viertel, das weg kam. Wir mussten in eine Hochhaussiedlung auf der anderen Seite des Flusses umziehen. Damals dachte ich irgendwie, na phantastisch; heute sehe ich natürlich, dass es ein absolutes Desaster war. Und es gab noch eine Reihe weiterer Brüche in meinem Leben. Wenn die Leute also meinen, die Musik von Joy Division sei düster, kann ich nur sagen, mit 22 hatte ich in meinem Leben schon allerhand verloren. Der Ort, an dem ich mal gelebt hatte, an den ich die glücklichsten Erinnerungen hatte, all das war weg. Geblieben war nur ein Chemiewerk. Ich habe damals gemerkt, ich würde dieses Glück nie wiederfinden können. Daher diese Leere.«[8]

[8] Jon Savage, »Good Evening, We're Joy Division«.

Ausweglosigkeit am Ende der Siebziger. Es gab Joy Division, und Curtis tat das, was die meisten Männer aus der Arbeiterklasse damals noch taten, nämlich früh heiraten und ein Kind in die Welt setzen…

Spüre es näherkommen

Sumner weiter:

> »Als ich mit der Schule fertig war und anfing zu arbeiten, war der ›Ernst des Lebens‹ ein fürchterlicher Schock für mich. Mein erster Job war im Rathaus von Salford, Umschläge fertigmachen, Steuerbescheide verschicken. Ich war in diesem entsetzlichen Büro angekettet: jeden Tag, jede Woche, jedes Jahr, mit vielleicht drei Wochen Urlaub im Jahr. Das Grauen packte mich. In der Musik von Joy Division ging es daher um den Tod der Zuversicht, der Jugend.«[9]

Ein Requiem auf die verlorene Jugendkultur. »Here are the young men, the weight on their shoulders // Hier sind die jungen Männer, das Gewicht auf ihren Schultern«, lautet die berühmte Zeile aus »Decades«, veröffentlicht auf dem Album *Closer.* Auch der Songtitel »New Dawn Fades« und der Albumtitel *Unknown Pleasures* lassen sich auf die gebrochenen Versprechen der Jugendkultur beziehen. Bemerkenswert an Joy Division bleiben jedoch ihr vollkommenes Einverständnis mit diesem Einschnitt, die Art und Weise, wie sie, und zwar von Anfang an, ein Antarktiscamp jenseits des Lustprinzips errichten.

[9] Ebd.

Gleichermaßen beeindruckend wie beunruhigend an Joy Division ist das Festhalten an der eigenen Negativität. Unablässig im wahrsten Sinn des Wortes. Gewiss, auch Lou Reed und Iggy Pop und Jim Morrison und Mick Jagger hatten sich am Nihilismus versucht, doch selbst bei Iggy Pop und Reed hellen gelegentliche Momente der Euphorie die Stimmung auf, und immerhin gibt es für das Leiden an der Welt die eine oder andere Erklärung (Drogen, sexuelle Frustration…). Bei Joy Division hingegen existiert, und das unterscheidet sie auch von allen noch so düsteren Vorgängern, offenkundig kein objektiver Grund für ihre Melancholie. (Deshalb ist es auch richtig, von Melancholie zu sprechen und nicht von melancholischen Stimmungen, die immer schon und anerkanntermaßen Gegenstand eines kultivierten, erhabenen Vergnügens und Genusses sind.) Von den ersten Anfängen im 20. Jahrhundert an, bei Robert Johnson oder Frank Sinatra, verhandeln Männer (und Frauen) im Pop häufiger Schwermut als Hochgefühle. Doch gibt es sowohl beim Bluesmusiker als auch beim Entertainer, zumindest vordergründig, ein Motiv für den Weltschmerz. Die Trostlosigkeit von Joy Division hingegen hat keine konkrete Ursache, sie überschreiten die Linie vom schwermütigen Blau ins depressive Schwarz und gelangen so in »Wüste und Ödland«, wo nichts mehr Freude oder Kummer bereitet. Alle Affekte auf null.

Keine Leidenschaft. Joy Division besieht »the troubles and the evils of this world // die Mühsal und die Übel dieser Welt« mit der unheimlichen Teilnahmslosigkeit des Neurasthenikers.[10] »I've lost the will to want more // Ich habe den Willen verloren, mehr zu wollen«, singt Curtis in »Insight«, doch vermittelt er nicht das Gefühl, dass es einen solchen

[10] Warsaw/Joy Division, »The Drawback«, auf *Warsaw* (1978/1994).

Willen überhaupt einmal gab. Hört man sich die frühen Songs nur flüchtig an, lässt sich ihr Ton leicht als höhnische Tirade stacheliger Punks missverstehen, doch bereits da geht es Curtis nicht so sehr darum, Ungerechtigkeit oder Korruption anzugreifen, als vielmehr Beweise für eine These zu sammeln, die für ihn selbst damals schon absolut feststand. Depression ist letzten Endes und vor allem eine Annahme über den Zustand der Welt, über das Leben. Die Dummheit und Käuflichkeit von Politikern (»Leaders of Men«), die Idiotie und Grausamkeit von Kriegen (»Walked in Line«) sind lediglich weitere Beweisstücke, die sich gegen die Welt, gegen das Leben ins Feld führen lassen, und die Beweislage ist so erdrückend, so lückenlos, dass es überflüssig scheint, irgendeine spezielle Instanz anzurufen. Ohnedies erwartet Curtis von sich selbst nicht mehr als von anderen, er weiß, dass er niemanden aus einer Position moralischer Überlegenheit verurteilen kann: »I let them use you, for their own ends // Ich ließ sie euch ausnutzen, für ihre eigenen Ziele«, singt er in »Shadowplay« (auf *Unknown Pleasures*), und in »Heart and Soul« (auf *Closer*) heißt es: »You take my place in the showdown // Du nimmst beim Showdown meinen Platz ein«.

Joy Division kann für junge Männer zu einer sehr gefährlichen Droge werden. Sie scheinen DIE WAHRHEIT zu präsentieren (zumindest präsentieren sie sich selbst so). Letzten Endes ist ihr Gegenstand Depression. Nicht Kummer oder Enttäuschung, die gewöhnlichen Downer im Rock, sondern Depression: eine Depression, die im Unterschied zu bloßem Kummer behauptet, DIE (endgültige, ungeschminkte) WAHRHEIT über Leben und Begehren aufgedeckt zu haben.

Der Depressive erfährt sich selbst als eingemauert, abgetrennt von der Lebenswelt, sein erstarrtes Innenleben – oder auch: sein innerer Tod – erdrückt alles. Gleichzeitig nimmt er sich als entleert, entblößt, als bloße Schale wahr: Außer seinem Innen existiert nichts, doch sein Innen ist leer. Dem Depressiven erscheinen die Gepflogenheiten seiner früheren

Lebenswelt darum als Verstellung und Schauspielerei, eine Abfolge pantomimischer Gesten (»A circus, complete with all fools // Ein Zirkus, mit allen Narren darin«, heißt es in »Heart and Soul«), die auszuführen er weder fähig ist noch wünscht – es hat keinen Sinn, ist bloße Augenwischerei.

Depression ist kein Kummer, genau genommen nicht einmal ein Gefühlszustand, sie ist eine (neuro-)philosophische (Dis-)Position. Jenseits eines im Pop anzutreffenden bipolaren Oszillierens zwischen flüchtigem Thrill und frustriertem Hedonismus, jenseits des Milton'schen Mephistophelianismus eines Mick Jaggers, jenseits Iggy Pops Funhouse-Attitüde, jenseits auch der Salonechsen-Melancholie von Roxy Music und jenseits des Lustprinzips insgesamt sind Joy Division eine so ausgeprägt schopenhauerianische Rockformation, dass sie kaum noch dem Komplex Rock angehören. Da sie das libidinöse Kraftzentrum des Rock insgesamt stillgestellt haben, wäre es vielleicht besser, sie und ihre Musik – in libidinöser wie auch sonischer Hinsicht – als Anti-Rock zu begreifen. Vielleicht aber auch, wie sie selbst glaubten, als die Wahrheit des Rock: Rock ohne alle Illusionen. (Der Depressive ist immer von einer Sache fest überzeugt, nämlich frei von Illusionen zu sein.) Was Joy Division so schopenhauerianisch macht, ist die Disjunktion und das Nebeneinander von Curtis' Teilnahmslosigkeit und der Eindringlichkeit der Musik, deren unerbittlicher Drive, in dem sich die stumme Unersättlichkeit des Willens zum Leben kundtut, das Beckett'sche »man muss weitermachen«.[11] Der Depressive erfährt dies nicht als etwas Positives, Rettendes, sondern als den ultimativen Horror, insofern der Wille zum Leben nun paradoxerweise all die grässlichen Züge eines Untoten aufweist. (Und was immer du tust, er lässt sich nicht auslöschen; stattdessen kehrt er immer wieder.)

[11] Samuel Beckett, *Der Namenlose*, übers. von Elmar Tophoven, Frankfurt a. M.: Suhrkamp, 1995, S. 176.

Nimm einen erfolglosen Deal hin wie einen Fluch

Joy Division folgen Schopenhauer durch den Schleier der Maya, verlassen Burroughs' Garten der Lüste und unternehmen es, die furchterregende Maschinerie zu mustern, die die Welt als Erscheinung immer wieder hervorbringt. Was entdecken sie da? Nur das, was der Depressive, der Mystiker immer schon sieht: das obszöne, spukhafte Zucken des Willens im Bestreben, die Illusion zu wahren, dieses eine Objekt, auf das er JETZT fixiert ist, werde sein Verlangen befriedigen, während alle anderen bislang versagten. Joy Division durchschauen all diese Listen der Reproduktion, in einer archaisch anmutenden Weisheit (»Ian klang alt, als hätte er schon in jungen Jahren ein ganzes Leben hinter sich«, schreibt Deborah Curtis), einer Weisheit, die auf eine Zeit vor der Entwicklung der Mammalia, der Vielzeller, organischen Lebens überhaupt zurückzugehen scheint.[12] Die Erkenntnis stoppt Ian Curtis' Angst; »Insight« zeigt die beruhigende Verzweiflung, die den Willen bezwingt, mehr zu wollen. Joy Division betrachten das Leben, wie Poe in »The Conqueror Worm« (dt. »Der Sieger Wurm«) oder auch Thomas Ligotti es sehen: als einen Automaten, der Marionetten tanzen lässt – »In sich selbst stets zurück läuft die Zirkelbahn und der Irrsinnsreih'n« –, eine ultradeterminierte Kette von Ereignissen, die mit unerbittlicher Zwangsläufigkeit eintreten.[13] Wir sehen einen Film, dessen Drehbuch immer schon vorlag, und sind dazu verdammt, die sich erbarmungslos immer langsamer drehenden Filmrollen zu beobachten, während alles dem Ende zustrebt.

[12] Curtis, *Touching from a Distance*, S. 85.
[13] Edgar Allan Poe, »Der Sieger Wurm«, in: ders., *Gedichte – Poems*, hg. von Kuno Schuhmann, übers. von Arno Schmidt und Hans Wollschläger, München: dtv, 1986, S. 127.

In einem Essay beschrieb einer meiner Studenten einmal die Neigung zu Schopenhauer, wenn das eigene Fußballteam verliert. Doch wahre schopenhauerianische Momente sind solche, in denen wir unsere Ziele erreichen, vielleicht ein langersehnter Herzenswunsch sich erfüllt – und wir Enttäuschung empfinden, Inhaltslosigkeit, ja mehr noch als das (oder vielleicht nicht einmal das?), ein Gefühl der Leere. Joy Division klingen immer, als hätten sie ein paar Mal zu oft jenes trostlose Gefühl der Leere verspürt, als dass sie sich zurück aufs Karussell locken ließen. Sie wussten, dass auf Erfüllung nicht Tristesse folgt, sondern selbst, und unmittelbar, Tristesse ist. Erfüllung ist der Punkt, an dem wir der existenziellen Wahrheit ins Auge sehen müssen, dass wir nicht wirklich wollten, was wir so verzweifelt zu wollen schienen, dass unser sehnlichstes Verlangen nur ein schmutziger vitalistischer Trick ist, um die Show am Laufen zu halten. »Can't replace the fear, or the thrill of the chase // Die Angst oder der Kick bei der Jagd lässt sich nicht ersetzen «, heißt es in »Decades«; wenn dem so ist, warum sollte es uns dann reizen, weiter triste Ziele zu verfolgen? Warum mit der Charade fortfahren?

Depressive Ontologie ist auf eine gefährliche Art verführerisch, denn als Zombiezwilling philosophischer Weisheit steckt in ihr immer eine halbe Wahrheit. Der Depressive findet sich durch seinen Rückzug von den vakanten Positionen der Lebenswelt bewusst oder unbewusst genau in der Situation wieder, die ein Philosoph wie Baruch Spinoza so akribisch als die *conditio humana* beschreibt: Er sieht sich selbst ständig inhaltslose Simulationen konsumieren, ein Junkie, der nach jeder Art abstumpfenden Highseins giert, eine fleischliche Marionette der Leidenschaften. Der Depressive kann sich noch nicht einmal an Vorstellungen ergötzen, wie sie den Paranoiker noch ansprechen, denn er glaubt nicht, dass irgendjemand die Fäden zieht. Im Nervensystem des Depressiven gibt es weder Strom noch Konnektivität. »Watched from the wings as the scenes were replaying // Von den Flügeln zugesehen, während die Szenen sich wiederholen«, heißt eine fatalistische Zeile in »Decades«; mit der eisernen Überzeugung des Depressiven schreibt Curtis über das Leben als einen vorgezeichneten Film. Seine Stimme – vom ersten Ton an in ihrem Fatalismus, im Einverständnis mit dem Schlimmsten Furcht einflößend – klingt wie die Stimme eines bereits Toten oder wie die eines Menschen, der sich im schrecklichen Schwebezustand des Scheintods befindet, eines Toten im Körper eines Lebenden. Sie klingt übernatürlich und archaisch, eine Stimme, die nicht die eines lebendigen Wesens sein kann und schon gar nicht die eines jungen Mannes Anfang zwanzig.

Eine geladene Waffe macht dich nicht frei – sagst du

»A loaded gun won't set you free // Eine geladene Waffe macht dich nicht frei«, singt Ian Curtis in »New Dawn Fades« auf *Unknown Pleasures*, doch klingt er nicht überzeugt. »Nachdem ich über die Lyrics von ›New Dawn Fades‹ nachgedacht hatte«, schreibt Deborah Curtis, »schnitt ich das Thema bei Ian an; ich wollte von ihm hören, dass es nur Worte waren, die mit seinen wahren Gefühlen nichts zu tun hatten. Es war ein recht einseitiges Gespräch, Ian gab nichts zu, stritt nichts ab, und dann verließ er das Haus. Ich war ratlos, fühlte mich aber niemandem nahe genug, um über meine Ängste zu sprechen. Hätte er mich wirklich geheiratet, wenn er sicher war, dass er vorhatte, sich mit Anfang zwanzig umzubringen? Warum hat er Vater werden wollen, wenn er nicht erleben wollte, wie sein Kind aufwuchs? Hatte ich seine Verzweiflung so sehr ignoriert, dass er darüber schreiben musste?«[14] Männliche Todessehnsucht

[14] Curtis, *Touching from a Distance*, S. 85.

ist immer schon ein Subtext im Rock gewesen, doch vor Joy Division wurde solches libidinös verschleiert eingeschmuggelt, ein schwarzer Zerberus im Wolfspelz, Thanatos maskiert als Eros oder in welch anderer Verkleidung auch immer. Suizid andererseits gilt als Ausweis von Authentizität, als das überzeugendste Zeichen, dass jemand wirklich real ist. Der Suizid hat die Macht, das Leben – all das alltägliche Chaos, die Konflikte, die Uneindeutigkeiten, die Enttäuschungen, die unvollendeten Vorhaben sowie »Verschwendung, Fieberglut und Hitze« des Lebens – in einen kalten Mythos zu verwandeln, so massiv, makellos und bleibend wie Marmor und Stein, die Peter Saville auf Joy Divisions Plattencovern nachahmt oder Curtis im Text von »In A Lonely Place« umschlingt. (»In A Lonely Place« war Curtis' Song, doch aufgenommen wurde er von New Order im Zombiezustand der posttraumatischen Störung nach Curtis' Tod. Das Stück klingt, als komme Curtis als ungebetener Gast zur eigenen Beerdigung und betrauere seinen Tod: »How I wish you were here with me now // Wie sehr wünschte ich, du wärest jetzt hier bei mir«.)

Die großen Debatten über Joy Division – Waren sie gestürzte Engel oder gewöhnliche Typen? Waren sie Faschisten? War Curtis' Suizid zwangsläufig oder wäre er zu vermeiden gewesen? – drehen sich alle um das Verhältnis der Kunst zum Leben. Wir sollten der Versuchung widerstehen, uns von verlockend einfachen Erklärungen leiten zu lassen, weder von romantischen Ästheten (wie wir es damals waren), noch von Vulgärempirikern. Die Ästheten mögen eine Welt, wie sie die Cover und der Sound versprachen, ein makelloses Reich aus Schwarz und Weiß, nicht durch schmutzige Kompromisse oder die Peinlichkeiten des Alltags besudelt. Die Empiriker sind beharrlich um das genaue Gegenteil bemüht, wenn sie die Songs auf eine möglichst niveaulose und, wichtiger noch, kaum ernstzunehmende Alltagsebene reduzieren: »Ian war eine Lachnummer, die Band, das waren junge Typen, die sich gerne einen ansoffen, es war nur ein Spaß, der aus dem Ruder lief…« Wichtig wäre indes, diese beiden Joy Divisions gleichzeitig zu denken, die der reinen Kunst ebenso wie die, die »nur ein Spaß« waren. Denn wenn eine Wahrheit über Joy Division lautet, dass sie Jungs waren, dann steht die Gruppe auch für die Wahrheit der Jungskultur. Und dabei käme zum Vorschein, dass unter all der rotgesichtigen, durch Downer zugedröhnten Heiterkeit der vergangenen zwei Jahrzehnte die psychischen Erkrankungen bei Heranwachsenden um etwa 70 Prozent zugenommen haben. Suizid bleibt unter jungen Männern nach wie vor eine der häufigsten Todesursachen.

Deborah Curtis notiert:

> »Ich schlich ins Haus meiner Eltern, ohne jemand aufzuwecken, und war eingeschlafen, kaum dass mein Kopf das Kissen berührt hatte. Das nächste, was ich hörte, war: ›This is the end, beautiful friend. This is the end, my only friend, the end. I'll never look into your eyes again…‹ Überrascht, ›The End‹ von den Doors zu hören, versuchte ich wach zu werden. Noch im Schlaf dachte ich, das sei aber ein ungewöhnlicher Song für Radio One an einem Sonntagmorgen. Aber es war nicht das Radio – es war alles ein Traum.«[15]

[15] Curtis, *Touching from a Distance*, S. 132.

Smileys Spiel: *Dame, König, As, Spion*

(Film Quarterly, *65. Jg. (2011), Nr. 2*)

Was macht George Smiley eigentlich interessant? Warum fasziniert Smiley selbst linke Betrachter, von denen man nach Lage der Dinge erwarten dürfte, ihn so zu sehen, wie er sich an einer Stelle in John le Carrés Roman aus dem Jahr 1974 selbst beschreibt, nämlich als den »Archetypus eines knieweichen westlichen Liberalen«?[16] Das Geheimnis der Attraktivität Smileys ist eines der vielen Gespenster, die Tomas Alfredsons Verfilmung von *Tinker Tailor Soldier Spy* (dt. *Dame, König, As, Spion*) umtreiben. Doch ein Dämon wehrt sich besonders hartnäckig dagegen, exorziert zu werden: der Geist der 1979er Adaption der BBC, die zu Recht als eine der bedeutendsten britischen Fernsehserien überhaupt in Erinnerung blieb. Eine Roman-Neuverfilmung nach einer solch gelungenen Vorläuferin birgt Risiken, insbesondere wenn die Geschichte in nur zwei Stunden erzählt werden soll statt der eher gemütlichen fünf, die der Miniserie zur Verfügung standen.

Das Tempo – oder vielmehr die Gangart, wie ein unruhiges Umherlaufen beim Warten – sind in der Fernsehserie für die Spannung wesentlich. So gelingt es außerordentlich gut, die krebsgangartigen Wendungen und die langsam ineinandergreifenden Rhythmen der Erzählweise le Carrés zu bewahren. Die Einschränkungen einer Fernsehproduktion verstärken zudem positiv das Gefühl eines ausgreifenden Erzählens. Sets und Action sind minimal gehalten; häufig spielt sich die Handlung auf den Gesichtern ab, und insbe-

[16] John le Carré, *Tinker Tailor Soldier Spy* (1974), New Ed., London: Hodder & Stoughton 2011, S. 245 (dt. *Dame, König, As, Spion*, übers. von Hedda und Rolf Soellner, Neuauflage, Berlin: List, 2012, S. 248).

sondere Alec Guinness (in der Rolle des George Smiley) ist in der Lage, mit beiläufigem Mienenspiel ein aus tiefstem Herzen kommendes Bedauern auszudrücken. Guinness' Schauspielkunst ist in Prägnanz und Nuancierung meisterlich – Attribute, die einem zu Gary Oldman nicht notwendigerweise einfielen, mit dem (ganz unverkennbar gegen seinen Typ) die Rolle des Smiley im neuen *Tinker Tailor* besetzt wurde.

Wenn ein Roman eine solch prächtige Erzählwelt schafft wie der von le Carré, wird eine einzelne Verfilmung kaum in der Lage sein, alle Fäden aufzunehmen. Immer besteht die Möglichkeit, bislang vernachlässigten Blickwinkeln nachzugehen, und für alle Fans des Romans unter uns hätte eine überzeugende neue Adaption den Vorteil, das Buch (und die Figur des Smiley) von der ausschließlichen Identifikation mit Guinness' Darstellung zu lösen – eine Aussicht, die vielleicht auch ein wenig den Enthusiasmus des Autors für den Film erklärt. Le Carré hat reklamiert, Guinness habe ihm Smiley weggenommen und es ihm unmöglich gemacht, die Figur weiter literarisch zu verwenden. Nach der Ankündigung, Tomas Alfredson werde Regie führen, hoffte man berechtigterweise auf etwas Besonderes, schließlich war sein vorangegangener Film *Låt den rätte komma in* (dt. *So finster die Nacht*) aus dem Jahr 2008 sehr erfolgreich. Alfredsons dortige brillante Bearbeitung eines Vampir-Stoffs ist getragen von einem melancholischen Unterton; der Blick auf die im Verborgenen geführten Leben voller Gewalt hätte sich zweifellos sehr schön übertragen und auf die Intrigen in der geschlossenen Welt der britischen Spionage richten lassen. Es ist deshalb umso enttäuschender, dass der neue *Tinker Tailor* daran scheitert, die Geschichte noch einmal fesselnd zu erzählen. Entscheidend für dieses Scheitern ist das Unvermögen des Films, einen faszinierenden Smiley zu präsentieren.

Im Roman lehnt le Carré seine Geschichte an Ereignisse an, die in den 1960er Jahren die britische Gesellschaft gleichermaßen traumatisiert und leidenschaftlich erregt hatten, nämlich die sensationelle Enttarnung der sowjetischen Doppelagenten Guy Burgess, Donald Maclean und Kim Philby, alle drei hochrangige Mitarbeiter im britischen Geheimdienst-Establishment. Das Buch beginnt damit, dass der in den Ruhestand versetzte George Smiley reaktiviert wird, um im Secret Intelligence Service, dem britischen Auslandsgeheimdienst (auch bekannt als MI6), einen gut getarnten Maulwurf aufzuspüren – tatsächlich war es le Carré, der den Ausdruck »Maulwurf« popularisierte. *Tinker Tailor* folgt Smileys mäandernder Suche bis zur schließlichen Enttarnung des Verräters, als der sich Smileys Freund und Rivale Bill Haydon entpuppt, einer von vielen Männern, die eine Affäre mit Smileys Ehefrau Ann hatten; diese unglückliche Ehe ist Smileys wunder Punkt. Die gesamte Erzählung ist erfüllt von dem, was Paul Gilroy »postkoloniale Melancholie« nennt.[17] Smiley, Haydon und ihre Zeitgenossen – insbesondere Jim Prideaux, der ehemalige Kopf der »Skalpjäger«-Einheit, der im Verlauf der fehlgeschlagenen Operation, die letztlich zur Enttarnung des Maulwurfs führt, angeschossen wurde, sowie Connie Sachs, ehemalige Leiterin der Spionageabwehr, die entlassen wurde, als sie der Wahrheit zu nahe kam –, sie alle müssen mitansehen, wie die auf die Macht des Empire gestützten Gewissheiten allesamt langsam untergehen. »Für das Empire erzogen, erzogen, um die Meere zu beherrschen. Alle dahin. Alle fort«, klagt Sachs.[18]

Die postkoloniale Melancholie nährt sich mehr aus einer Feindseligkeit den USA gegenüber als aus der Angst vor den Sowjets – in ihrer Abscheu vor den Amerikanern jedenfalls sind sich Haydon und Smileys Ex-Vorgesetzter, der Control genannte jähzornige Geheimdienstchef, einig. Als

[17] Vgl. Paul Gilroy, *Postcolonial Melancholia*, New York: Columbia Univ. Press, 2005.
[18] Le Carré, *Dame, König, As, Spion*, S. 140.

der ehrgeizige Percy Alleline, explizit pro-amerikanisch eingestellt, Control aus dem Amt drängt, scheint dies wie ein weiteres Zeichen des irreversiblen Niedergangs, der in dem Roman widerhallt. Englands Ruhm gehört der Vergangenheit an, die Zukunft ist amerikanisch. Es ist klar, dass Smileys Triumph, sowohl in dieser Geschichte als auch in ihren Fortsetzungen, nur vorübergehend sein wird; seine Welt steht am Rande des Abgrunds.

Smiley lässt überkommene und moderne englische Mythen aufscheinen. Was ist der ständig von seiner Frau hintergangene Smiley, der zurückkehrt um sein sieches Königreich zu retten, wenn nicht ein König Artus im Kalten Krieg? Doch ist es ein Artus vom Format des J. Alfred Prufrock aus T. S. Eliots berühmtem Gedicht, dessen bekannte Selbstbeschreibung als »Haushofmeister« auch überaus gut le Carrés Figur charakterisiert: »starr / Vor Ehrfurcht, hocherfreut, wenn oft benutzt, / Sehr höflich, vorsichtig und schächerlich; / Voll großer Worte, doch auch dumm verdutzt; / Zuzeiten, in der Tat, fast lächerlich – / Zuzeiten fast der Narr.«[19]

Auch wenn Smiley in vielen Dingen des eigenen Lebens nur allzu gerne Illusionen erliegt, teilt er mit Prufrock doch ein gewisses Maß an Selbsterkenntnis. In einer Szene, sowohl in der BBC-Serie als auch im Film überzeugend gespielt, erinnert sich Smiley seines einzigen direkten Kontakts mit dem sowjetischen Geheimdienstchef Karla, seinem Gegenspieler, und daran, sich »wie ein armer Irrer« benommen zu haben, um dann, in einer entscheidenden Wendung, hinzuzufügen, dass er lieber nach eigener Fasson den Narren spielen wolle als nach der Karlas.

[19] T. S. Eliot, »The Love Song of J. Alfred Prufrock«, in: ders., *The Complete Poems and Plays*, Faber & Faber, 1969, S. 16 (dt. »J. Alfred Prufrocks Liebesgesang«, übers. von Klaus Günther Just, in: T. S. Eliot, *Das wüste Land. Ausgewählte Gedichte*, Frankfurt a. M.: Suhrkamp 1983, S. 17)

Smiley berichtet seinem jungen Protegé Peter Guillam von jenem Zusammentreffen mit Karla, das sich in einer Gefängniszelle in Indien zutrug, und macht sich Vorwürfe, jene denkwürdige Gelegenheit durch zu viel Reden verspielt zu haben. Karla erwies sich in der Begegnung als der Überlegene, weil er nichts sprach und so für Smiley zu einer Art Projektionsfläche wurde, während es Letzterem misslang, die Gelegenheit zu nutzen; stattdessen tappte der Brite allzu leicht in die Falle und projizierte seine eigenen Befürchtungen und Ängste auf den teilnahmslosen Karla. Im Roman begegnet Smiley der Sprache der Psychoanalyse und auch der Vorstellung einer »Projektion« mit tiefer Verachtung, doch bezeichnenderweise kommt er, wenn er sich selbst beschreibt, nicht umhin, ein solches Vokabular zu verwenden. Dazu passt, dass zu Smileys Kunst das Kultivieren der Stille gehört, die Fähigkeit, nicht einfach nur Smalltalk verstummen zu lassen, sondern in gewisser Weise die verbindliche, aufmerksame Ruhe des Psychoanalytikers auszustrahlen. Das Gesicht gibt nichts preis, gleichzeitig jedoch erweckt es Vertrauen. Wer nichts sagen will, soll durch diese vertrauensvolle Atmosphäre doch noch dazu bewogen werden. Besteht Smileys Anziehungskraft auf uns, die wir in einer immer jugendlicheren und geradezu zwanghaft geschwätzigen Zeit leben, nicht zum großen Teil darin, dass er auf eine altmodisch erwachsene Art über die Gabe verfügt, Respekt einzuflößen, und durch sein ruhiges Wesen in uns den Wunsch nach Anerkennung wachsen lässt? Nach einer Vorstellung von *Tinker Tailor* vor Kritikern in London sprach Oldman davon, dass, im Gegensatz zu Guinness' Interpretation der Figur, wohl niemand auf die Idee käme, den neuen Smiley zu umarmen. Freilich ist die Vorstellung, wir würden Guinness' Smiley umarmen wollen, einigermaßen absurd. Gewiss, eigenartigerweise sehnen wir uns danach, von Smiley auch nur die geringste Spur Zustimmung, ein Wort, eine Geste der Bestätigung zu erfahren. Doch wäre es ein Fehler, in der onkelhaft vertraulichen Art von Guinness'

Smiley einen Gegensatz zur Skrupellosigkeit zu sehen, die Oldman in seinem Verständnis der Figur in den Vordergrund stellt, denn Smileys gnadenlose, kalte Art, die Beute zur Strecke zu bringen, beruht ganz wesentlich auf seinem Talent, Menschen aus der Reserve zu locken.

Oldman interpretiert Smileys Blässe weitaus weniger subtil als Guinness. Le Carrés Smiley ist für seine Körperfülle bekannt; Oldmans Figur ist hager, steif und dyspeptisch. Ihm jemals Vertrauen entgegenbringen zu wollen, scheint eher unvorstellbar. Oldman macht Smiley zu einem ausdruckslosen Klischee: abweisend, teilnahmslos, starr. Alles wirkt, als zeige der Mime eine triviale Lesart der Generation seiner Großeltern. Unnahbar, distanziert und verschlossen, unterdrückten sie jede Regung und verstanden es einfach nicht, ihr Leben zu genießen. In Oldmans Darstellung erscheint Smileys Zurückhaltung als Verdrängung oder maliziöse Selbstgefälligkeit – seine Ruhe schlicht als ein Mangel an Statur oder auch bloß als Unzulänglichkeit.

In einem Beitrag für die Sendung *Today* auf Radio 4 der BBC bezeichnet le Carré die Art und Weise, wie Oldman Smileys Verdrängungsmechanismen darstellt, als einen der Höhepunkte der Neuverfilmung. »Wir würden wohl kaum erwarten, Alec [Guinness] habe ein Liebesleben. Wir würden nicht erwarten, Alec auf dem Bildschirm jemanden küssen zu sehen, zumindest erschiene es uns unglaubwürdig. Oldman hingegen lässt in der Geschichte ziemlich offensichtlich eine maskuline Sexualität erkennen, die er aber, wie alle anderen Gefühlsregungen auch, verdrängt. Oldman ist ein Smiley, der geduldig darauf wartet zu bersten. Ich glaube, die Atmosphäre der Frustration und Einsamkeit, die er glaubhaft vermittelt, ist etwas, das mich dem Roman, den ich vor 37 Jahren schrieb, wirklich wieder näherbringt.«[20]

[20] »John le Carré talks about the adaptation and the inspiration behind his main character«, in *Today*, BBC Radio 4, Sendung vom 14. September 2011.

Bedauerlicherweise eröffnen die Anmerkungen kaum eine neue Sicht auf Smiley, sondern reflektieren eher ein Trivialverständnis bestimmter populärer therapeutischer Weisheiten, wonach der wahre Charakter in der (zugleich sehr eng definierten) Sexualität zu finden sei.

Zu behaupten, Smiley warte geduldig darauf zu bersten, ist ein sehr merkwürdiges Verständnis einer Figur, der es an Leidenschaft gänzlich mangelt. Wenn Oldman beim Showdown Haydon (gespielt von Colin Firth) anherrscht: »Was sind Sie *dann*, Bill?«, so spricht daraus eine Preisgabe äußerer Anstandsregeln, die absolut nicht zur Figur des George Smiley passt, dem der Habitus der englischen Eliten, einen Angriff in unterkühlte und vordergründig höfliche Worte zu kleiden, selbstverständlich ist. Auch im Roman ist Zorn eine der Gefühlsregungen, die Smiley bei der Entlarvung Haydons verspürt, doch ist sie nicht die dominante.

> »Mit schmerzender Klarheit sah er einen ehrgeizigen Mann vor sich, der zu großen Dingen geboren war, erzogen zum Herrschen, Teilen und Erobern, dessen Planen und Trachten, genau wie es bei Percy der Fall war, dem Spiel der Weltkugel galt; für den die Wirklichkeit eine kümmerliche Insel war mit kaum einer Stimme darauf, die über das Wasser reichte. Daher empfand Smiley nicht nur Ekel; sondern, trotz allem, was dieser Augenblick für ihn bedeutete, regte sich Empörung gegen die Institutionen, die er von Amts wegen schützen sollte…«[21]

Die triumphalistische Stimmung, in der Alfredson den Film enden lässt – Smiley findet sich als strahlender Held auf dem ihm gebührenden Platz im MI6 wieder –, ist insofern ebenfalls fragwürdig.

Der Smiley des Kinofilms ist zudem weit weniger *queer* als die Figur des Romans oder der BBC-Serie. Homosexu-

[21] Le Carré, *Dame, König, As, Spion*, S. 389.

elles Begehren nimmt in *Tinker Tailor* durchaus breiten Raum ein, am deutlichsten in Prideauxs betrogener Liebe zu dem offen polysexuellen Haydon, doch nichts deutet darauf hin, dass Smiley diese Orientierung teilen würde. Der Smiley des Romans und der Fernsehserie hingegen ist in dem radikalen Sinn *queer*, dass eine »normale« Sexualität sich ihm nicht zuschreiben lässt. Smileys Sexualität ist nicht auf die Art fließend und indeterminiert wie meinetwegen die des Tom Ripley bei Patricia Highsmith. Seine Anormalität heißt Entsagung.

Bei der oben erwähnten Vorstellung des Films in London berief Oldman sich auf le Carrés Äußerungen und stellte Guinness' fehlende sexuelle Attraktivität heraus; gleichzeitig charakterisierte er Smiley als masochistisch (in der Art, wie er immer wieder die Demütigungen seiner Ehefrau hinnimmt) und sadistisch (wenn er bei seiner Maulwurfsjagd weit über seine Pflichten als Agent hinausgeht). Ein solcher sadomasochistische Charakter aber widerspricht der Vorstellung sexueller Repression, denn Sadomasochismus birgt Lust. Smiley ist daher keineswegs gehemmt, sondern es ist klar, dass er ein *Getriebener* ist – getrieben von irgendetwas, das ihm niemals erlauben wird, sich glücklich in den Ruhestand zurückzuziehen oder die Freuden des Ehelebens, stünden sie ihm offen, zu genießen.

Seit seinem ersten Auftauchen in den Geschichten le Carrés – in den Romanen *Call for the Dead* (dt. *Schatten von gestern*) und *A Murder of Quality* (dt. *Ein Mord erster Klasse*) – ist Smileys Situation immer eine problematische. In keinem der Romane, in denen die Figur vorkommt, ist der Agent ein *offizieller* Mitarbeiter des MI6. Smiley wird aus dem Ruhestand zurückgerufen oder aber hat den Dienst quittiert, und selbst wenn man ihn, wie in *Tinker Tailor*, nicht nur in den aktiven Dienst zurückholt, sondern auch noch zum Behördenchef macht, bleibt das eine Interimslösung. Eine der Paradoxien der Figur besteht darin, dass Smiley für Solidität – und Sturheit – zu stehen scheint, die manche einem bestimmten Typus von *Englishness* zuschreiben würden, doch tatsächlich ist er ein Außenseiter, ein Eindringling, ein Voyeur. Genau das macht indes einen Spion aus, und le Carré kommt immer wieder darauf zurück, nirgends leidenschaftlicher als in Alec Leamas' bitterem Gefühlsausbruch, mit dem der Roman *The Spy Who Came in from the Cold* (dt. *Der Spion, der aus der Kälte kam*) endet, unvergesslich gespielt von Richard Burton in der Verfilmung von 1965.

»Für wen hältst du Spione eigentlich? Für Moralphilosophen, die über ihrem Glaubensbekenntnis meditieren, an Gott denken oder an Karl Marx? Wir sind keine Heiligen. Bei uns gibt es alles. Kriminelle, Narren und Verräter. Alles, was man erpressen und kaufen kann«, erklärt Burtons Leamas im Film seiner Geliebten Nan Perry (gespielt von Claire Bloom), nachdem klar geworden war, dass sie nur Bauernopfer in dem von Smiley und Control ausgeheckten Plan sein würden. Hier spricht der sich jenseits von Gut und Böse bewegende Agent, der ohne kompliziertes moralisches Kalkül auskommen muss, einer, der außerhalb der »normalen« Welt steht und der so den gewöhnlichen Leuten erlaubt, ruhig zu schlafen. Doch die »Pflicht« ist zugleich lediglich Vorwand; das Niemandsland besitzt eine libidinös besetzte Anziehungskraft für Außenseiter wie Leamas oder Smiley: Sie gleichen Schriftstellern, die zuhören und beobachten, oder Schauspielern, die ihre Rollen spielen.

Spione allerdings spielen ihre Rolle fortwährend weiter. Es ist unmöglich, sie abzulegen und ins Warme zu gehen, weil alles – einschließlich des eigenen Innenlebens mit all seinen Verletzungen und privaten Demütigungen – anfängt, sich wie eine falsche Identität, wie eine Aneinanderreihung erfundener Geschichten anzufühlen. Eine in diesem Zusammenhang aufschlussreiche Passage findet sich gegen Ende von le Carrés zweitem Smiley-Roman, *A Murder of Quality* aus dem Jahr 1962, einem etwas seltsamen *Whodunit*-Thriller. Smiley stellt hier den Mörder zur Rede, verfällt dann aber, ähnlich wie bei seiner späteren Begegnung mit Karla, in ein Selbstgespräch:

> »Sehen Sie, […] es gibt einige unter uns – nicht wahr? –, die nichts sind, die so labil sind, dass wir uns selbst verblüffen; wir sind Chamäleons. Ich las mal eine Geschichte von einem Dichter, der in kalten Quellen badete, so dass er in dem Gegensatz seine eigene Existenz erkennen konnte. […] Die Leute, die so sind […], können in ihrem Innern nichts empfinden, weder Freude noch Leid, weder Liebe noch Hass […]; sie müssen das kalte Wasser spüren, ohne das sind sie nichts. Die Welt sieht sie als Showmen, Phantasten, Lügner, vielleicht als Sensualisten, aber nicht als das, was sie sind: lebende Leichname.«[22]

Das erzählerische Gleiten von der ersten Person (»einige unter uns«, »wir«) zur dritten Person (»Leute, die so sind«) macht eines deutlich: Der kalte Krieger Smiley ist selbst einer jener »lebenden Leichname«. Psychoanalytisch gesprochen ist Smiley nicht so sehr »Sadomasochist« als vielmehr Zwangsneurotiker. Für diesen Typus lautet, Jacques Lacan zufolge, die entscheidende Frage: »Bin ich tot oder lebe ich?«[23] Am Schluss von *Smiley's People* (dt. *Agent in eigener Sache*) triumphiert Smiley über Karla, zudem eröffnet sich ihm die Möglichkeit, seine Frau Ann zurückzugewinnen, doch will sich kein Hochgefühl einstellen. Von all dem ist bei Oldmans Smiley wenig zu spüren: Sein »Sadomasochismus« ist zu unbeholfen, als dass darin die barocken Mechanismen von Selbsttäuschung und Selbstzerfleischung aufschienen, die in Smileys Psyche so

[22] John le Carré, *A Murder of Quality*, London: Coronet, 1994, S. 174 (dt. *Ein Mord erster Klasse*, übers. von Hans Bütow, Berlin: List, 2012, S. 182-183).

[23] Jacques Lacan, *Das Seminar. Buch III (1955-1956). Die Psychosen*, übers. von Michael Turnheim, Weinheim/Berlin: Quadriga, 1997, S. 202.

überaus wirksam sind. So schlägt Alfredsons Film auch in der Szene, in der Smiley mitansieht, wie Haydon auf der Weihnachtsparty des MI6 Ann umarmt, einen falschen Ton an: Voller Seelenqual sinkt Smiley an eine Wand. Auch wenn die Party-Szene etwas anderes aufnimmt, das in der BBC-Serie fehlte, nämlich die Kameraderie innerhalb des Geheimdiensts, ist ein solcher öffentlicher spontaner Gefühlsausbruch in Smileys Fall kaum denkbar. Störender noch ist indes die Vorstellung, Smiley empfände angesichts Anns Untreue echte Qualen, denn dies durchkreuzt das Bemühen, ihn als masochistisch darzustellen. Smiley zeigt sich, ist er im Roman oder in der Fernsehadaption mit Anns Affären konfrontiert, bevorzugt in einer Pose überdrüssiger Resignation; dahinter verbirgt sich freilich die einsame Befriedigung darüber, dass Ann die ihr zugeschriebene Rolle als unerreichbares Objekt spielt. Der Masochist nun würde sein ganzes Streben auf dieses unmögliche Objekt ausrichten, während in Smileys Welt Anns Unerreichbarkeit die Funktion hat, sie auf sichere Distanz zu halten. Im Mittelpunkt seiner Leidenschaft steht gar nicht Ann – oder Sexualität überhaupt –, und insofern sie wirklich unerreichbar bleibt, kommt sie ihm nicht in die Quere.

Im Unterschied zur Fernsehserie sehen wir im Film niemals das Gesicht Anns oder Karlas, Smileys anderen Konterpart. Das verweist richtigerweise darauf, dass beide für Smiley zumindest partiell abwesend sind, Projektionsfläche seiner Phantasien. Vermissen lässt der Film jedoch eine Beschäftigung mit der Frage, *wie* Smiley diese Projektionsfläche füllt, und vor allem einen Sinn für das Auseinanderklaffen zwischen den projizierten Smiley'schen Phantasiefiguren und ihren realen Entsprechungen. So kann sich Smiley im Film nicht an Karlas Aussehen erinnern, im Roman hingegen beschreibt er seinen Widersacher ausführlich und detailliert. Während Smiley äußerlich durch seinen Kampf gegen Karla definiert ist, kämpft er innerlich gegen die Identifikation mit seinem sowjetischen Kontrahenten, ein notwendigerweise zum Scheitern verurteiltes Bemühen. Smileys Versuche, sich von dem »Fanatiker« Karla abzusetzen, seine Versuche, sich außerhalb der Politik zu positionieren, sind typische Versatzstücke einer sehr »englischen« Ideologie, die sich auf eine prä- oder post-politische Vorstellung allgemeiner Menschlichkeit beruft. Doch bizarrerweise zeichnet Smiley und Karla gleichermaßen gerade ihre Unmenschlichkeit aus, ihre Flucht aus der Welt »normaler« menschlicher Leidenschaften. Bei ihrem Treffen in Delhi reagiert Smiley auf die Weigerung Karlas, auf sein Angebot einzugehen, verwirrt und enttäuscht, doch zugleich fasziniert, schließlich liegt es völlig außerhalb seines Horizonts, warum Karla einer abstrakten Ideologie die Treue hält, insbesondere da diese – in Smileys Augen – doch so offensichtlich gescheitert ist. »Es ist die Ironie der Geschichten le Carrés«, so Tony Barley, »nach einer tragfähigen Grundlage für Treue und Pflichterfüllung zu fragen oder auch zu betrauern, dass eine solche abhandengekommen sei, doch echte Überzeugungen, wo sie (übrigens ausnahmslos im Kommunismus) auftauchen, als schlicht unbegreiflich darzustellen.«[24] Völlig zu Recht merkt Barley an, Smiley lasse sich nicht einfach als Chiffre liberaler Ideologie interpretieren, schließlich würden die Inkohärenzen und Dilemmata seiner Position niemals aufgelöst. Hinter dem manifesten Inhalt des Smiley'schen Werbens – das Karla bewegen soll, die Seite zu wechseln, längst tote Überzeugungen aufzugeben und die Gegebenheiten der Welt, wie sie nun einmal ist, zu genießen – steht die latente Botschaft, außer Desillusionierung und der Unmöglichkeit wirklicher Überzeugungen habe Großbritannien nichts zu bieten. Smiley prophezeit Guillam, Karlas »Fanatismus« werde diesen zugrunde richten, tatsächlich indes ist es gerade das Unvermögen, *wirklich* »fanatisch« zu sein, das dem Sowjetagenten am Ende

[24] Tony Barley, *Taking Sides. The Fiction of John le Carré*, Milton Keynes: Open Unversity Press, 1986, S. 95.

von *Smiley's People* zum Verhängnis wird. Sehr wenig von all dem taucht in Alfredsons entpolitisiertem Film auf, in dem Smiley lediglich ein beschädigter Held ist, dem am Ende doch Gerechtigkeit widerfährt, Haydon lediglich ein Verräter und der Kommunismus lediglich eine exotische Zeitmarke.

Der dem MI6 verliehene Beiname »Circus« spiegelt sehr deutlich das aberrante Vergnügen wider, das all jene erwartet, die in diese fiktive Kältewelt eintauchen. Die Herkunft des Namens ist polyvalent, er verweist auf die Art und Weise, wie Agenten in einem Habitus beißenden, zugleich lakonischen Zynismus ihr tödliches Spiel treiben, lässt das beinah homonyme »Service« anklingen und spielt nicht zuletzt auf das im Roman am Cambridge Circus im Herzen Londons angesiedelte MI6-Hauptquartier an – was insgesamt viel aussagt über die Welt, in der Smiley agiert. Ein großer Teil der Wirkung der Fernsehserie beruht auf der Art und Weise, wie sie uns Zuschauer direkt in diese Welt hineinzieht. Guinness' Smiley verkörpert eine spezielle Art BBC-Paternalismus: Er führt uns durch *seine* Welt, und er setzt bei uns einiges voraus. Sehr wenig wird da erklärt, es bleibt uns überlassen, ganz nebenbei le Carrés fiktive Nomenklatur (»Skalpjäger«, »Fidibus«) zu entschlüsseln. Der Geheimdienstjargon wirkt exotisch und verdeutlicht die Exklusivität der Arbeit, zugleich suggeriert er aber auch, dass es Menschen gibt, für die ihre Agententätigkeit Routine und Alltag ist. All das trägt dazu bei, den Circus als eine eigene Art Lebenswelt erscheinen zu lassen. Im Unterschied dazu ist es eines der großen Probleme von Alfredsons *Tinker Tailor*, dass seine Filmwelt überhaupt nicht lebendig wirkt. Nun spricht auch der Film erfreulicherweise nicht von oben herab; wie in der Fernsehserie müssen wir uns ganz alleine in den Intrigen des Circus zurechtfinden. Doch die Kombination aus Oldmans Farblosigkeit und der Verdichtung einer komplizierten Story, die da in einer solch kurzen Zeit erzählt werden soll, führt dazu, die Zuschauer auf merkwürdige Art außen vor zu lassen. So fehlen dem Film fast gänzlich Spannung und Paranoia.

In der BBC-Serie gibt es beispielsweise eine fast unerträglich spannende Szene, in der Guillam eine Akte aus dem Circus entwendet, der Film hingegen zeigt denselben Diebstahl auf merkwürdige Art distanziert. Ein weiteres Problem ist der Zeithintergrund: Der Film ist bemüht, eine glaubwürdige Atmosphäre zu schaffen, ein London in den 1970ern. Allzu oft musste ich freilich an *Life on Mars* (dt. *Life on Mars – Gefangen in den Siebzigern*) denken, eine Serie, die das Jahrzehnt durch eine Reihe recht plump platzierter zeittypischer Requisiten heraufzubeschwören versucht. Wie in *Life on Mars* wirkt vieles in Alfredsons Film wie die Ausstattung eines Siebziger-Jahre-Themenparks. Statt diskret ein Zeitkolorit zu schaffen, rückt immer wieder das eine oder andere Detail – Markenartikel wie Trebor Mints oder Ajax Haushaltsreiniger – beachtungsheischend bis aufdringlich in den Vordergrund und lenkt so die Aufmerksamkeit ab. Doch wo Details wirklich wichtig wären, fehlen sie in der Neuverfilmung. Die Zeit formt nicht zuletzt auch eine bestimmte Art zu sprechen, bestimmte Gesichter. Alfredsons Film fehlt so etwas wie das *Gepräge* der 1970er Jahre. Allzu oft wirken die Schauspieler wie gepflegte metrosexuelle Besucher aus dem 21. Jahrhundert in Siebzigerjahre-Fummeln – und billigen noch dazu. Selbst wenn es wie ein Klischee klingt: Betrachten wir in den Siebzigern aufgenommene Fotos, fällt auf, dass die Leute darauf viel älter aussehen. Unglaublich frische Typen wie Benedict Cumberwatch (der Guillam spielt) oder Tom Hardy (in der Rolle des skrupellosen Spions Ricki Tarr) wirken nicht einmal annähernd alt genug, um als Geheimagenten aus jener Zeit überzeugen zu können: Ihre Haut, ihre Haare sehen zu gepflegt aus; ihren Gesichtern fehlt das Fahle, Zerfurchte, Angeschlagene, das in den Siebzigern Michael Jayston und Hywel Bennett in ihre Rollen einbrachten, und auch in den Stimmen klingen nicht Bitterkeit und Verrohung eines Agentenlebens an. Einzig John Hurt spielt die Rolle des Control mit passend wettergegerbtem Gesicht und munter-zynischer Stimme. Akzent und Tonfall sind im Übrigen ein weiteres großes Problem im Film. Oldmans Smiley legt ein durch und durch distinguiertes Auftreten an den Tag, seine Redeweise erinnert dabei aber gleichzeitig an nichts, was man schon einmal gehört hätte, und an manchen Stellen klingt überraschenderweise ein merkwürdiger schottischer Akzent durch. In der Rolle des Percy Alleline indes, bei dem – jedenfalls dem Roman zufolge – der schottische Einschlag angebracht wäre, bewegt sich Toby Jones sprachlich viel zu weit südlich. Kathy Burke schließlich ist für die Figur der Conny Sachs eine hoffnungslose Fehlbesetzung: Sie klingt wie eine Schülerin, die in der Theatergruppenaufführung eine Dame der Gesellschaft geben soll. Das Problem der kapriziösen Akzente ist nicht so sehr der Mangel an Authentizität als vielmehr die Zerstörung eines Gefühls gelebter Welt. Zu viel offensichtliches *Bemühen* wird in dieser Siebzigerjahre-Simulation deutlich. Die ganze Zeit hört man Gary Oldman die Anstrengung an, den Zungenschlag der Themsemündung zu verbergen.

In der BBC-Adaption war der Circus ein unprätentiöser Ort, funktionale trostlose Korridore führten in enge Büros. In Alfredsons Film erinnert Controls Arbeitszimmer eher ans Büro in einem Nachtclub als an irgendetwas, das man im MI6 erwarten würde. Auch wenn wir die Serie aus den 1970ern durchaus hinter uns lassen möchten, liefert uns Alfredson dafür nicht annähernd genug. Vieles ist anders, doch nichts ausreichend stark, um die Fernsehfassung aus der Erinnerung zu tilgen. Einzig die Besetzung der Rolle des Haydon mit Colin Firth bildet hier eine Ausnahme, insofern sie ermöglicht, die Figur in einem anderen Licht zu sehen. Ian Richardson – der später noch in der BBC-Miniserie *House of Cards* (dt. *Ein Kartenhaus*) den machiavellistischen Tory-Granden spielte – war in den 1970er und 1980er Jahren in Großbritannien das Gesicht der grauen Eminenz an den Schalthebeln der Macht. Ich kann mich nicht erinnern, wer feststellte, Colin Firth sehe aus wie eine Mischung aus David Cameron, dem Premierminister seit 2010, und Nick Clegg, seinem Stellvertreter, doch die Beobachtung ist absolut zutreffend. Das Gesicht des britischen Establishments trägt nicht mehr Züge raubvogelartiger Hinterlist wie Richardson, sondern zeigt die zerknitterte, legere Jugendlichkeit eines Firth.

Damit tritt ein weiteres Problem der Verfilmung Andersons zutage, nämlich die herrschenden Werte unserer auf Jugend und Konsum ausgerichteten neoliberalen Welt zu übernehmen. (Und steht die Chiffre »Amerika« in den Smiley-Romanen nicht genau dafür?) Richard Sennett hat die These formuliert, die andauernde Verkürzung der Zeitrhythmen in der Kultur des neoliberalen Kapitalismus habe zum »Zerfall der Persönlichkeit« geführt, zu einer Zerstörung von Beständigkeit, Loyalität und Planbarkeit.[25] Verdankt sich Smileys Anziehungskraft nicht gerade dem Reichtum seiner Persönlichkeit? In den Siebzigern stand Smiley für all die Unzulänglichkeiten, faulen Kompromisse und impliziten Grausamkeiten des Sozialstaats. Ohne seine graue und gleichzeitig auf verdrehte Art freundliche Onkelhaftigkeit zu billigen, gaben uns damals Smileys Zweifel und sein Scheitern Anlass, uns eine bessere Welt vorzustellen. Nun, da eine solche bessere Welt in weiterer Ferne denn je zu liegen scheint, erfordert es freilich jede Menge Anstrengung, der merkwürdigen Neigung zu widerstehen, jene Welt des Sozialstaats nostalgisch zu verklären, eine Welt, deren Gewissen und schmutziges Geheimnis Smiley verkörpert.

[25] Richard Sennett, *The Corrosion of Character. The Personal Consequences of Work in the New Capitalism*, New York: W. W. Norton, 1998 (dt. *Der flexible Mensch. Die Kultur des neuen Kapitalismus*, übers. von Martin Richter, Berlin: Berlin Verlag, 1998).

Die Vergangenheit ist ein fremder Planet: Die erste und die letzte Episode von *Life on Mars*

(k-punk-*Eintrag vom 10. Januar 2006*)

Life on Mars (dt. *Life on Mars – Gefangen in den Siebzigern*) ist interessant, weil es symptomatisch ist.[26] Wofür? Nun, für eine Kultur und Gesellschaft, die nicht länger darauf vertraut, die Zukunft werde alles richten, ja nicht einmal mehr an die bloße Möglichkeit von Zukunft glaubt. Und außerdem demonstriert *Life on Mars*, wie eine der wichtigsten Ressourcen der britischen Kultur jüngerer Zeit – die Vergangenheit – sukzessive und unaufhaltsam zur Neige geht.

Die Geschichte fängt damit an, dass Sam Tyler (gespielt von John Simm), ein Detective Chief Inspector im Manchester des Jahres 2006, von einem Auto angefahren wird und sich danach im Jahr 1973 wiederfindet. Wie wir's auch drehen, die Fernsehserie lässt uns wohl kaum an der Frage vorbeikommen: Wie stimmig ist diese 1973-Simulation? Die Suche nach Anachronismen wird zu einer Dauerbeschäftigung, und letzten Endes wirkt die Story nicht besonders überzeugend. Nicht wegen der Anachronismen allerdings. Das Problem besteht darin, dass es ein '73 ist, das sich nicht lebendig anfühlt. Die tatsächliche post-psychedelische, beinahe ostblockartige Farblosigkeit lässt sich darin nicht wiederfinden; Kitschtapeten und Schlaghosen werden im selben Moment, in dem die Kamera sich auf sie richtet, zu bedeutungslosen Stilzitaten.

(Ganz nebenbei: Es gibt sicher irgendwelche technischen Gründe – vielleicht ist es das verwendete Filmmaterial –,

[26] *Life on Mars*, TV-Serie, GB (BBC), 2005-2006, zwei Staffeln mit je acht Episoden.

warum das britische Fernsehen nicht mehr in der Lage scheint, irgendwie Leben in seine Produktionen zu bringen. Ganz gleich, was gefilmt wird, es wirkt immer so glatt und aufgehübscht wie in einem Hochglanzprospekt, als wäre das alles nichts weiter als ein Werbefilm. Das ist übrigens auch mein Problem bei der Neuauflage von *Doctor Who*: Was da an britischer Gegenwart auftaucht, sieht aus wie aus einem Themenpark, ein in den hellsten Farben erstrahlendes, sehr bemüht wirkendes Bühnenbild.)[27]

Aufklärungsspots der landesweiten Anti-Diebstahl-Kampagne »Watch Out! There's a Thief About« im Schwarzweißfernsehen, Dozenten der Open University mit grotesken Schnauzbärten und gewaltigen Hemdenkragen, das Testbild... alles ungeheuer ikonisch und plakativ, doch ist das Merkwürdige an Ikonen ja gerade, dass sie wirkungslos bleiben. Eine Ikone ist das genaue Gegenteil der Madeleine, wie Chris Marker, Hitchcock und Proust vereinend, jene totemartigen Trigger nennt, die uns urplötzlich in die Vergangenheit entführen. Einen solchen Zeitriss kann die Madeleine allerdings nur bewirken – und das ist ganz entscheidend –, insofern ihre Musealisierung wie auch ihre Memorialisierung ausblieben, sie nicht ständig ins Bild gerückt, sondern in einer Ecke vergessen wurde. Hören wir heute T-Rex, versetzt uns das nicht plötzlich ins Jahr 1973 – eher kommt uns eine Nostalgiesendung über die Siebziger in den Sinn.

Und das ist vielleicht ein Teil des Problems: Wurde nicht jedes einzelne Phänomen der Populärkultur seit 1963 so sorgfältig, ja forensisch bedacht und abgelegt, dass es nichts mehr gibt, das uns durch die Zeit zurücktransportieren könnte? (Übrigens auch ein Problem der Erinnerung in digitalen Datenspeichern: Jean Baudrillard bemerkt irgendwo,

[27] *Doctor Who*, TV-Serie, GB (BBC), 1963-1989; Neuauflage seit 2005.

Computer erinnerten nicht wirklich, weil es ihnen an der Fähigkeit mangelt zu vergessen.)

(k-punk-*Eintrag vom 13. April 2007*)

Letzten Endes beschränken sich die Elemente von Science Fiction in *Life on Mars* auf eine Art ontologisches Zögern: Ist dies real oder nicht? Insofern entspricht *Life on Mars* vollkommen der Definition des Phantastischen, die Tzvetan Todorov formuliert, nämlich als ein Moment der Unschlüssigkeit zwischen dem Unheimlichen (das letztlich naturwissenschaftlich zu erklären ist) und dem Wunderbaren (das dem Bereich des Übersinnlichen angehört).[28] *Life on Mars* schwankt so zwischen zwei möglichen Auflösungen: Entweder liegt Sam Tyler im Koma und die ganze Welt der Siebziger, in der er umherirrt, ist irgendeine Art unbewusste Konfabulation; oder aber er wurde – auf bislang unerklärliche Weise – ins reale 1973 zurückversetzt. Die Unbestimmtheit wird in der Serie bis ganz zum Schluss aufrechterhalten (und in der letzten Episode kryptisch gesteigert).

Die Hauptidee, an der die ganze Serie hängt, entlässt *Life on Mars* natürlich in historischer Hinsicht unmittelbar aus der Verantwortung, wie John Simm trocken feststellt. Liegt Tyler nämlich im Koma, sind alle Ungenauigkeiten im Hinblick auf die Epoche ganz einfach mit Erinnerungslücken der Hauptfigur zu erklären. Selbstverständlich bezieht die Serie ihren Reiz nicht zuletzt aus dieser unvollkommenen Erinnerung, nicht nur an 1973 selbst, sondern auch an das Fernsehen der siebziger Jahre. *Live on Mars* ist pure Nostalgie, wenn auch abgemildert, ein einziges »Ich liebe 1973« als Polizeiserie. Ich sage Polizeiserie, weil alle SF-Elemente

[28] Tzvetan Todorov, *Einführung in die fantastische Literatur*, übers. von Karin Kersten, Senta Metz und Caroline Neubaur, Neuaufl., Berlin: Wagenbach Verlag, 2013.

kaum mehr als ein Vorwand sind und *Life on Mars* dementsprechend mehr von einer Polizeiserie als von Science Fiction hat. Die seltsame Idee mit der Zeitreise erlaubt es, Geschichten zu erzählen, die anders wohl kaum durchgingen, und jenseits der allumfassenden ontologischen Frage (»Ist dies real oder nicht?«) nimmt eine auf Begehren und Politik zielende Frage Gestalt an: Wollen wir, dass dies real ist?

Sam Tyler wird als Avatar der Gegenwart zum schlechten Gewissen einer in den Siebzigern angesiedelten Polizeiserie, und seine Unzufriedenheit mit den Zuständen in der Vergangenheit erlaubt es uns, diese trotz allem zu genießen. Tyler, der moderne, aufgeklärte »gute Bulle«, ist weniger ein Antitypus zu Gene Hunt, dem vorsintflutlich »bösen Bullen«, als vielmehr dessen postmoderne Desavouierung, die uns erst ermöglicht, die beleidigende und gewalttätige Figur des *bad cop* zu goutieren. Hunt, gespielt von Philip Glenister, ist der eigentliche Star der Serie. Die Boulevardmedien liebten ihn sofort und waren verrückt danach, seine Schimpftiraden wiederzugeben. Die Schmähungen sind von den Drehbuchschreibern sorgfältig durchkomponiert, und dementsprechend wirken sie eher grotesk als hetzerisch. Hunts »Polizeiarbeit ohne Geschwafel« zeigt sich genügend »forsch«, um das Publikum zusammenzucken zu lassen, doch gibt es niemals ein Ausmaß an Gewalt, das Abscheu erregen würde. (In gewisser Weise ist die Serie das populärkulturelle Gegenstück zur verhörtechnischen Anwendung körperlicher Gewalt, die sich später medizinisch nicht mehr nachweisen lässt.)

Zweifellos, wenn auch vielleicht unbeabsichtigt, ist die Botschaft von *Life on Mars* letzten Endes reaktionär. Tyler wirkt nicht mäßigend auf Hunt ein, sondern passt sich dessen Methoden schließlich sogar an. In der letzten Episode steht Tyler vor der Entscheidung, Hunt zu verraten oder sich ihm gegenüber weiterhin loyal zu verhalten. Der Verrat an Hunt scheint an diesem Punkt der Geschichte der Preis, den Tyler zahlen müsste, um ins Jahr 2007 zurückzukehren. Die

Entscheidung wird so zu einer zwischen 1973 und der Gegenwart, und es geht dabei nicht um die Größe von Hemdenkragen oder um bestimmte Vorlieben in der Alltagskultur, sondern um die Methoden der Polizeiarbeit. Die Publikumssympathie wird so gelenkt, dass wir niemals das Vertrauen in Hunts Aufrichtigkeit verlieren, wie sehr wir auch sein Vorgehen missbilligen, Tylers Verrat wiegt folglich weitaus schwerer als irgendeiner der vielen Übergriffe Hunts. Tylers (vermeintliche) Rückkehr ins Jahr 2007 unterstreicht dies, insofern die dann vorgefundene Umgebung als steril, trostlos, langweilig und letztlich bei weitem weniger real erscheint als die raue Gerechtigkeit zu Hunts Zeiten. Tylers aufgeklärte Modernität (»Man kann das Gesetz nicht aufrechterhalten, indem man es bricht«) steht Hunts rebellisch-heroischem Gestus entgegen, der sich selbst mit dem Gesetz identifiziert (»Ich bin das Gesetz. Wie kann ich es dann brechen?«). Die tief libidinöse Wirkung Hunts leitet sich ab aus dem Durchkreuzen der Dualität von Gesetzeshüter und ungezügelter *Jouissance*.[29] Die zwei Gesichter des Vaters, das des strengen Gesetzgebers und das des *Père-Jouissance*, lösen sich ineinander auf: So entsteht die makellose Gestalt reaktionären Verlangens, eine charismatische Verkörperung all dessen, was uns *political correctness* angeblich verbietet.

[29] Vgl. zum Konzept der *Jouissance* Jacques Lacan, *Das Seminar. Buch XX (1972-1973). Encore*, übers. von Norbert Haas, Vreni Haas und Hans J. Metzger, Weinheim/Berlin: Quadriga, 1986.

»Can The World Be As Sad As It Seems?« David Peace' Romane und ihre Verfilmungen

Die vier Romane der *Red-Riding*-Reihe von David Peace sind Akte des Exorzismus und Ausgrabung der jüngsten Vergangenheit zugleich, blutige Antworten auf die Nostalgie von Siebzigerjahre-Clipshows.[30] Peace belauert das West Yorkshire, in dem er aufwuchs, er macht reale Ereignisse – die Winkelzüge und die massive Einschüchterung im Fall des vermeintlichen Sexualmörders Stefan Kiszko oder die stümperhafte Polizeiarbeit bei der Suche nach dem sogenannten Yorkshire Ripper – zum Hintergrund schonungslos brutaler literarischer Fiktion, der ein apokalyptischer Lyrismus eigen ist.

Peace wird immer mit James Ellroy verglichen. Zweifellos setzte die Begegnung mit Ellroy bei Peace etwas frei, doch letzten Endes ist Peace der bessere Schriftsteller. Die Lektüre von Ellroys *White Jazz* nennt Peace sein »Sex-Pistols-Erlebnis«. Peace baut auf Ellroys Leistung auf, vergleichbar dem, wie Post-Punk-Gruppen den Raum nutzten, den die Pistols zuvor eröffnet hatten. Ausgehend von der experimentellen, telegrammstilartigen Verdichtung Ellroys schafft Peace eine Pulp-Version moderner Poetik, und während Ellroys Prosa Schlag um Schlag Amphetamin durch die Adern pumpt, schreibt Peace hypnotisch und oneirisch. Beschwörende Wiederholungen verzögern und verschleiern dabei die Entwicklung des Plots, nichts drängt auf eine überstürzte Auflösung. Obgleich beide Autoren offenkundig ähnliche Welten erschaffen, Welten, in denen Polizisten für

[30] David Peace, *Nineteen seventy four / Nineteen seventy seven / Nineteen eighty / Nineteen eighty three*, London: Serpent's Tail, 1999-2002 (dt. *1974 / 1977 / 1980 / 1983*, übers. von Peter Torberg, München: Liebeskind, 2005-2008).

gewöhnlich korrupt, Journalisten käuflich und leicht zu beeinflussen und die Reichen blutsaugende Ausbeuter sind, unterscheiden sich ihre politischen Orientierungen erheblich. Ellroy ist ein hobbesianischer Konservativer, der zu einem gewissen Macho-Pragmatismus tendiert, was einschließt, Gewalt, Rücksichtslosigkeit und Verrat als unausweichlich anzusehen. Auch in Peace' Welt sind diese Phänomene auf bedrückende Art omnipräsent, doch wird ihnen hier keinerlei Akzeptanz entgegengebracht: Stattdessen hören wir in den *Red-Riding*-Romanen ein schmerzerfülltes Aufheulen und den Ruf nach Vergeltung, ganz gleich, ob im Diesseits oder im Jenseits.

Peace sagt, er wolle Kriminalliteratur schreiben, nicht unterhalten, und das Ergebnis sind Werke, die in einem dreifachen Sinn *hauntologisch* sind. Das Genre des Kriminalromans ist natürlich bestens geeignet, die (moralischen, existenziellen, theologischen) Fragen zu verhandeln, die schreckliche Tode aufwerfen, jene *morts odieuses*, über die Quentin Meillassoux nachdenkt: die Tode von Menschen, deren Leben vorzeitig ein Ende findet, für die der Tod nicht Schlusspunkt ist, sondern ein gewaltsamer Schnitt.[31] Die Romane der *Red-Riding*-Tetralogie nun entfernen sich langsam von der im Band *1974* noch dominanten, prekären Kombination aus Genremerkmalen, zeittypischen Verweisen, Brutalität und der Hommage an die literarische Tradition der Angry Young Men; stattdessen treten Aktualität und Theologie stärker zutage, als ziehe eins das andere nach sich. Die Leserinnen und Leser finden sich in der Rolle Trauernder wieder, die die Stimmen von Geistern, der schrecklich zu Tode gekommenen Opfer des Yorkshire Ripper vernehmen, zu Gehör gebracht in den phantastischen »Übertragungen«, die im Roman *1980* jedem Kapitel vor-

[31] Quentin Meillassoux, »Deuil à venir, dieu à venir«, in: *Critique* n° 704-705 (Februar 2006), S. 105-115 (engl. »Spectral Dilemma«, übers. von Robin Mackay, in: *Collapse* IV (Mai 2008), S. 261-275).

angestellt sind: Abschnitte, die das Aktuelle (zusammengetragen aus Reportagen und Biographischem) und das Gespenstische vereinen.

Die Romane sind noch in anderer Hinsicht hauntologisch, in einem Sinn nämlich, der dem näher ist, was wir mit Blick auf Musik gesagt haben, ohne damit freilich ganz in eins zu fallen. Peace interessiert sich nicht im Geringsten für die Probleme schwindender Erinnerung, wie sie The Caretaker, Burial oder William Basinski beschäftigen. Die erzählte Vergangenheit Peace' kennt kein Knistern und Knacken, sie ist in der ersten Person formuliert und steht alles in allem der Gegenwartsform sehr nah. Narrative Stockungen sind deshalb weder mangelhaften Tonaufzeichnungen noch Gedächtnisstörungen (kultureller oder individueller Art) geschuldet, sondern auf die Verblendung der Romanfiguren zurückzuführen, die sich selbst (und die Ereignisse, an denen sie teilhaben) wie in einem dunklen Spiegel nur schemenhaft sehen. Letzten Endes legt sich über alles – über das Erzählen und Begreifen – vollkommene Düsternis. Die Charaktere beginnen sich aufzulösen, es wird schwierig, die Geschehnisse nachzuvollziehen, und von einem bestimmten Zeitpunkt an bleibt es unklar, ob wir die Grenze zum Reich der Toten nicht bereits überquert haben.

Peter Hunter, der aus Manchester stammende leitende Kriminalbeamte, der im Band *1980* bei der Polizei in West Yorkshire ermitteln soll, findet sich in einer Welt gefangen, in der *Dinge keinen Sinn ergeben: Sie passen nicht zueinander.*

Es ist ein Terrain für Gnostiker. Die Gnostiker dachten, die Welt bestehe aus verderbter Materie, deren hohe Dichte und Undurchdringlichkeit sie zu einem trüben, sumpfigen Morast machten, zum Ort der gefallenen Engel – eines der in den *Red-Riding*-Romanen ständig wiederkehrenden Bilder. Keine der Fragen Hunters (oder des Rechtsanwalts John Piggott in *1983* – oder auch Peace') führt dazu, das Geschehen vollkommen aufzuklären. Es ist eine Welt, in der »die

Geschichten sich im Dunkel verlieren«, wie es Tony Grisoni formuliert, der Drehbuchautor der von Channel 4 produzierten Verfilmung der Romane.[32]

Was nun die libidinöse Hinwendung zur Vergangenheit angeht, unterscheiden sich Peace' Orientierung und die der Sound-Hauntology grundlegend: Die Hauntologen unterstreichen die voreilig gekappten, unergründeten Potentiale vergangener Zeiten, während Peace' Romane ungesühntes Leid im Yorkshire der frühen Siebziger umtreibt. Peace' Schreiben erweist sich darüber hinaus auch insofern als hauntologisch, als er bestimmte Orte durch bestimmte Vorfälle überschattet schildert (aber auch umgekehrt). In zahlreichen Interviews hat er darauf beharrt, es sei kein Zufall, dass Peter William Sutcliffe, der »Ripper«, gerade in Yorkshire als Serienmörder in Erscheinung trat. Peace' Romane sind dezidiert antinostalgisch, ganz das Gegenteil etwa zur Fernsehserie *Life on Mars*, die Polizeibrutalität (und ihrer medialen Darstellung) gegenüber eine bestenfalls ambivalente Haltung einnimmt. Peace rechtfertigt nichts dergleichen, in seinen Romanen gibt es kein unterschwelliges Verlangen nach einer Zeit, in der Ermittler Verdächtige ungestraft verprügeln konnten. Überhaupt konzentriert sich die *Red-Riding*-Tetralogie viel eher auf Korruption als auf Kriminalität allgemein.

Musik funktioniert in Peace' Büchern als eine Art hauntologischer Trigger. Irgendwo merkt der Autor einmal an, er verwende Musik, selbst wenn er sie nicht mag, weil sie ihm die Atmosphäre, das Besondere einer Zeit wiederbringe. Musikbezüge finden sich entsprechend eingebettet im Text, entweder diegetisch, als eine Art Sound-Hintergrund, oder eher esoterisch, in kryptisch-epigraphischen Chiffren und wiederholten Beschwörungen: ein Portaleffekt und ein Nachhall (wenn auch in umgekehrter Form) der Literarisie-

[32] *Red Riding* (dt. *Yorkshire Killer*), TV-Dreiteiler, GB (Channel Four), 2009.

rung in der Musik der 1970er und insbesondere im Post-Punk. Durch *1980* spuken namentlich Throbbing Gristle, vor allem die Zeile, die auf einen anderen Mörder zurückgeht, auf Charles Manson: »Can the world be as sad as it seems? // Kann die Welt so bitter sein wie sie scheint?« In Peace' Händen wird dies zu einer eindringlichen theologischen Frage, wenn er von Schmerz und Leid erzählt, von einer Erbarmungslosigkeit, die nach einem Gott ruft, der als vollkommen abwesend erfahren wird, das Licht der Welt, verfinstert durch ein Meer von Tränen.

Die Welt, eine bittere, trostlose Welt, ist voller Engel, doch sind sie verstümmelt, ihrer Flügel beraubt, oder aber sie haben sich in gewaltige, unheilbringende Ungeheuer verwandelt... süchtige Engel, die an der Flasche hängen, sich gleichgültig irgendwelchen Begierden überlassen oder im Dreck der Konsumgesellschaft versinken, die sich aus den Trümmern des Sozialstaatskompromisses herauswindet... Engel, die letzten Endes auf die Welt speien (in Peace' Büchern wird ständig gespien und gekotzt), denen der Whisky und die halbfertigen Pfannkuchen hochkommen, die aber niemals imstande sind, davon irgendetwas loszuwerden – oder auszubrechen.

Das religiöse Moment wird mit jedem Band der Tetralogie stärker und steigert sich bis zu einem sehr vieldeutigen, halluzinatorischen Ende im Roman *1983*, einem geradezu gnostischen Traktat über Unheil und Leid. Der letzte Teil des Buchs, »Total Eclipse Of The Heart« (dt. »Totale Herzfinsternis«) überschrieben, ist weit davon entfernt, die Existenz Gottes zu leugnen; Unheil und Leid ließen vielmehr nur den Schluss zu, dass Gott existiere. (Das Pop-Zitat als Motto ist dabei so eine Art stilistisches Erkennungszeichen Peace'.) Die Finsternis setzt nicht nur die verdunkelnden Schatten voraus, sondern auch eine verborgene Quelle des Lichts, das all diese Schatten hervorruft. In der Religionsphilosophie erschüttert die Existenz des Bösen den theistischen Gottesbegriff, da Leid, insbesondere wenn es

Unschuldige trifft, als Hinweis darauf angesehen wird, dass Gott nicht existieren kann, da ein gütiges, allmächtiges und allwissendes Wesen unverdientes Leid nicht dulden würde. Der berühmteste und leidenschaftlichste Vertreter einer solchen Position ist Fjodor Dostojewskis Romanfigur Iwan Karamasow mit seiner Berufung auf all die Fälle grausamer Verbrechen gegen Kinder. Wenn es indes keinen Gott gibt, so ändert dies nichts: Das Leid besteht fort, nur die Möglichkeit der Sühne fehlt nun. Ohne die Aussicht auf kommende Gerechtigkeit jedoch bleibt die Welt für immer verdorben, auf ewig gezeichnet durch Gräuel, Niedertracht und Gewalt.

Viele hatten schon lange die Hoffnung begraben, in Großbritannien könnten jemals Fernsehfilme entstehen, wie sie schließlich, inspiriert von Peace' Romanen, Channel 4 produzierte. Die drei Filme, die 2009 unter dem Serientitel *Red Riding* (dt. *Yorkshire Killer*) gesendet wurden, sind zweifellos die bemerkenswerteste britische Produktion im ersten Jahrzehnt des 21. Jahrhunderts und überragen turmhoch all die banalen Kostümspektakel, Routinekrimis und Gefühlsstriptease-Formate, die das Fernsehprogramm gewöhnlich verstopfen. Mehr noch, die *Red-Riding*-Filme schaffen, was Schauplätze und Landschaften, was die epiphanische Kraft ihrer Bilder anbelangt, eine visuelle Poesie und einen expressiven Naturalismus, die praktisch alles hinter sich lassen, was das britische Kino in den vergangenen dreißig Jahren hervorbrachte.

Wie Nick James bereits im Vorfeld der Ausstrahlung von *Red Riding* in einem Preview für *Sight & Sound* anmerkte, ließ nichts in der bisherigen Karriere der drei beteiligten Regisseure – Julian Jarrold für die Episode *1974*, James Marsh für *1980* und Anand Tucker für *1983* – erwarten, dass sie eine solche Qualitätsarbeit abliefern könnten.[33] In

[33] Nick James, »Bloody Yorkshire«, in: *Sight & Sound*, März 2009, S. 30-33.

vielerlei Hinsicht wirken die Filme, als sei David Peace hier selbst am Werk gewesen oder als seien die drei Regisseure gerade deshalb so erfolgreich, weil sie zum Medium seiner grauenvollen Bilder wurden. Unvermeidlich bei der Adaption der Bücher für den Bildschirm war eine gewisse Verdichtung, und ein Roman der *Red-Riding*-Tetralogie – *1977* nämlich – wurde überhaupt nicht verfilmt. Tony Grisoni und seinem Drehbuch gebührt das Verdienst, die drei Filme symphonisch stimmig verflochten zu haben, ohne dabei bequeme Abkürzungen zu nehmen oder den Plot zu banalisieren.

Peace' Gegenstück zu Dudley Smith, dem Antihelden Ellroys, einem korrupten Kriminalbeamten, der seine eigenen Drogendeals und krummen Geschäfte als »Eindämmungsmaßnahmen« rechtfertigt, ist Maurice Jobson, ein bleicher Ermittler, der in allen drei *Red-Riding*-Filmen mitwirkt. Doch während Smith charmant und charismatisch auftritt und ausgesprochen gerne plaudert (in *L.A. Confidential*, der bislang besten Ellroy-Verfilmung, 1997 produziert, meisterhaft dargestellt von James Cromwell), bleibt Jobson (in der Channel 4-Serie gespielt von David Morrissey) wortkarg, grüblerisch und unbewegt, erstarrt in einem fast dissoziativen Dämmerzustand im Angesicht der ihn umgebenden Gräuel. Morrisseys Darstellung ist eine von vielen exzellenten Leistungen in der Fernsehtrilogie: Alle spielen außerordentlich, was ihre Präsenz, ihre kontrollierte Dynamik und ihr fernsehfilmgerechtes Agieren angeht, weit entfernt von dem unerträglichen Overacting, das die britische Theatertradition häufig hervorbringt. Rebecca Hall ist in der Rolle der Paula Garland zerbrechlich und doch bedrohlich, Maxine Peake spielt die Helen Marshall kantig, gleichwohl verletzlich; Sean Harris überzeugt als Widerling Robert Craven, ohne dass daraus ein groteskes Schauerdrama würde, und Paddy Considine schließlich bringt eine hartherzige Resolutheit in die Figur des Peter Hunter, eine der wenigen helleren Gestalten im Nordengland von *Red Riding*, einer verkehrten Welt, in der das Böse karnevaleske Freiheiten genießt, während Polizei und Mächtige hier nach Belieben schalten und walten.

Die Verfilmung eines weiteren außergewöhnlichen Romans von David Peace, *The Damned Utd* (dt. *Damned United*),[34] hingegen blieb weit hinter den Erwartungen zurück – mindestens ebenso sehr, wie die Channel 4-Produktionen sie zuvor übertroffen hatten. Schon der Stab, der die Adaption realisieren sollte, sah nicht sehr vielversprechend aus. Vor der Arbeit an dem Film hatte Regisseur Tom Hooper einige nicht besonders bemerkenswerte Fernsehproduktionen gedreht (später sollte er dann bei *The King's Speech* Regie führen); Drehbuchautor Peter Morgan und Hauptdarsteller Michael Sheen (in der Rolle des Brian Clough), die schon bei *The Queen* und *Frost/Nixon* zusammengearbeitet hatten, fehlte offenkundig jeglicher Zugang zu Peace' rissiger und harscher Modernität.[35] Letztlich schufen Morgan und Hooper keine Verfilmung des Romans, sondern sie eliminierten Peace. Hoopers Film bringt uns zu der einfachen, vorgefundenen Geschichte zurück – das bittere 44-tägige Intermezzo von Brian Clough als Trainer des Fußballclubs Leeds United im Jahr 1974 –, die Peace lediglich als Rohmaterial eines »auf Tatsachen beruhenden« Romans diente. Dem Film fehlt somit alles, was Peace den Tatsachen hinzufügte: die beißende Realität, die dem (bürgerlichen) Realismus immer entgehen wird, und ebenso die gestaltgebende Kraft einer gnostischen Mythographie, durch die Yorkshire selbst als das Land erscheint, auf dem ein Fluch liegt, als das Böse schlechthin.

Eine Verfilmung vor allem wegen ihrer Abweichungen von der Romanvorlage zu kritisieren, kann recht müßig sein.

[34] David Peace, *The Damned Utd*, London: Faber & Faber, 2006 (dt. *Damned United*, übers. von Thomas Lötz, München: Heyne, 2011).
[35] *The Damned United* (dt. *The Damned United – Der ewige Gegner*), GB, 2009.

In diesem Fall allerdings ist der Vergleich der beiden Versionen aufschlussreich, und das aus zwei Gründen: weil der Film, erstens, indem er Peace' Handschrift vollkommen unterschlägt, letzten Endes mit dessen Interpretation der Geschichte um Clough und Leeds United konkurriert; zweitens, weil Peace' Pulp-Modernismus in der britischen Kultur ja gerade einen Fluchtweg aus jener Art eines gut gelaunten, wohltemperierten, mainstreamigen Mittelklasse-Realismus eröffnet, mit dem Morgan und Hooper aufwarten.

Nach einer Pressevorführung des Films äußerte Morgan, die Lektüre von *The Damned Utd* habe in ihm starke nostalgische Gefühle geweckt, so ähnlich, »wie Farley's Zwieback zu essen«. Selbst die Arglosesten dürften bei Peace' Prosa indes feststellen, dass der Roman nicht nach wohlig klebriger Babynahrung schmeckt, sondern nach Galle, Scotch und Sodbrennen. In den Händen Morgans und Hoopers wird die Geschichte des Brian Clough auf die puren Gegebenheiten reduziert und als Story von der Stange in ordentlichen thematischen Schubladen abgelegt: Clough kämpft als ein missverstandenes Genie gegen ein Establishment aus aufgeblasenen Provinzpatriarchen wie Sam Longson, den Vorsitzenden von Derby County (trotz allem gut gespielt von Jim Broadbent); er ist selbstzerstörerisch und deshalb auf seinen Co-Trainer Peter Taylor (dargestellt von Timothy Spall) angewiesen, der seine Exzesse zügelt; Cloughs Antrieb ist ein ödipaler Konflikt mit dem Mann, den er bei United ablöst, Don Revie. All das wird mehr erzählt als gezeigt, vor allem aber behandelt der Film das Publikum durchweg als einfältig: Dialoge dienen allzu oft dazu, ein wenig schwerfällig den Plot zu verdeutlichen oder auch einfach telegrammstilartig ein Thema einzuführen. Morgen und Hooper gelingt es nicht, Peace' existenzialistisches Motiv, seinen dunklen Blick auf Yorkshire, heraufzubeschwören, und auch von dem im Roman vorhandenen, intensiven Gefühl für Territorialität vermitteln sie wenig. In der literarischen Vorlage ist das Stadion an der Elland Road, die Heimat von Leeds United, ein Kampfplatz, auf dem ein Konflikt um den Raum entbrannt ist, bei dem Clough es nicht nur mit Don Revies Geist, sondern auch mit der körperlichen Aggression der von ihm zurückgesetzten Spieler zu tun hat. Eine beeindruckende Episode im Roman – in der Clough im Versuch, den Alb des abwesenden Vaters zu exorzieren, den Schreibtisch Revies zertrümmert und die Überreste dann verbrennt – ist unerklärlicherweise auf der Leinwand nicht zu sehen. Vermissen lässt der Film auch den höllischen Rhythmus im Fußball, den Peace so brillant einfängt. Wie Fans – ganz zu schweigen von Trainern – wissen, ist der Genuss am Spiel ganz wesentlich masochistisch. »*The Damned Utd* zeigt Cloughs Tragödie«, schreibt Chris Petit in einer Rezension des Romans, »denn tief in seinem Innern verstand er, dass ein Sieg nur eine aufgeschobene Niederlage ist.«[36] Die intensiv zu spürende Angst, die in Peace' Roman alles einfärbt, wird im Film durch einen häufig übermütigen Ton überblendet.

Dann ist da Michael Sheen. Das Problem mit Sheens inzwischen wohlbekannter Herangehensweise an »historische« Charaktere besteht darin, die Welt im Film jeglicher autonomen Realität zu berauben – alles verweist auf eine dem Film äußerliche Wirklichkeit und wird danach beurteilt, wie sehr es das etablierte Bild der jeweiligen Figur widerspiegelt, ganz gleich, ob es sich um Brian Clough, Kenneth Williams, Tony Blair oder David Frost handelt. Dabei gibt es bizarre Déjà-vus zwischen verschiedenen Rollen, an einer Stelle etwa stellt sich das Gefühl ein, Sheens prolliger Clough habe sich gerade in Kenneth Williams verwandelt.

Gewiss, ein Romanautor wie Peace hat gegenüber Filmleuten den Vorteil, dass der literarische Text das aus dem Fernsehen bekannte Bild einer zeitgenössischen Figur viel

[36] Chris Petit, »Once more unto the pitch«, in: *The Guardian*, 19. August 2006.

schneller hinter sich lassen kann als das Kino, doch ein Schauspieler mit mehr Mut und größerer Präsenz als Sheen wäre möglicherweise in der Lage, bei Brian Clough jenseits der körperlichen Erscheinung zu einer Wahrheit vorzustoßen, die in den Fernsehbildern nicht aufscheint. Doch stattdessen widmet sich Sheen wie gewöhnlich den Manierismen und sprachlichen Ticks seiner Person, alles in allem recht kompetent, doch ohne die ganze innere Zerrissenheit, die Peace seinem Clough mitgibt. Und selbst wenn die schauspielerische Leistung durchweg hervorragend ausfiele, hätte es weitaus mehr als des von Regisseur Hooper Aufgebotenen bedurft, um die Schrecken und das Leid der Welt von David Peace zu beschwören. Die indifferente Kamera und der oft entsetzliche Soundtrack aber lassen Hoopers *The Damned United* eher wie ein Dokudrama über die tatsächlichen Geschehnisse denn wie eine Verfilmung des Romans von Peace wirken.

»Now Then, Now Then«: Jimmy Savile oder Den Siebzigern wird der Prozess gemacht

Juli 2013

Der Gang der Ereignisse trägt alle Merkmale eines Ritualmords. Das Opfer ist kein Körper – denn der ist bereits tot –, sondern ein Name. Es scheint geradezu, als habe es eine Art Deal gegeben: Du kannst dir im Leben alles erlauben, dein Ruf wird nicht darunter leiden (jedenfalls so weit wie irgend möglich), doch ein Jahr nach deinem Tod wird alles zerstört. Nichts, aber auch gar nichts, überlebt, dein Grabstein wird entfernt, das Penthouse, in dem du früher gelebt hast, abgerissen. Dein Name steht fortan für das Böse schlechthin.

September 2012: Langsam kommt alles ans Licht. Wie bei mühsam zurückgehaltenen, doch nun nicht länger kontrollierbaren Fluten wird aus einem kleinen Leck ein Dammbruch. Die Enthüllungen belasten Jimmy Savile, eine der bizarrsten und schillerndsten Figuren des ganzen Landes, den DJ und früheren Star der Familienunterhaltung, es geht um zahlreiche Fälle des sexuellen Missbrauchs und der Pädophilie. Man kann allerdings nicht behaupten, dass hier irgendetwas überraschend kam, und gerade das zählt zu den beunruhigendsten Aspekten der ganzen Affäre. Es geschah in aller Öffentlichkeit… Wir haben alle das (vermeintliche) Protokoll einer nicht gesendeten Passage der satirischen BBC-Quizshow *Have I Got News For You* gelesen, in der Savile unumwunden der Missbrauch Minderjähriger vorgeworfen wird, und das Ganze für bare Münze genommen. (Inzwischen ist das Transkript als ein Fake erkennbar, doch wirkte die Simulation erstaunlich überzeugend: Der Rhythmus, in dem die Teilnehmer der Runde agieren, die Art und Weise, wie der verbale Schlagabtausch aggressiver wird und eskaliert, der Name des mutmaßlichen Opfers, Sarah Cornley – all das wirkt authentisch und ist vielleicht Signatur eines zu jenem Zeitpunkt nur in der Fiktion erkennbaren Realen…)

Ja, in einem bestimmten Sinn geschah alles in der Öffentlichkeit – *alle wussten davon* oder hatten das Gefühl, davon zu wissen –, doch der Punkt ist, dass es zu Lebzeiten Saviles nie eine Bestätigung für sexuelle Übergriffe gab. Solange die Geschichten ungeklärt blieben, kam er nicht nur damit durch, sondern konnte auch weiterhin als der gefeierte Entertainer auftreten, als die Lichtgestalt, die unermüdlich Spenden für wohltätige Zwecke sammelt. Tatsächlich fand Jimmy Savile auf eine soziopathische Art Gefallen daran, vor aller Augen mit seinem Tun davonzukommen. In *As It Happens*, seiner 1974 erschienenen Autobiographie, brüstet er sich, Sex mit einer minderjährigen Ausreißerin gehabt zu haben. Höhnisch merkt er an, die Polizei würde es nicht wagen, ihn anzurühren, und allem Anschein nach galt das auch für die Medien. Hin und wieder versuchte ein Journalist, ihn aus der Reserve zu locken. In einer BBC-Dokumentation aus dem Jahr 2000 etwa konfrontierte Louis Theroux – in der ihm eigenen, behutsamen Art – Savile mit den Pädophilie-Anschuldigungen, doch die Vorwürfe prallten an dem alten Mann ab.

Ende 2012 schließlich erlebten wir eine ganz eigene Rückkehr der Siebziger, diesmal nicht als bittersüßen Nostalgietrip, sondern als Schock. »Es ist wie bei David Peace«, lautet eine Feststellung, die in den paar Jahren seither fast zu einer Art Gemeinplatz wurde. Ungewöhnlich für erzählende Literatur, die in der Vergangenheit angesiedelt ist, gewinnen Peace' Geschichten im Lauf der Zeit immer stärker an prophetischer Kraft. Tatsächlich geht es ihrem Autor nicht darum, die Zukunft vorherzusagen – was kaum verwundert, da er über die Siebziger und Achtziger schreibt –, doch hält er Momente der Vergangenheit fest, die unter der Oberfläche rumoren.

Der Fall des Josef Fritzl etwa lässt an die unterirdischen Verstecke für verschleppte Kinder aus den *Red Riding*-Romanen denken. Und alles, was über die Komplotte englischer Machteliten in jüngster Zeit ans Tageslicht kam – all der Filz und die trüben Machenschaften, Murdoch, Hillsborough – scheint uns geradewegs in Peace' Labyrinth aus Lügen und Korruption zu schleudern. Murdoch, Hillsborough, Savile… Wenn man in dem Knäuel an einem Faden zieht, zeigen sich überall Verbindungen, und an allen Ecken stößt man auf die gleiche düstere Troika aus Polizei, Politik und Medien. Sie halten einander den Rücken frei (vielleicht auch aus Angst, hinterrücks gemeuchelt zu werden) und sind aufeinander eingespielt; das ist die beste Versicherung, Solidarität nach Art der herrschenden Klasse…

Nach Saviles Ableben wirkt die Affäre zunehmend, als sei sie Peace' Phantasie entsprungen. Alles ist in gewisser Art fiktional, da das, was wir gemeinhin Realität nennen, die Welt des Commonsense, die wir in unseren Vorstellungen bewohnen, sich mit einer Gestalt wie Savile nicht verträgt. Gleichzeitig wird deutlich, dass letzten Endes gerade die zugespitzten, zunächst melodramatisch exzessiv wirkenden Momente in Peace' Prosa den neuen Enthüllungen angemessen scheinen. Ganz so, als sei der melodramatische Exzess dem Realen selbst eingeschrieben, während die schiere Unvorstellbarkeit der Übergriffe und Lügen dem Täter Deckung bietet: *So etwas kann unmöglich geschehen sein!*

Saviles Revier befand sich im Herzen des von Peace beschriebenen Yorkshire, nämlich in Leeds… Hier legte er als Unternehmer und DJ den Grundstein zu seinem Reich, und hier war es auch, wo er begann, sich ehrenamtlich im Krankenhaus zu engagieren, wohl wissend, dass die Maske des Menschenfreunds es einfacher machte, sexuelle Übergriffe zu vertuschen: *Ein Löffelchen Zucker versüßt bittre Medizin…* Bizarrerweise gehörte Savile eine Zeit lang zum Kreis der Verdächtigen in den Yorkshire Ripper-Ermittlungen – Hinweise aus der Bevölkerung hatten seinen Namen ins

Spiel gebracht, und der Leichnam Irene Richardsons, eines Opfers des Serienmörders, wurde ganz in der Nähe von Saviles Wohnung aufgefunden. Dann gibt es dieses berüchtigte Foto aus dem Jahr 1981, das Savile mit Peter Sutcliffe selbst und Frank Bruno im psychiatrischen Hochsicherheits-Krankenhaus Broadmoor zeigt: Savile, die für ihn typische Zigarre in der Hand, als Mittelsmann eines Treffens zwischen dem verurteilten Ripper und dem in Schwierigkeiten geratenen einstigen Boxchampion, der grinsende Sutcliffe in einem Trainingsanzug, der ganz so aussieht, als stamme er von Savile. Der Wahnsinn einer Gesellschaft und einer Zeit – mit all den verborgenen Verbindungen zwischen Prominenz, Psychose und Verbrechen – zeigen sich im grellsten Licht. Rituelle Inversion: Die leichte Unterhaltung schlägt um in die dunkelsten Abgründe. Ende 2012 sind Saviles Name und Ruf so endgültig ruiniert, dass Peter Sutcliffe das Bedürfnis verspürt, ein gutes Wort für den alten Freund einzulegen.

Savile war ein Mensch, der in der populären Kultur zur großen Nummer wurde, ohne selbst allzu viele Sympathien zu genießen. Man kann nicht behaupten, das Publikum habe ihn je geliebt. In der *London Review of Books* wartet ein Leserbriefschreiber mit Berichten auf, in denen die BBC die Zuschauerreaktionen auf die ersten Folgen von Saviles Musikshow *Top of the Pops* dokumentiert hatte: »*10. Dezember 1964*. Jimmy Savile, der durch das Programm der Sendung führte, stieß bei einer großen Zahl der befragten Zuschauer offenkundig auf Ablehnung. Viele bekundeten Ihre Abneigung dem Moderator gegenüber, merkten aber lediglich an, das, was sie über ihn zu sagen hätten, sei ›zur Veröffentlichung ungeeignet‹; Zuschauer, die ihren Gefühlen freieren Lauf ließen, verwendeten wiederkehrend Formulierungen wie ›dieser Irre‹, ›dieses widerliche *Etwas*‹ oder sprachen von einem ›abstoßenden Anblick‹.«[37]

[37] Leserbrief von Billy Smart, in: *LRB*, 6. Dezember 2012.

Man muss nicht geliebt oder auch nur gemocht werden, um *populär* zu sein. Savile entwickelte nicht einmal die Wirkung eines nationalen Lieblingshassobjekts wie heute ein Simon Cowell mit seinem Haifischlächeln. Saviles Ticket zum Ruhm war seine bizarre Art als solche. (So war zu Beginn der Enthüllungen einer der verstörendsten Aspekte der Affäre der Gedanke, Savile sei *überhaupt* ein sexuelles Wesen.) In der neuen Welt der leichten Fernsehunterhaltung zählen, wie Andrew O'Hagan in einem ebenfalls in der *London Review of Books* veröffentlichten Beitrag anmerkt, weder Liebenswürdigkeit noch Talent, sondern vor allem eine gewisse überlebensgroße – exzentrische oder wahnhafte – Aura, die Savile zweifellos in die Wiege gelegt war.[38] Selbst Leute, die ihn grauenhaft fanden, waren durchaus der Meinung, er »gehöre« ins Fernsehen. Ja, wo sollte er sonst hingehören? Das Problem aber war, dass es schon in den Sechzigern für einen, der ins Fernsehen »gehörte«, keinen Ort gab, der ihm nicht offenstand. So konnte Savile, wie wir heute wissen, in Broadmoor, dem Hochsicherheits-Krankenhaus für psychisch kranke Straftäter, nach Belieben ein- und ausgehen – und dies ist nur ein Beispiel für die Freiheiten und Befugnisse, die Ruhm und Bekanntheit ihm bescherten. In Krankenhäusern, so erfahren wir, hat er querschnittsgelähmte Patientinnen in ihren Betten sexuell belästigt. Mich erinnert das an *Brimstone and Treacle*, Dennis Potters Fernsehspiel aus dem Jahr 1976, in dem die Hauptfigur, der schmierige Martin Taylor, eine schwer hirngeschädigte junge Frau vergewaltigt, gleichzeitig aber vorgibt, sich um sie zu kümmern. Die BBC nahm das Fernsehspiel damals kurz vor der Ausstrahlung aus dem Programm – wohl ziemlich genau zu der Zeit, als Savile im samstagnachmittäglichen Familienprogramm auf der Mattscheibe

[38] Andrew O'Hagan, »Light Entertainment«, in: *LRB*, 8. November 2012.

erschien, während er in seiner Freizeit hilflose Patientinnen vergewaltigte.

Saviles Reputation versank immer tiefer im Sumpf, und er zog andere mit sich. Die polizeiliche Untersuchung im Gefolge des Skandals, die so genannte Operation Yewtree, konzentrierte sich auf eine ganze Reihe recht prominenter Namen, und es sind (aller Wahrscheinlichkeit nach) noch nicht alle bekannt. Irgendjemand – ich kann mich nicht mehr erinnern, wer es war – hat festgestellt, *es sei, als würde den Siebzigern der Prozess gemacht.* Zweifellos, doch sind es ganz spezielle Siebziger, die hier unter Verdacht geraten sind: nicht die ohnehin als verdorben geltende Ära des Rock'n'Roll, nicht Zeppelin oder Sabbath, sondern die Siebziger der Familienunterhaltung.

Die Affäre wurde immer unbegreiflicher, je mehr Details bekannt wurden. In diesem Licht schien es, als könnten selbst Dinge, die man über Savile zu Lebzeiten gehört hatte, unmöglich den Tatsachen entsprechen. War es beispielsweise wirklich vorstellbar, dass Savile in den 1970ern an Verhandlungen zwischen der israelischen und der ägyptischen Regierung teilgenommen hatte? Dass er zwischen Prinz Charles und Prinzessin Diana vermittelt hatte, als deren Ehe begann in die Brüche zu gehen? (Und wie verrückt, wie verzweifelt musste man sein, ausgerechnet *Jimmy Savile* bei Beziehungsproblemen um Rat zu bitten?) Dass er jahrelang den Weihnachtsabend bei Margaret Thatcher verbracht hatte? (Thatcher hatte viermal einen Anlauf genommen, Savile zu nobilitieren, doch war sie immer wieder von ihren Beratern davon abgehalten worden; erst als ihr Stern verglüht war, ganz am Ende ihrer Amtszeit als Premierministerin gelang es ihr schließlich, den Entertainer in den Ritterstand zu erheben.)

Murdoch und die *Daily Mail* haben keine Zeit verloren, die eigene Sicht der Dinge zu propagieren: Die Missbrauchsfälle waren demnach Symptome einer institutionellen Pathologie – der BBC und allgemeiner gesprochen der paternalistischen Medienkultur der Sechziger und Siebziger fiel die Verantwortung zu, erst sie ließen Saviles Verkommenheit gedeihen. Die BBC, zwischenzeitlich ob ihrer Rolle in einer neoliberalen Umwelt in einem Zustand permanenter Verwirrung, reagierte angstneurotisch und kollabierte narzisstisch gekränkt. Das Urteilsvermögen war gestört: Über die Missbrauchsfälle angemessen zu berichten, hatte man versäumt; doch als ein paar Monate später ein führender Tory zu Unrecht mit einem weiteren Missbrauchsskandal in Verbindung gebracht wurde, führte die anhaltende Krise dazu, die Dinge zu überstürzen. Murdoch und die *Mail* brüsteten sich derweil damit, die Enthüllungen über Savile hätten gezeigt, wie wichtig die Pressefreiheit sei. Die Fragen, die sie dabei tunlichst vermieden, lauten: Wo waren eigentlich die ganze Zeit *ihre* tapferen Schreiberlein? Warum deckten sie nicht selbst Saviles Machenschaften auf, als es darauf ankam, als er nämlich noch lebte?

Als man anfing, danach zu fragen, wie Jimmy Savile mit all dem hatte durchkommen können, war die Antwort bereits klar. Er hatte Verbindungen nach oben. Nach ganz oben. Und er achtete zudem darauf, auch unter Leuten, die ein wenig weiter unten Ansehen und Autorität besaßen, Freunde zu gewinnen. Polizeibeamte nahmen regelmäßig an Treffen des berüchtigten Friday Morning Club in Saviles Wohnung in Leeds teil.

Saviles bemerkenswerter Aufstieg zu Macht und Einfluss war ein ungeheuer hartes Stück Arbeit. Untätigkeit jedenfalls konnte man ihm niemals vorwerfen. Ein mit forensischer Akribie recherchierter Eintrag auf dem Blog *The Sump Plug* beschreibt, wie höllisch umtriebig Savile in den Anfangsjahren seiner Karriere war:

> »Das Plaza [in Manchester] war nur einer von vielen Tanzschuppen und Clubs, die Savile leitete oder managte, wo er auflegte, andeutungsweise was zu sagen hatte oder informell beteiligt war, nicht nur in Manchester, sondern

auch jenseits der Pennines – in Bradford, Wakefield und Halifax, an der Küste in Scarborough und Whitby sowie ganz besonders in Leeds. In seiner Heimatstadt gehörten zu den Läden, in denen er das Ruder in der Hand hatte, das Cat's Whiskers und das Locarno Ballroom im County Arcade, das bei den Einheimischen nur ›das Mecca‹ hieß. (Später wurde es dann in Spinning Disc umbenannt.) Dort wurde, es war 1958, die Polizei zum ersten Mal auf seine Vorliebe für Minderjährige aufmerksam. Die Angelegenheit wurde rasch dadurch bereinigt, dass er ein paar Scheine von der großen Rolle Zwanziger abzog, die er immer – bis zu seinem Tod – in der Tasche trug.

In Manchester dann konnte man in den fünfziger und frühen sechziger Jahren Savile entweder zur Mittagszeit im Plaza oder ganz sicher später im Ritz antreffen, und das jeden Abend. Oder, wenn nicht, es im Three Coins in der Fountain Street versuchen. Nicht mal sonntags gönnte er sich eine Pause: Da legte er dann in seinem Top Ten Club in Belle Vue für gut zweitausend Jiver und Twister auf.

Der Mann war überall – in praktisch jedem größeren Tanzlokal oder Nachtclub in den dichtbevölkerten städtischen Zentren des Nordens, er gehörte zum Inventar wie die rotierende Spiegelkugel.«[39]

Saviles Reich breitete sich schon bald auch nach Süden aus, reichte bis zum Ilford Palais und zu Decca Records; die Plattenfirma bezahlte ihn dafür, dass er ihre Neuveröffentlichungen auflegte. Oben im Norden ließ er seine Geschäftsinteressen durch eine Gang von Bodybuildern, Boxern und Wrestlern schützen, darunter auch Shirley Crabtree – ein wenig merkwürdig für die unter uns, die ihn als den komischen dicken Wrestler Big Daddy kennen, die massige At-

[39] Archie Valparaiso, »Don Jimmy Gambino OBE«, in: *The Sump Plug*, 18. November 2012.

traktion im Samstagnachmittagsprogramm. Die populären Fernsehshows der Siebziger haben hier ihre Wurzeln, in diesen Clubs und Tanzschuppen, deren Schäbigkeit darauf wartete, sich in leichte Familienunterhaltung zu verwandeln.

Ein Jahr nach Saviles Tod wird jene Verwandlung auf extreme Art revidiert. »Now then, now then«, eine der stehenden Wendungen des Entertainers, sollte eine verhängnisvolle Bedeutung annehmen. Nur wenige Wochen zuvor hat die BBC eine Reihe von Sendungen ausgestrahlt, die Saviles Leben und Werk würdigten. Nun reicht es nicht mehr aus, ihn zu verurteilen: Alle Spuren seiner Existenz müssen ausgelöscht werden. Nicht nur der Grabstein verschwindet – wie man hört, soll darüber hinaus die Familie eines in der Nähe des Grabes beigesetzten Kindes die Exhumierung von Saviles Leichnam gefordert haben. (Doch ist das wirklich wahr? In der fiebrigen Atmosphäre schwer zu sagen…) Als sei Savile ein mittelalterlicher Teufel, den das Gift des Bösen weiterhin umwölkt und der so selbst noch die Toten ins Verderben reißen kann. Einen weiteren Höhepunkt findet die Farce mit der Kritik am Fernsehsender Cbeebies, einem der Kinderkanäle der BBC, weil dort die Wiederholung einer Folge von *The Tweenies* ausgestrahlt wird, in der eine der bunten Tweenie-Figuren Jimmy Savile darstellte.

Now then, now then…

Als Savile seine Opfer sexuell missbrauchte, waren diese nicht allein mit Jimmy Savile, dem *Monster*, konfrontiert, oder mit Jimmy Savile, dem *unbehelligten vielfachen Kinderschänder*, sondern mit Jimmy Savile, dem *Officer of the Order of the British Empire*, mit *Sir* Jimmy Savile, mit Jimmy Savile, dem *Ritter des Ordens des heiligen Gregor des Großen*. Wenn wir fragen, wie Savile mit all dem durchkommen konnte, müssen wir uns daran erinnern. Offenkundig trug Angst dazu bei, dass die Opfer schwiegen.

Wer sollte ihrer Aussage glauben, wenn dagegen die eines Fernseh-Entertainers stand, eines Mannes, der für wohltätige Zwecke Millionen eingeworben hatte? Darüber hinaus sollten wir ernst nehmen, wie sehr Macht die Wahrnehmung der Realität verzerren kann. Die Machtposition des Täters und die Verwundbarkeit der Opfer löst eine kognitive Dissonanz aus – *das kann unmöglich geschehen.* Was geschehen ist, lässt sich nur rückblickend Stück für Stück zusammensetzen. Die Macht wiederum profitiert von der Vorstellung, Übergriffe und Korruption habe es früher gegeben, doch das sei vorbei. Missbrauch und Vertuschung werden eingestanden, unter der einen Bedingung, dass sie der Vergangenheit angehören. Das *war*, doch *nun* haben die Dinge sich verändert...

02: Hauntology

London nach dem Rave: Burial

(k-punk-*Eintrag vom 14. April 2006*)

Burial ist die Art Album, von der ich seit Jahren geträumt habe, im wahrsten Sinn des Wortes. Es ist oneirische Clubmusik, eine Sammlung »geträumter Tracks«, wie Ian Penman sie sich in seinem bemerkenswerten Essay über Trickys *Maxinquaye* vorstellt.[1] Tatsächlich bietet *Maxinquaye* einen Orientierungspunkt, aber auch Tracks von Pole wären hier zu nennen – wie diese beiden beschwört Burial im Knistern und Knacken hörbare Geister, rückt die akzidentielle Materialität des Klangs in den Vordergrund, statt sie zu verdrängen. Trickys und Poles »Cracklology« ist eine Weiterentwicklung materialistischer Magie im Dub, der »die Nähte der Aufnahme nach außen kehrt, um sie hörbar und berauschend wirken zu lassen«, wie Penman schreibt.[2] Doch statt der hydroponischen Hitze von Trickys Bristol und der nasskalten Gewölbe von Poles Berlin evoziert Burials Sound, wie der Pressetext zur Veröffentlichung es formuliert, ein »unter Wasser stehendes South London der nahen Zukunft. Niemals lässt sich sagen, ob das Knistern vom elektrostatischen Rauschen des Piratensenders herrührt oder vom prasselnden tropischen Platzregen in der überschwemmten Stadt draußen vor dem Fenster.«[3]

Nahe Zukunft, mag sein… Doch wenn ich Burial höre und dabei in diesem kümmerlichen Frühling durch das feuchtkalte und nieselige South London gehe, fällt auf, dass das Album sehr stark London *heute* ist – soll heißen, es

[1] Ian Penman, »Tricky: Black Secret Tricknology«, in: *The Wire* 133 (März 1995), S. 37.
[2] Ebd., S. 39.
[3] Hyperdub Records, »HDBCD001 – Burial – Burial«, September 2006.

verweist auf eine Stadt, in der nicht nur Vergangenes, sondern auch verlorene Zukunft herumspukt. Weniger die nahe Zukunft scheint daher hier Gegenstand als der quälende Schmerz ihrer Unerreichbarkeit. *Burial* wird von dem, was einmal war, ebenso heimgesucht wie von dem, was gewesen sein könnte – doch am stärksten ist die Klage über das, was auch jetzt noch eintreten könnte. Das Album erinnert an das verblasste, zehn Jahre alte Tag eines Graffiti-Künstlers, dessen Rave-Träume im völligen Stillstand nervtötender Jobs zerstoben sind.

Burial ist eine Elegie auf das Hardcore-Kontinuum, ein *Memories From The Haunted Ballroom* der Generation Rave. Es ist, wie durch die verlassenen Räume zu streifen, die sich einst Raves angeeignet hatten, und sie erneut menschenleer und heruntergekommen vorzufinden. Gedämpft hupen Drucklufthörner, wie Geister vergangener Raves. Zerbrochenes Glas knirscht unter den Füßen. MDMA-Flashbacks rufen ein untotes London auf, wie in *Jacob's Ladder* Halluzinogene Dämonen der New Yorker U-Bahn entsteigen lassen. Soundhalluzinationen verwandeln den Rhythmus der Stadt in anorganisches Sein, eher deprimierend als bösartig. In den Wolken lassen sich Gesichter erkennen, im Knistern sind Stimmen zu vernehmen. Was eben noch wie ein gedämpfter Bass klang, ist nichts weiter als das Poltern von U-Bahn-Waggons.

Burials Trauer und Melancholie heben sich ab vom emotionalen Autismus und der Strenge von Dubstep. Mein Problem mit Dubstep bestand immer darin, dass in dem Moment, da Dub als positive Entität begründet wurde, ohne jeglichen Bezug zu Song- oder Popstrukturen, dem Ganzen häufig das Gespenstische abhandenkam, das die Subtraktion im Herstellungsprozess zunächst erzeugt hatte. Die Reduktion führte zunehmend dazu, nicht Raum zu schaffen, sondern eine bedrückende, klaustrophobische Eintönigkeit. Im Gegensatz dazu zeigt Burials schizophonische Hauntology eine dreidimensionale Schärfentiefe, die sich nicht zuletzt der Art verdankt, wie – bei aller Rückkehr zum Phono-Dezentrismus des Dub – den zu löschenden Stimmen eine privilegierte Rolle eingeräumt wird. Fetzen wehmütiger Vocals jagen durch die Tracks wie Schnipsel verwaister Liebesbriefe, die der Wind durch namenlose, von einer Katastrophe verwüstete Straßen treibt. Die Wirkung ist ebenso erschütternd bitter wie etwa die langen, nachgeführten Kameraeinstellungen, die bei sublimen Objekten des Verfalls verweilen, wie sie Andrei Tarkowski in seinem Film *Stalker* (1979) verwendet.

Burials London ist eine schwer angeschlagene Stadt, bevölkert von Ecstasy-Konsumenten auf Freigang aus psychiatrischen Einrichtungen, enttäuschten Liebhabern in Nachtbussen, Eltern, die es nicht fertigbringen, ihre 12″-Rave-Platten auf dem Flohmarkt zu verkaufen; ihre Gesichter sind von Ruhelosigkeit gezeichnet, doch ihre interpassiven nihilistischen Kinder verfolgt zugleich die Ahnung, dass die Dinge nicht immer so waren. Die Schwermut in Tracks wie »U Hurt Me« und »Gutted« ist beinahe übermächtig, hier treffen sich Dem 2 und Durutti Column aus der Zeit des *Vini Reilly*-Albums. »Southern Comfort« tötet den Schmerz lediglich ab. Aus Ravern wurden Scheintote; Burials Beats sind entsprechend alles andere als tot – wie das Ticken eines merkwürdigen Metronoms in der verlassenen Schule von Silent Hill, wie das träge Rattern eines mit Graffiti übersäten Geisterzugs auf dem Rangiergleis. Vor zehn Jahren verglich Kodwo Eshun den »wilden, dröhnenden Lärm« von No U-Turns »Hoover-Bass« mit »dem Sound von tausend Autoalarmanlagen, die gleichzeitig losgehen«.[4] Der gedämpfte Bass auf *Burial* ist der gespenstische Nachhall jenes Dröhnens, ausgebrannte Autos, die Erinnerung an den einstigen Lärm.

Tatsächlich erinnert mich Burial an Graffiti-Gemälde von Nigel Cooke. Die mürrischen Gestalten, die Cooke in seinen

[4] Kodwo Eshun, »Abducted by Audio«, in: *Swarm* 3, Winter 1998.

Bildern zeigt, sind perfekte visuelle Entsprechungen des Sounds von Burial. Vor einem Jahrzehnt beschworen Jungle und HipHop Teufel, Dämonen und Engel. Burials Tracks hingegen rufen nach den »Kette rauchenden und schluchzenden Gewächsen«, die in Cookes Malerei sehnsüchtig aufseufzen.[5] Bei einem Vortrag in der Tate Gallery stellte Cooke fest, die Heftigkeit von Graffiti beruhe zu einem guten Teil auf Geschwindigkeit. Von daher gibt es eine Art Affinität zwischen der Art, wie Cooke Graffiti im »langsamen« Medium der Ölmalerei neu begründet, und dem, wie Burial die Hyperkinese des Rave durch getragene Melancholie subvertiert (oder dubvertiert?). Der ramponierte AfroNoFuturismus von Burial schafft in den nuller Jahren für London, was Wu Tang in den Neunzigern für New York schafften. Das Album bietet, was Massive Attack immer versprachen, aber nie wirklich erreichten. Es ist all das, was Goldies *Timeless* hätte sein sollen. Es ist das Dub City-Gegenstück zu Luomos *Vocalcity*. *Burial* ist eines der Alben des Jahrzehnts. Vertrauen Sie mir.

[5] South London Gallery, Nigel Cooke: A Portrait of Everything, 30. März – 14. Mai 2006 (Ankündigungstext).

Die Unmöglichkeit der Gegenwart: *Theoretically Pure Anterograde Amnesia* von The Caretaker

(*Liner Notes, Mai 2006*)

Leiden wir heute möglicherweise *alle* in lehrbuchmäßig reiner Form an anterograder Amnesie?

Oliver Sacks' Fallstudiensammlung *The Man Who Mistook His Wife for a Hat* (dt. *Der Mann, der seine Frau mit einem Hut verwechselte*) und Christopher Nolans Film *Memento* haben die Symptome des Zustands hinläufig bekannt gemacht – auch wenn fälschlicherweise oft von einem Ausfall des Kurzzeitgedächtnisses gesprochen wird.[6] Tatsächlich merken sich die Patienten durchaus neue Bewusstseinsinhalte, behalten sie aber nicht im Gedächtnis. Es erfolgt keine langfristige Aufnahme. Eine solche Amnesie ist anterograd und nicht retrograd, insofern Erinnerungen an Dinge vor dem Einsetzen des Zustands davon nicht berührt sind. Zumindest *theoretisch*: Faktisch werden wohl auch die älteren Erinnerungen sukzessive nachlassen.

Auf dem Album *Theoretically Pure Anterograde Amnesia* hat eine in der Musik von The Caretaker immer schon angelegte Tendenz gleichsam einen Kulminationspunkt erreicht. War das Thema bislang die Sehnsucht nach der Vergangenheit, so ist es nun die Unmöglichkeit der Gegenwart.

Das Album *Selected Memories From The Haunted Ballroom* war noch eine Art mnemonisches Implantat für Replikanten, die gefälschte Erinnerung an populäre Tanztee-Melodien der zwanziger und dreißiger Jahre. All jene unter

[6] Oliver Sacks, *The Man Who Mistook His Wife for a Hat*, London: Duckworth, 1985 (dt. *Der Mann, der seine Frau mit einem Hut verwechselte*, übers. von Dirk van Gunsteren, Reinbek: Rowohlt, 1987); *Memento*, USA, 2000.

uns, denen Al Bowllys Schmachten in *The Shining* und *Pennies From Heaven* als sanfte Sehnsucht im Kopf herumspukt, traf unausweichlich ein Erinnerungsflash: der glamouröse Geisterball, Bobfrisuren, im Kerzenlicht schimmernde Perlenketten und Tanzbewegungen von eleganter Anmut.

Eine verborgene Referenz findet sich darüber hinaus auf den Roman *La invención de Morel* (dt. *Morels Erfindung*), Adolfo Bioy Casares' phantastische Science-fiction-Liebeserklärung an Louise Brooks.[7] (Der Roman beeinflusste wiederum Alain Resnais' *L'Année dernière à Marienbad* und insofern auch Stanley Kubricks *The Shining*.) Bioy Casares erdachte eine Inselwelt, in der die Geister der Schönen und der Verdammten auf ewig bewahrt sind, und in der ihre kleinen Gesten ebenso wie ihre banalen Unterhaltungen sich durch die ständige Wiederholung in sakrale Artefakte verwandeln. Morels Erfindung, die auf der Insel installierte Simulationsmaschine, ist natürlich das Kino – und wer hätte nicht von Zeit zu Zeit den Wunsch, wie Bioy Casares' Held Teil des Geschehens auf der Leinwand zu werden und endlich mit den so lange Zeit sehnsüchtig betrachteten Geistern zu sprechen? Es ist die gleiche Verlockung, der Jack Torrance in *Shining* erliegt, wenn er die konsensuelle Halluzination des Overlook betritt. Der Gold Room, wo eine feine Gesellschaft aus der Zeit Scott Fitzgeralds sich auf ewig an Esprit, Kokain und Reichtum delektiert, ist auf eine perfekte Art himmlisch. Doch du kennst den Preis dafür, in den Himmel zu kommen, Jack, oder?

Oder, Jack?

Es ist der feuchte, schimmelige Geruch der Gruft, von Parfum und Schminke niemals ganz überdeckt, der bei der Musik von Caretaker das *easy listening* stört und dafür

[7] Adolfo Bioy Casares, *La invención de Morel*, Buenos Aires: Losada, 1940 (dt. *Morels Erfindung*, übers. von Gisbert Haefs, Frankfurt a. M.: Suhrkamp, 2003).

sorgt, dass ein Unbehagen, ein mulmiges Gefühl bleibt. Auf Dauer lassen sich die am äußersten Rand unserer audiovisuellen Wahrnehmung lauernden Schatten nicht ignorieren; die Reise auf den Spuren der Erinnerung ist wundervoll berauschend, doch bleibt der bittere Beigeschmack. Ein Entsetzen, blass nur, gleich einem dumpfen, doch hartnäckigen Bewusstsein drohenden Unheils und eigener Sterblichkeit, wie es die ausschweifend Feiernden in Edgar Allan Poes Erzählung »The Masque of the Red Death« (dt. »Die Maske des Roten Todes«) plagt.

Doch das ist nicht alles.

Noch etwas anderes stimmt nicht.

Sepiatöne und Weichzeichner verdanken sich Photoshop, soviel ist klar. Die dicken Teppiche und das Teeservice aus Porzellan aber gab es in Wirklichkeit nie, nicht bei uns. Wir befinden uns in einer Simulation, wir sehen mit dem geistigen Auge eines anderen. Der verwaschene, honigsüße, schemenhafte, verhallte Sound warnt uns, dass dies hier nicht die Dinge selbst sind, sondern die Art, wie eine fremde Erinnerung sie sieht.

Auf *Theoretically Pure Anterograde Amnesia* hat sich die Konstellation auffallend verschlimmert. Alles wirkt, als sei die Overlook-Simulation erschöpft. Die Lichter sind erloschen, das Hotel ist verfallen, eine ausgebrannte, lange schon entkernte Ruine. Die Tracks wirken fahl und beinahe schon transluzent.

Das Geisterhafte speist sich nicht länger aus der tödlich süßen Verlockung der Nostalgie. Es geht nicht mehr um eine Sehnsucht nach der Vergangenheit, sondern um die Unfähigkeit, ihr zu entkommen. Wir finden uns in einem einzigen schwarzgrau nieselnden Rauschen wieder, in einem Nebel aus Knistern und Knacken. Warum rauscht hier die ganze Zeit der Regen? Oder hört man da nur einen Fernseher, bei dem kein Sender eingestellt ist?

Wo sind wir?

Die Umgebung erscheint uns durchaus vertraut. Dennoch

ist schwer zu sagen, ob wir das zuvor schon einmal gehört haben oder nicht. Es gibt nicht viel, das die Orientierung erleichtern würde. Wenige Marksteine. Die Tracks tragen Nummern, keine Namen. Sie lassen sich in jeder beliebigen Reihenfolge anhören. Es geht geradezu darum, sich zu verirren. In einer solch unüberschaubaren Landschaft, später Beckett, fällt das leicht. Geschichten kommen einem in den Sinn. Konfabulation wird das genannt: die abstrakten, sich im Dunst und Nebel abzeichnenden Formen in einen Sinnzusammenhang zu stellen, daraus eine Erzählung zu schaffen.

Wer bearbeitet bloß den Film, warum all diese abrupten Schnitte?

Schon jetzt ist es sehr wenig, sind es nur ein paar gespenstische Refrains, die in den Tiefen der Seele nachhallen, die uns von der Wüste des Realen trennen.

Bilden wir uns nicht ein, die Situation betreffe nur einige wenige Unglückliche. Ist nicht vielmehr die lehrbuchmäßig reine Form anterograder Amnesie der postmoderne Zustand par excellence? Die Gegenwart – gebrochen, trostlos – verwirft sich ständig selbst, hinterlässt wenige Spuren. Manche Dinge fesseln eine Weile unsere Aufmerksamkeit, doch bleiben sie uns nicht lange im Gedächtnis. Doch die alten Erinnerungen bestehen fort, bleiben intakt und fortwährend im Gedächtnis ... *Ich liebe 1923*...

Sind wir wirklich substantieller als die Geister, denen wir immerfort applaudieren?

Die Vergangenheit lässt sich nicht vergessen, und die Gegenwart lässt sich nicht im Gedächtnis bewahren.

Passen Sie auf sich auf. Es gibt eine Wüste da draußen...

Gedächtnisstörung: James Kirby im Archiv

(*The Wire 304, Juni 2009*)

»Gedächtnis und Erinnerung haben mich immer schon fasziniert, und insbesondere die Sound-Aspekte«, schreibt James Kirby in einer E-Mail.

> »An manche Dinge erinnern wir uns leicht, andere scheinen wir uns einfach nicht behalten zu können. Dieser Idee versucht das Box-Set [*Theoretically Pure Anterograde Amnesia* von 2006] weiter nachzugehen, dessen Ausgangspunkt eine spezifische Form der Amnesie ist, bei der die darunter Leidenden sich zwar an Dinge aus der Vergangenheit erinnern können, doch nicht in der Lage sind, sich Neues zu merken. Ich fand es wirklich reizvoll, das auf der Soundebene nachzubilden. Dabei stellte ich fest, dass das Set, sollte es funktionieren, sehr desorientierend wirken musste, mit ganz wenigen Referenzpunkten. Melodiefragmente, die plötzlich in dem monotonen Sumpf aus Tonmaterial und Geräuschen auftauchen. Selbst wenn wir die Tracks immer und immer wieder anhören, werden wir uns wohl kaum entsinnen, wann und wo die Melodien einsetzten. Da gibt es keine Lieblingstracks, es ist wie der Versuch sich an einen Traum zu erinnern. Manche Dinge sind klar, doch die Details bleiben immer noch unerreichbar im Dunkel.«

Kirby beschreibt hier recht präzise die beunruhigende Erfahrung beim Anhören von *Theoretically Pure Anterograde Amnesia*.[8] Mit der Veröffentlichung des Sechs-CD-Box-Sets

[8] The Caretakter, *Theoretically Pure Anterograde Amnesia*, 6 CDs, V/Vm Test Records, 2006.

verließ sein Projekt The Caretaker das Feld atmosphärischer Nostalgie, um sich der eindringlichen Erkundung gestörter Erinnerung zuzuwenden. Die Veröffentlichung ist eher eine Soundinstallation als ein Album, und der konzeptionelle und strukturelle Reichtum des Ganzen lässt vieles aus dem Sound Art-Bereich blass aussehen. Die ersten drei Caretaker-Alben – *Selected Memories From The Haunted Ballroom* (1999), *A Stairway To The Stars* (2001) und *We'll All Go Riding On A Rainbow* (2003) – hüllten gesampelten britischen Tearoom-Pop in warmes Licht und eine Aura aus Knistern und Hall. Bei *Theoretically Pure Anterograde Amnesia* treten die Effekte und Geräusche in den Vordergrund, und statt sanft verschlissener Tanzteemusik entsteht eine undurchdringliche Düsternis, abstrakt und minimalistisch wie eine Beckett'sche Landschaft. Echos und Resonanzen treiben losgelöst von jeder erkennbaren Klangquelle durch ein Meer aus Schwirren und Rauschen. Ließen die früheren Alben Räume entstehen, schimmelig zwar, doch immer noch prächtig – heruntergekommene einstige Grand Hotels und lange schon leer stehende Ballsäle –, beschwört *Theoretically Pure Anterograde Amnesia* den totalen Verfall, Orte, an denen jedes nicht identifizierbare Geräusch bedrohlich wirkt. Die 72 namenlosen und lediglich durchnummerierten Tracks simulieren einen amnestischen Zustand, während die wenigen Bruchstücke bekannter Melodien, die hier und da in der Dunkelheit aufblitzen, wie temporäre Inseln erscheinen, Momente des Bekannten und Vertrauten in einer feindselig gewordenen, nicht wiedererkennbaren Welt.

»Vielleicht spielt ein wenig schwarzer Humor eine Rolle, eine Art akustische schwarze Komödie«, meint Kirby über das Caretaker-Projekt, doch die Ernsthaftigkeit des Ganzen passt nicht zur Prankster-Attitüde. Dabei hatte Kirbys Label V/Vm sich 1998 des Hits »Mouldy Old Dough« von Lieutenant Pigeon angenommen, unmittelbar nachdem *The Wire* (in Nummer 176) das Label unter dem Slogan »Harder!

Faster! Louder!« in einer Coverstory vorgestellt hatte; die Veröffentlichung gehört in eine Reihe von Massakern an Mainstream-Titeln – auch Stücke von Chris de Burgh, John Lennon und Elton John wurden geschlachtet, zerlegt und neu zusammengebaut.

Im Fokus von Kirbys Schaffen, einschließlich der V/Vm Collagen, steht letztlich durchgängig das kulturelle Gedächtnis. Arbeiten die Pop-(Sub-)Versionen von V/Vm eher mit den Mitteln des grellen postmodernen Pastiche, widmet sich The Caretaker der dunklen Seite kultureller Erinnerung. So bemüht sich *Theoretically Pure Anterograde Amnesia* in vielerlei Hinsicht um eine Diagnose kultureller Pathologien. Es mag seltsam erscheinen, eine Kultur wie die unsere, die so vollständig unter der Dominanz vergangener Formen steht, als auf Amnesie beruhend zu beschreiben, doch die heute so allgegenwärtige Nostalgie charakterisiert tatsächlich nicht so sehr eine Sehnsucht nach der Vergangenheit als vielmehr das Unvermögen, neue Erinnerungen zu bewahren. Fredric Jameson sieht eine der Blockaden postmoderner Kultur darin, dass wir nicht in der Lage sind, »uns auf unsere eigene Gegenwart zu konzentrieren, als ob uns die Fähigkeit abhandengekommen wäre, unsere Gegenwartserfahrung ästhetisch darzustellen«.[9] Die Vergangenheit kehrt immer und immer wieder, weil wir keine Erinnerung der Gegenwart bewahren.

Gedächtnisstörungen waren in den vergangenen Jahren vor allem in Kinofilmen ein Thema: So quält beispielsweise Leonard, die Hauptfigur in Christopher Nolans *Memento*, eine lehrbuchmäßige Form anterograder Amnesie, und auch die enorm erfolgreichen *Bourne*-Filme haben den Verlust der Erinnerung zum Gegenstand. Es sollte indes nicht überraschen, dass im Spätkapitalismus die Sorge um die Erinne-

[9] Fredric Jameson, »Postmodernism and Consumer Society«, in: ders., *The Cultural Turn. Selected Writings on the Postmodern*, 1983-1998, London/New York: Verso, 1998, S. 9.

rung immer wieder auftaucht. Wie Jameson und andere aufgezeigt haben, ist es die permanente ökonomische Instabilität in Verbindung mit einer ungeheuren Flut ephemerer Bilder, die zum Zusammenbruch der Fähigkeit führt, Zeitlichkeit Kohärenz und Sinn zu verleihen.

Kirby hat sich dem Ausfallen der Zukunft in einem weiteren seiner Projekte, *The Death Of Rave* von 2006, noch aus einem anderen Winkel genähert. Hier wird Rave entsubstantialisiert, Drum and Bass, Antrieb und Masse, werden abgestreift und auf Weichzeichner und Nebel reduziert. Die Tracks klingen, als drängen sie durch die Mauern des Clubs nach draußen. Der Sound ist letztlich eine ungeheuer präzise Klangmetapher auf unsere gegenwärtige Exilsituation, nach den futuristisch-aufregenden Innovationen in der Dance-Szene der 1980er und 1990er Jahre.[10] Kirby:

> »Natürlich, das Projekt steckt aber wirklich noch in den Kinderschuhen. Es entstand als Teil des *V/Vm 365*-Projekts, das sich vorgenommen hatte, einen Audio-Track pro Tag zu produzieren. Als ich jünger war, war ich regelmäßig auf Raves, habe die ganze Explosion in der elektronischen Musik von '87 bis etwa '92/93 miterlebt; es schien damals, als entstehe jede Woche ein neues Genre. Es war eine großartige Zeit in der Musikszene, man hörte so vieles, da passierte etwas, es eröffneten sich viele neue Möglichkeiten. Man konnte die von der neuen Musik auf Dancefloors und in Clubs freigesetzte Energie regelrecht sehen und spüren. Ich glaube, bei *The Death Of Rave* geht es um den Verlust dieses Spirits und darum, dass weiten Teilen der elektronischen Musikszene ihre Energie abhandengekommen ist. Wenn ich heute in einen Club gehe, bedaure ich, ehrlich gesagt, die Leute, denn es fehlt einfach eine solche Energie. Klar, es gibt ein paar angeblich sehr coole Clubs hier in Berlin, Clubs wie das Water-

[10] V/Vm, *The Death Of Rave*, Vukzid, 2006.

gate oder das Berghain, aber wenn du sie mit den Clubs in den späten Achtzigern und frühen Neunzigern in Manchester vergleichst – das ist wirklich kein Vergleich. Natürlich entstehen auch heute neue Dinge, aber sobald etwas anfängt größer rauszukommen, und bevor es überhaupt Luft holen konnte, haben es die Leute mit irgendwelchen Onlinesachen häufig schon erstickt – das macht den Unterschied aus. Nicht selten sind eine Szene und eine neuer Stil tot, bevor sie überhaupt richtig da waren. House und Techno beispielsweise brauchten eine ganze Weile, um sich in Chicago und Detroit entwickeln zu können. Heute bleibt keine Zeit mehr; sobald eine Idee aus dem Hut gezaubert ist, wird sie endlos kopiert, und schon ist die Energie verpufft. ›Energie‹ ist zweifellos das Schlüsselwort – sie ist das, was mich immer inspiriert hat. Für mich geht es bei den *The Death Of Rave*-Tracks darum, wie dem Rave alle Energie und der ganze Spaß entzogen wird, wie Rave zu Grabe getragen wird, wenn du so willst.«

Die Tracks sind wie Energie-Flashbacks, rekonstruierte fragile Rave-Gebilde in einem akut serotoninunterversorgten Gehirn.

The Stranger, Kirbys anderes Projekt, konzentriert sich statt auf Zeit auf das Thema Raum. Kirby:

»The Stranger ist zweifellos eine dunklere Version von The Caretaker, und zugleich der nächste Verwandte. Bei The Stranger geht es darum, im Sound einen physischen Ort zu schaffen. Das letzte Album etwa[11] beschäftigt sich mit Bleaklow, einem Ort im Peak District, der an dunklen, grauen Tagen recht unwirtlich wirkt, doch an sonnigen Tagen auch sehr schön sein kann. Es ist eigenartig, aber ein paar Leute, die mal dort oben waren, haben mich kontaktiert und festgestellt, ich hätte die Atmosphäre per-

[11] The Stranger, *Bleaklow*, V/Vm Test Records, 2008.

fekt eingefangen; sie hörten die Tracks, als sie dort oben wandern waren. Ich denke, man kann es wirklich hören, wenn ein Sonnenstrahl ganz ungewohnt den schiefergrau verhangenen Himmel da im Norden durchbricht.«

Kirby selbst lebt inzwischen in Berlin.

»Ich ging nach Berlin, weil es die Atmosphäre und die Möglichkeiten einer Großstadt bietet, aber auch zum Nachdenken eine Menge Platz ist, und außerdem ist es leicht, hier in den dunklen Straßen unterzutauchen. Zudem ist die Stadt nicht so brutal wie Manchester, es gibt mehr Offenheit, die Leute lassen sich nicht so von Medien und Schlagzeilen beeinflussen.«

Dennoch bleiben The Stranger wie auch The Caretaker Projekte, die fest in einer bestimmten Art von *Britishness* verankert sind: »Oft ist ausschließlich britische Musik das Ausgangsmaterial.« Wenn The Caretaker britische populäre Musik der Prä-Rock-Ära ausgräbt, so kommt einem auch Dennis Potters von der BBC produziertes Miniserien-Musical *Pennies from Heaven* (1978) in den Sinn.

»Der Soundtrack in *Pennies from Heaven* ist faszinierend, der Schwung, die Farbigkeit und natürlich die Art, wie Dennis Potter die traurigen Songtexte einsetzt, um die Story zu erzählen. Das ist wirklich etwas Besonderes, all diese Songs sind selbst kleine Geschichten. Auch der Film *Carnival of Souls* [dt. *Tanz der toten Seelen*, 1962] von John Clifford und Herk Harvey wäre so ein Bezugspunkt, der Soundtrack zur Schlussszene hätte sich ebenso gut auf *A Stairway To The Stars* finden können. Ich habe den Film allerdings erst gesehen, nachdem Leute mich darauf aufmerksam gemacht hatten. Das läuft häufig so, Leute ziehen zu irgendetwas eine Verbindung und denn gehe ich dem selbst nochmal nach.«

Der wichtigste Anstoß für The Caretaker aber bleibt natürlich Stanley Kubricks *The Shining*. Der Name The Caretaker – der Hausverwalter – stammt selbst aus dem Film; er steht für das unausweichliche Schicksal der Hauptfigur Jack Torrance im eingeschlossenen Overlook-Hotel. »Sie sind hier der Hausverwalter. Von Anfang an waren Sie es«, erfährt Torrance in einer der gespenstischsten Szenen des Films. Die Grundidee war einfach: Inspiriert durch »die eindringlichen Sequenzen, in denen die Musik des Tanzorchesters zu hören ist, das allerdings nur in Jacks Einbildung spielt«, dachte Kirby, warum nicht ein ganzes Album mit Material produzieren, das ebenso gut im Ballsaal des Overlook hätte erklingen können? Auf dem Soundtrack von *The Shining* finden sich unter anderem zwei Stücke von Al Bowlly, dem bekannten Schnulzensänger der Zwischenkriegszeit; in Potters Musicalserie tauchen Bowllys Melodien häufig auf, und auch Kirby wählte ähnlich gelagertes Material aus.

> »Ich habe eine Menge Zeit damit verbracht, Musik aus jener Zeit herauszusuchen, bestimmt zwei oder drei Jahre. Gleichzeitig habe ich aber auch schon angefangen, mit diesem Rohmaterial herumzuspielen. Interessant finde ich, dass es in diesen Stücken sehr, sehr oft um Geister und Verlusterfahrungen geht; es ist ja Musik, die in den Jahren zwischen den beiden Weltkriegen aufgenommen wurde. Sie stammt aus einer ganz anderen und mehr oder weniger vergessenen Zeit. Wie das musikalische Material inspirierten auch die Titel weitere neue Ideen. Außerdem hatte ich das Glück, dass es ganz in der Nähe, in Stockport, einen großartigen Plattenladen gab, spezialisiert auf alte 78er, den zwei ältere Typen führten. Ich ging mit irgendeinem Stück hin und fragte, ob es etwas Ähnliches gebe, und sie verschwanden daraufhin hinten im Laden, gruben einen alten Katalog aus den dreißiger Jahren aus und dann kamen sie mit den Platten. Es war eine faszinierende

Fundgrube, traurigerweise gibt es sie aber nicht mehr, da einer der beiden verstarb und der andere daraufhin beschloss, den Laden zuzumachen. Dort drinnen war es wie eine Zeitreise, wie ein Trip dreißig oder vierzig Jahre in die Vergangenheit. Sie schrieben ihre Quittungen mit der Hand, und die Hälfte ihrer Sachen war dort in diesem Hinterraum, zu dem sie niemandem Zutritt gewährten. Sie hatten keine Ahnung, was ich mit den Alben, die ich da kaufte, vorhatte, aber einmal meinte einer der beiden: ›Sie sind zur falschen Zeit geboren, niemand in Ihrem Alter interessiert sich für diese Musik.‹«

Für sein nächstes Projekt konzentriert sich Kirby wieder stärker auf die jüngere Vergangenheit.

»In meinem Kopf gibt es seit einer Weile die Idee zu einem Scargill/Thatcher-Projekt. Dafür ist jetzt die richtige Zeit, schließlich nähern wir uns dem 25. Jahrestag des großen Bergarbeiterstreiks.[12] Anderswo wurde eine Menge über diesen Konflikt, seinen Ausgang und die Folgen geschrieben; ich habe viel online recherchiert und faszinierendes Material herausgesucht, das noch bearbeitet werden muss. Das Ganze soll, was den Stil angeht, eng an The Caretaker angelehnt sein, denn auch hier soll durch die Bearbeitung eine Art undeutlich erinnerte Version der Geschichte suggeriert werden. Ein Teil des Materials ist total gespenstisch, da gibt es Aufnahmen aus dem Jahr 1984 von Bergleuten auf VHS, die Qualität ist wirklich mangelhaft und die Tonspur läuft nicht synchron zum Bild. Man sieht alles wie in einem Traum. Das Ganze ist in erster Linie ein Video-Projekt; daneben wird es eine unglaublich reduzierte Audio-Veröffentlichung geben, mit Tonmaterial von den Videos und ein paar exklusiven Audio-Arbeiten.«

[12] Gemeint ist der britische Bergarbeiterstreik 1984/85.

Kirbys Projekt fügt sich in eine ganze Reihe neuerer Arbeiten zum Bergarbeiterstreik ein, darunter Jeremy Dellers in Kooperation mit Artangel realisiertes Reenactment *The Battle Of Orgreave* und David Peace Roman *GB84*.

2008 entschloss Kirby sich, das Label V/Vm einzustellen.

> »V/Vm war für vieles, was ich gemacht habe, das Vehikel, doch ich glaube, dass wir inzwischen als Musikkonsumenten einen Punkt erreicht haben, an dem Labels nicht mehr so eine Rolle spielen; viel wichtiger sind heute die Verfügbarkeit und die Zugänglichkeit der Arbeiten.«

Zum Teil sind es die Möglichkeiten, die sich mit dem Online-Vertrieb von Musik eröffnen – von Kirby immer enthusiastisch beurteilt –, die ihn dazu brachten, V/Vm einzustellen. Zudem nutzte er »für neue Projekte den Namen V/Vm immer seltener. Und ich arbeitete gerade an einem sehr persönlichen Album, bei dem es um Stimmungen ging, die ich transportieren wollte, und da dachte ich, ich werde wohl meinen eigenen Namen dafür verwenden.« *History Always Favours The Winners*, so der Titel, erscheint unter dem Namen Leyland Kirby. »Leyland ist der Name meines Großvaters und mein Mittelname. Es gibt da draußen bereits zu viel James Kirbys, die Musik machen, wenn man Google glaubt. Doch mit Leyland stehe ich bei Google nur noch in Konkurrenz mit einem Glamour-Model aus Sheffield.« Die Musik für das Leyland Kirby-Album wurde ohne die Verwendung von Samples produziert, doch die Zeit in den digitalen Archiven hat fraglos ihre Spuren hinterlassen. Die Tracks sind gespenstisch unzeitgemäß, grazil, getragen und zeigen Filmmusikqualitäten. In dem Stück »When Did Our Dreams And Futures Drift So Far Apart« durchzieht ein tieftrauriges, gebrochen widerhallendes Piano gedämpfte elektronische Strukturen. »The Sound Of Music Vanishing« ist eher eine ungestüme Auseinandersetzung mit vereitelter Erinnerung – als ob Erinnerungsfetzen heranrauschten, um im selben Augenblick wieder verwischt zu werden, wie bei William Basinski, nur dass die Tapes brachial geschreddert werden, statt sich langsam aufzulösen. Das epische »When We Parted My Heart Wanted To Die« schließlich zeigt eine zunehmend verzweifelte Melancholie, die an Angelo Badalamenti erinnert.[13]

Das Projekt The Caretaker wird ebenfalls weitergeführt.

> »Ich habe schließlich angefangen, unter dem Namen The Caretaker live aufzutreten. Gewöhnlich lasse ich einfach die Musik aus den Boxen kriechen, als ob tatsächlich der Ort die Töne hervorbrächte oder die Sounds sich nur im Kopf abspielten. Vergangene Woche spielte ich in Athen in einem pechschwarzen Raum, das funktionierte gut; vielleicht kann ich in solche Live-Shows noch ein paar Videosequenzen einbauen, doch müssten sie eigenständig zum Audio hinzutreten und nicht vom Zuhören ablenken. Natürlich habe ich Interesse an relevanten Orten. Ein Auftritt im Blackpool Tower beispielsweise wäre großartig; der Saal dort ist ein Musterbeispiel eines viktorianischen Tanzsaals und deshalb perfekt für diese Art auditiver Erinnerung.«

»Bei der Produktion der Alben geht es, mehr als alles andere, um die Erforschung von Gemütslagen«, antwortet Kirby auf die Frage nach der Entstehung der Caretaker-Aufnahmen.

> »Du kennst das Quellenmaterial, möglicherweise hörst du eine lyrische Wendung, die dich auf eine Idee bringt, oder du liest einfach etwas; so war es beim *Anterograde*-Box-Set, aus dem wiederum eine andere Idee entstand, sodass sich neue Abschweifungen und Möglichkeiten ergaben.

[13] Leyland Kirby, *Sadly, The Future Is No Longer What It Was*, History Always Favours The Winners, 2009.

Ohne ins Detail zu gehen: Die Materialien werden digital komplett überarbeitet, bis die richtige Stimmung zum Vorschein kommt. Sehr wichtig ist auch, dass ich in der richtigen Stimmung bin, um diese Musik zu machen, die sich, denke ich, vor allem auf den Alben aus jüngerer Zeit findet, im Unterschied vielleicht zum allerersten Album. Mir gelingt es inzwischen einigermaßen, Tage zu erkennen, an denen ich bei der Arbeit an einem bestimmten Projekt gute Ergebnisse erziele. Es ist wirklich merkwürdig, doch wenn ich mir die Musik nochmal anhöre, gibt es da eine ganze Palette von Gefühlen: Verlust, Glück, Verlorenheit, Reue, Sehnsucht. Mag sein, dass das musikalische Ausgangsmaterial selbst das bereits inspiriert, aber trotzdem gibt es immer noch eine Menge persönlicher Momente in diesen Alben. Vermutlich sind auch eine Reihe meiner eigenen Erinnerung darin eingewoben.«

Wenn Kirby von The Caretaker berichtet, fällt immer wieder das Wort »Recherche«.

»In den vergangenen paar Jahren habe ich eine Menge online recherchiert und mir auch viele Dokumentationen über Leute angeschaut, die unter cerebralen Störungen leiden oder Probleme mit dem Gedächtnis haben. Das letzte Album [*Persistent Repetition Of Phrases*, 2008] nahm seinen Ausgang von einer Reihe von Zuständen, in denen die darunter Leidenden sich ständig wiederholen; entsprechend gibt es in den Tracks eine Menge Loops und Mikro-Loops, und das Ganze ist deshalb viel wärmer und freundlicher als das Box-Set. Nicht jede Erinnerung ist notwendigerweise schlimm oder verstörend.«

Auf *Persistent Repetition Of Phrases*, von *The Wire* zu einem der Top-Ten-Alben des Jahres 2008 gekürt, manifestiert sich zum einen eine Tendenz zu Schönheit, die *Theoretically Pure Anterograde Amnesia* vermissen ließ, doch findet sich zugleich eine eisige Luzidität, eine ausgesuchte Leidenschaftslosigkeit. Das Album betreibt Klärung und Konsolidierung.

»Die kommende Herausforderung besteht darin, die auf Denken und Erinnern bezogene Arbeit mit Sound woandershin zu verschieben, aber es wird Zeit brauchen, die neue Richtung zu finden. Es bedarf weiterer Recherchen, bevor ich sagen kann, welchen Weg zukünftige Untersuchungen einschlagen werden. Gerne würde ich diese Musik auch filmisch verwenden, dazu wäre sie bestens geeignet, vielleicht wird sich da irgendwo eine Tür öffnen.«

Von Anfang an: Das Unheimliche in *The Shining*

(k-punk-Eintrag vom 23. Januar 2006)

1. Der Sound der Hauntology

Hypothese: Hauntology weist eine ihr eigene sonische Dimension auf.

Das Wortspiel – *hantologie*, *ontologie* – setzt an und funktioniert im gesprochenen Französisch. Sonisch gedacht wirft Hauntology die Frage auf, wie zu hören ist, was nicht da ist. Die aufgenommene Stimme, die Stimme selbst garantiert nicht länger die Präsenz. »Wohin *geht* eigentlich die Stimme der Sängerin oder des Sängers, wenn sie im Dub-Track eliminiert wird?« (Ian Penman) Nicht Phonozentrismus, sondern Phonographie, *Sound*, der schließlich den displatzierten Ort der Schrift besetzt.

Außer uns Aufnahmen gibt es hier nichts …

2. Gespenster des Realen

Derridas Neologismus legt den Abstand zwischen dem Sein und dem Nichts frei.

The Shining – sowohl das Buch als auch der Film, und ich plädiere hier dafür, den ermüdenden Streit zwischen Stephen King-Fans und Kubrickianern endlich ruhen zu lassen und Roman und Film gleichermaßen als labyrinthisch-rhizomatisch zu begreifen, als Verkettung ineinandergreifender Korrespondenzen und Differenzen, eine Reihe von Türen –, *Shining* also handelt davon, was in jenem Abstand ruhelos lauert. Da der Spuk uns nicht loslässt, auch nachdem wir das Kino verlassen haben, sind die dort anzutreffenden Geister nichts Übersinnliches. Und erst wenn wir die Möglichkeit übersinnlicher Phänomene ausschließen, können wir uns in *The Shining*, wie bereits in *Vertigo* (1958), den realen Gespenstern stellen – den Gespenstern des Realen.

3. Der geisterhafte Ballsaal

Mark Sinker: »*Alle* Filme [Kubricks] sind absolut ›hörenswert‹ (wenn man das Wort in etwa dem gleichen Sinn verwendet wie ›sehenswert‹).«

Wohin

Die Grundidee des Albums *Memories From The Haunted Ballroom* von The Caretaker ist genial einfach: ein ganzes Album voller Songs, die ebenso gut in den Gold Room des Overlook-Hotels aus *The Shining* gepasst hätten. *Memories From The Haunted Ballroom* bietet eine Folge sanft entgrenzter, oneirisch delirierender Versionen populärer Tanztee-Melodien der zwanziger und dreißiger Jahre. Die Originalnummern versinken auf dem Album in einem Meer aus Hall und lösen sich so in einem suggestiven Audionebel auf; die Songs, obwohl nur noch Andeutungen ihrer selbst, wirken dadurch sogar noch eindringlicher. Al Bowllys »It's All Forgotten Now« beispielsweise, eines der Stücke, die auch Kubrick im *Shining*-Soundtrack verwendet, verschwindet teilweise in der Undeutlichkeit, der Track wird auf- und wieder ausgeblendet, ganz so, als sei er in der ätherischen Dimension eines träumenden Bewusstseins zu hören oder werde auf dem zu langsam laufenden Grammophon der Erinnerung abgespielt. Ian Penman schreibt: »Dub lässt der Stimme nicht ihre Eigentümlichkeit, sondern ent-eignet sie – das Studio bemächtigt sich ihrer auf einem Umweg durch die Tiefen digitaler Aufnahmetechnologie.«

VERSCHWINDET
die Stimme des Sängers?

Fredric Jameson: »… und es sind die Zwanziger, die den Helden verfolgen, von denen er besessen ist.«

Kubricks Regie entgeht nichts von der Mehrdeutigkeit der Formulierung »It's All Forgotten Now«. Das Unheimliche des Songs, heute wie vor 25 Jahren, als der Film in die Kinos kam, beruht zum einen auf dem (falschen, doch unvermeidlichen) Eindruck, er kommentiere sich selbst und seine Zeit, ganz so, als sei er ein Musterbeispiel dafür, wie jene Ära der bewunderten und verachteten Dekadenz und des Gatsby-Glamour sich schmerzlich-genussvoll ihrer eigenen schmetterlingshaften Vergänglichkeit und Zerbrechlichkeit bewusst war. Gleichzeitig unterstreicht der Ort des Songs im Film – das Stück läuft im Hintergrund, während der verwirrte Jack Torrance in der Herrentoilette den Kellner Grady zur Rede stellt, in dem er jenen Grady erkennt, der sich einst umbrachte, nachdem er seine Kinder brutal ermordet hatte –, dass Vergessenes immer auch bewahrt bleibt, nämlich durch den Mechanismus der Verdrängung.

Seltsam, Sir. Ich kann mich daran überhaupt nicht erinnern.

Warum besitzen diese Gold Room-Melodien, all diese Moonlight Serenades und Summer Romances eine solche Kraft? Caretakers geisterhafte Versionen der lange in Vergessenheit geratenen Stücke intensivieren etwas, das bereits Kubrick oder auch Dennis Potter in der populären Musik der Zwanziger und Dreißiger erkannt hatten: Die eigenartig schmerzliche Qualität dieser Songs rührt nicht zuletzt daher, dass sie selbst in ihren vordergründig fröhlichsten Momenten melancholisch bleiben, dazu verdammt, auf ewig für Stimmungen zu stehen, die sie evozieren, doch niemals inkarnieren können.[14]

[14] Vgl. hierzu auch Mark Fisher, »It's All Forgotten Now«, *k-punk*-Eintrag vom 25. Juli 2004.

Fredric Jameson zufolge repräsentiert die Gesellschaft im Gold Room pure Nostalgie, die Sehnsucht nach dem »letzten Moment, in dem eine genuin amerikanische *leisure class* eine aggressive und ostentative öffentliche Existenz führte. Diese amerikanische herrschende Klasse, der Zylinderhut und Champagnerglas zu Wahrzeichen wurden, entwarf ein klassenbewusstes und keineswegs apologetisches Bild ihrer selbst und genoss ihre Privilegien auf der gesellschaftlichen Bühne in aller Öffentlichkeit und ohne Schuldgefühle, gut sichtbar für alle anderen Klassen.« Die Bedeutung eines solchen eleganten und öffentlichen, nicht zu übersehenden Hedonismus ist allerdings nicht nur historisch, sondern auch psychoanalytisch zu interpretieren. Die hier inszenierte »Vergangenheit« ist keine tatsächliche historische Epoche, sondern vielmehr eine phantasmatische Vergangenheit, eine Zeit, die nur rückblickend – rückbeschwörend – einzusetzen ist. Der »geisterhafte Ballsaal« funktioniert in Jacks libidinöser Ökonomie als Ort der Zugehörigkeit, der es, eigentlich unvorstellbar, erlaubt, den Anforderungen des paternalen und des maternalen Über-Ich gleichermaßen gerecht zu werden, eine honigsüße, verträumte Utopie, in der Pflichterfüllung und Vergnügen gleichbedeutend sind. In seinen Gesprächen mit dem Barkeeper Lloyd und dem Kellner Grady findet der frustrierte Jack in Lloyd ein höflich nachsichtiges, dabei letztlich ausdrucksloses Gegenüber, während Grady als väterliche, patriarchale Stimme erscheint. Jack gelangt zu der Überzeugung, seine Pflichten als Mann und Vater zu vernachlässigen, sollte er nicht seinem Wunsch nachgeben, Frau und Kind zu töten.

So ist nun mal das Leben, mein lieber Lloyd... white man's burden...

Obgleich der Gold Room als ein männlicher Ort erscheint (und es auch kein Zufall ist, dass das Gespräch mit Grady in der Herrentoilette stattfindet), zugleich als der Ort, an dem Jack seinen »männlichen Pflichten« ins Gesicht sieht – qua männlicher Mittelsleute, die für das Hotel arbeiten, für das

»Haus« also, jenes Haus, auf das die Drinks gehen –, ist der Ballsaal doch auch der Raum, um der Aufforderung des maternalen Über-Ich nachzugeben: »Zum Wohl!«

Michel Ciment:

> »Als Jack im Overlook ankommt, beschreibt er diesen Eindruck von Vertrautheit und allgemeiner Zufriedenheit (›Es ist fantastisch‹), er möchte am liebsten ›für immer‹ bleiben, gesteht er und auch, dass er sich niemals ›so sehr gefreut‹ und es nirgendwo ›so angenehm‹ empfunden habe. Er erlebt eine Art Déjà-vu, das Gefühl, ›schon einmal da gewesen‹ zu sein. Wenn jemand, so Freud, ›von einer Örtlichkeit oder Landschaft noch im Traume denkt: Das ist mir bekannt, da war ich schon einmal, so darf die Deutung dafür das Genitale oder den Leib der Mutter einsetzen‹.«

5. Patriarchat / Hauntology

Vertritt Sigmund Freud – zuerst in *Totem und Tabu* und später, geringfügig variiert, in *Der Mann Moses und die monotheistische Religion* – nicht einfach die These: Das Patriarchat ist eine Hauntology? Der Vater – ob das obszöne Alphamännchen, der *Père-Jouissance* der Urhorde in *Totem und Tabu* oder der strenge und gebieterische Patriarch in *Der Mann Moses* – ist immer schon gespenstisch. In beiden Varianten wird der Vater von seinen aufgebrachten Söhnen, die den Garten Eden zurückerobern und »ungedämpfte Lust« genießen wollen, ermordet. Zu spät und mit dem Blut des Vaters an den Händen entdecken die Söhne die Unmöglichkeit eines solchen bedingungslosen Genießens. Von Schuldgefühlen gepeinigt stellen sie fest, dass der tote Vater überlebt – in der Selbstkasteiung des Fleisches und in der introjizierten Stimme, die ihn zu töten verlangt.

Michel Ciment: »Die Kamera selbst – ihre Fahrten, nach vorn, seitlich, rückwärts, in streng geometrischen Kreisen – trägt das ihre dazu bei, das Gefühl einer unerbittlich waltenden Logik und einer beinahe mathematisch strengen Entwicklung zu verstärken.«

Bereits bevor Jack das Overlook zum ersten Mal betritt, ist er vor seinen Geistern auf der Flucht. Der Horror aber, der absolute Horror besteht darin, dass er – Jäger und Gejagter zugleich – ausgerechnet dorthin flieht, wo jene auf ihn warten. Das ist das gnadenlose Verhängnis in *The Shining*. (Der Roman ist im Zweifelsfall in seinem strengen Ursache-Wirkungs-Diagramm sogar noch kompromissloser als der Film, wenn er die schicksalhafte Unvermeidlichkeit, die allumfassende Determiniertheit von Jacks Dilemma ausbreitet.)

Jacks Geschichte ist eine Geschichte der Gewalt. Die Familie Torrance verfolgt (in Roman und Film gleichermaßen) das Verhängnis, dass Jack Danny »etwas antun« wird – und zwar erneut. Jack ist bereits früher einmal ausgerastet und hat, als er betrunken war, Danny misshandelt. Ein Versehen, ein Irrtum, »ein vorübergehender Verlust von Muskel-Koordination. Ein paar extra Kilowatt Energie pro Sekunde, pro Sekunde!« Jack ist bemüht, seine Frau Wendy davon zu überzeugen, und Wendy versucht selbst daran zu glauben. Doch wie kommt es eigentlich dazu, dass ein stolzer Mann, ein gebildeter Mann wie Jack so weit herabsinkt, dass er, mit einem falschen, aalglatten Grinsen im Gesicht, einem schmierigen Hotelmanager-Nichts wie Stuart Ullman aus der Hand zu fressen gezwungen ist? Der Roman verrät es: Jack wurde als Lehrer gefeuert, weil er einen Schüler geschlagen hatte. Deshalb wird Jack den von Ullman im Overlook angebotenen Lakaienjob annehmen und sich glücklich dabei schätzen.

Die Geschichte der Gewalt reicht sogar noch weiter zurück. Was im Film fehlt, doch im Roman relativ breiten Raum einnimmt, ist die Beschreibung des Verhältnisses zwischen Jack und dessen Vater. Sie erzählt eine weitere Variante der verborgenen Geschichte des Patriarchats, die längst kein Geheimnis mehr ist: Missbrauch erzeugt Missbrauch. Jack verhält sich Danny gegenüber, wie sein eigener Vater sich ihm gegenüber verhielt. Und wie Danny sich später gegenüber dem eigenen Sohn verhalten wird?

Die Gewalttätigkeit wird weitergegeben wie ein Virus. Jack trägt es in sich, eine Photographie, die nur darauf wartet, entwickelt zu werden, ein aufgenommener Song, der jederzeit abgespielt werden kann.

7. Das unheimliche Heim

Das englische Wort *haunt* und seine Ableitungen sind vermutlich die engsten etymologischen Verwandten des deutschen »unheimlich«. Dessen Polysemie und Konnotationen entwirrt bekanntlich Sigmund Freud äußerst gewissenhaft in seinem berühmten Essay »Das Unheimliche« von 1919. So wie »der [deutsche] Sprachgebrauch das Heimliche in seinen Gegensatz, das Unheimliche übergehen lässt« (Freud), bezeichnet *haunt* sowohl das Heim, die häusliche Umgebung, als auch das, was diese beunruhigt oder heimsucht. Das *Oxford English Dictionary* nennt in diesem Zusammenhang als eine der ältesten Bedeutungen des Verbs »ein Heim, Obdach bieten«.

Entsprechend verorten die treffendsten Interpretationen *The Shining* zwischen Melodrama und Horrorfilm. (Auf vergleichbare Weise wird David Cronenbergs *A History of Violence* von 2005 zwischen Melodrama und Actionthriller angesiedelt.) Die grauenvollsten Dinge, der wahre Horror, spielen sich immer schon im Innern ab... Was könnte schlimmer sein?

Du würdest Mami oder mir nie was tun, oder?

8. Das Haus gewinnt immer

Doch welche Schrecken hält das große, beunruhigende Haus selbst bereit? Bezeichnenderweise droht es Frauen im Horrorgenre die eigenständige Existenz zu nehmen; die Frau wird entweder von der häuslichen Sphäre absorbiert oder aber sie schafft es nicht – wie Rebecca (selbst wiederum eine Figur nach dem Vorbild der Jane Eyre) –, sich gegen eine gespenstische Vorgängerin zu behaupten und deren Platz einzunehmen. In beiden Fällen verfügt sie über keinen eigenen Namen. Jacks Fluch wiederum besteht darin, ganz Patronym zu sein, während alles, was er tut, immer schon absehbar gewesen sein wird.

Sir, ich bitte Sie sehr um Vergebung, aber Sie sind hier der Hausverwalter. Von Anfang an waren Sie es. Ich weiß es, Sir. Ich war von Anfang an hier.

9. Ich bin gleich bei dir, Danny!

Walter Metz: »Wenn Jack mit der Axt in der Hand Danny durch den Irrgarten jagt und dabei ›Ich bin gleich bei dir, Danny‹ brüllt, prophezeit er die Zukunft des Jungen, doch zugleich ist es eine Warnung.«

Mag sein, dass es eine Prophezeiung von Dannys Zukunft ist, und gerade deshalb könnte er ebenso gut »Ich bin kurz vor dir, Danny« rufen. Körperlich kann Danny Jack vielleicht entwischen, doch psychisch? *The Shining* lässt in uns den furchtbaren Verdacht aufkeimen, Danny werde einmal wie sein Vater, der Schaden sei bereits angerichtet (war immer schon angerichtet, bereits vor seiner Geburt), die Aufnahme gemacht – die Photographie muss nur noch entwickelt, der Song abgespielt werden.

Zeige dich!

(Und wie entkommt Danny Jack? Indem er in den Fußstapfen des Vaters rückwärts geht.)

10. Das Trauma kennt keine Zeit

Jack: *Mr. Grady, Sie waren hier der Hausverwalter. Ich hab' Sie wiedererkannt. Sie waren doch in der Zeitung abgebildet. Sie haben... Sie haben doch Ihre Frau und Ihre beiden Töchter in Stücke gehackt. Und dann haben Sie sich selbst erschossen.*

Grady: *Seltsam, Sir. Ich kann mich daran überhaupt nicht erinnern.*

Zu welcher Zeit trifft Jack auf Grady?

Der Mord – und auch der Suizid – sind ganz offenbar bereits geschehen. Grady erzählt Jack, er habe seine Töchter »zur Ordnung rufen« müssen. Dennoch, und keineswegs überraschend – im Hintergrund ist leise Bowllys »It's All Forgotten Now« zu vernehmen –, blieb keines jener Ereignisse Grady im Gedächtnis.

Ich kann mich daran überhaupt nicht erinnern.

(Wir denken natürlich, die eigenen Kinder und sich selbst umzubringen, das ist nichts, was man vergessen würde... Doch andererseits ist es auch mit Gewissheit nicht das, an das man sich gegebenenfalls erinnern könnte. Es ist ein exemplarischer Fall für etwas, das verdrängt werden muss, das traumatische Reale.)

Jack: *Mr. Grady, Sie waren doch der Hausverwalter hier.*

Grady: *Sir, ich bitte Sie sehr um Vergebung, aber Sie sind hier der Hausverwalter. Von Anfang an waren Sie es. Ich weiß es, Sir. Ich war von Anfang an hier.*

11. Overlook

Overlook:

(von oben) überblicken;

übersehen; nicht beachten; ignorieren.

Hauntologischer Blues: Little Axe

(*k-punk-Eintrag vom 3. Oktober 2006*)

Wenn wir über Hauntology sprechen, sollten wir endlich *Beloved* (dt. *Menschenkind*) erwähnen: sowohl Toni Morrisons Roman als auch die bemerkenswerte Verfilmung von Jonathan Demme.[15] Bezeichnenderweise gründet Demmes Ruhm auf der dummen Schauergeschichte *The Silence of the Lambs* (dt. *Das Schweigen der Lämmer*), während *Beloved* in Vergessenheit geriet, verdrängt und ausgeblendet wurde. Anthony Hopkins' schauspielerische Schmierenkomödie als Hannibal Lecter war mit Sicherheit für niemanden gespenstisch, doch Thandie Newton in ihrer Darstellung der roboton steifen, unschuldig grausamen Beloved lässt einen fast nicht mehr los: fremd, verstörend und bewegend.

Wie *The Shining* erinnert uns *Beloved*, dass Amerika mit seiner ängstlichen, nie endenden Sehnsucht nach »Unschuld« von seinen eigenen Gespenstern verfolgt wird. In diesem Spuk erweist sich der vermeintliche Neubeginn der Neuen Welt, der Bruch mit der Vergangenheit als Wiederkehr der alten Schrecken. Die Gespenster sollten in der Alten Welt zurückgelassen werden, doch nun sind sie hier…

Während *The Shining* die Hauntologie der amerikanischen Familie freilegt und dabei auf einen Indianerfriedhof stößt, stürzt uns *Beloved* mitten in das Grauen des anderen amerikanischen Genozids: der Sklaverei und ihrer Folgen. Zweifellos ist der kommerzielle Misserfolg zumindest teilweise dem Umstand geschuldet, dass diese Wunden sich nicht schließen, die Geister allzu real sind. Wenn wir das Kino verlassen, gibt es vor den Schatten kein Entkommen; es sind

[15] Toni Morrison, *Beloved*, New York: Knopf, 1987 (dt. *Menschenkind*, übers. von Helga Pfetsch, Reinbek: Rowohlt, 1989); *Beloved* (dt. *Menschenkind*), USA, 1998.

Gespenster eines Realen, das nicht verschwindet und dem ins Auge zu sehen wir nicht wagen. Manche Kinobesucher beklagten, *Beloved* gehöre in die Kategorie Horror. Nun, es ist der Horror der amerikanischen Geschichte...

Beloved kommt mir häufig in den Sinn, wenn ich *Stone Cold Ohio* höre, Little Axes überragendes 2006er Album. Sie veröffentlichen schon seit Mitte der 1990er Platten, doch damals bestimmte die rasende Akzeleration von Jungle meine Wahrnehmung und ich war einfach nicht bereit, mich von schwermütigem Dub Blues verführen zu lassen. 2006 allerdings liegen die von Geistern heimgesuchten Bayous des *Stone Cold Ohio* im hauntologischen Heute, direkt neben dem von Phantomen belauerten South London Burials und den verwaisten Fernsehkanälen von Ghost Box.

Nachdem ich *Stone Cold Ohio* in die Hände bekommen hatte, hörte ich wochenlang wenig anderes; und lief das Album gerade mal nicht, tat es in der Regel eine der vier anderen Platten von Little Axe. Die Kombination schaurig berührender Stimmen, manche im Original, manche gesampelt, mit Dub Space und Drift macht zutiefst süchtig. Die Welt von Little Axe zieht einen in ihren Bann, heftig, oft quälend; allzu leicht verliert man sich im Dickicht und Nebel, in den auf Gleichgültigkeit und Gewalt gebauten Geister-Plantagen, in den provisorisch errichteten Kirchen, die kollektive Fluchtträume wachsen lassen...

Hirten...

Hörst du die Lämmer schreien?

Die Stücke von Little Axe sind zerfressen von kollektivem Leid. Eine gespenstische Mundharmonika erinnert an heulende Wölfe, Töne hallen lange nach, offen wie nicht verheilende Wunden, und in Songs voller Tadel, Schuld und Erlösungshunger verschmelzen die Stimmen der Lebenden mit denen der Toten. Doch auch utopische Sehnsüchte steigen aus den stinkenden Sümpfen und anonymen Gräbern auf, und sie mischen sich mit Momenten ungebeugten Widerstands und flüchtiger Freude.

Ich weiß, mein Name steht im Königreich geschrieben...

Little Axe ist Skip McDonalds Projekt. Durch die Zusammenarbeit mit Leuten wie den Ohio Players, der Sugarhill Gang oder Mark Stewart galt McDonald stets als Vertreter eines eher zukunftsorientierten Pop. Little Axe nun erscheint auf den ersten Blick als ein Abwenden vom kompromisslosen Zukunftsschock: McDonald kehrt zu so etwas wie seinen musikalischen Wurzeln zurück, zum Blues, den er sich auf der Gitarre seines Vaters aneignete. Doch haben wir es hier nicht mit der vertrauten, langweiligen Geschichte eines »reifen« Antimodernismus im Namen der Rück-Besinnung auf traditionelle Formen zu tun. Little Axes anachronistische Zeitlichkeit lässt sich vielmehr als eine weitere Welle des Zukunftsschocks begreifen, nur dass es diesmal um das gewaltige, nicht assimilierbare Trauma, die alle Science Fiction verschlingende Katastrophe der Sklaverei geht. (Doch vielleicht ging es darum schon immer...)

Gewiss lässt sich von Little Axe behaupten, »den Blues für das 21. Jahrhundert auf den neuesten Stand« gebracht zu haben, doch trifft umgekehrt ebenso zu, dass hier das 21. über das frühe 20. Jahrhundert gelegt wird. Die Dyschronie erinnert an Momente in Stephen Kings *It* (dt. *Es*), in denen alte Photographien zum Leben erwachen; die Sequenzialität der Zeit wird hier halluzinatorisch suspendiert. Oder auch, besser noch, an Octavia E. Butlers *Kindred* (dt. *Vom gleichen Blut*), in dem die Heldin aus der Gegenwart in den Alptraum der Sklaverei in der Zeit vor dem Amerikanischen Bürgerkrieg zurückversetzt wird. (Der Punkt aber ist: Der Alptraum endete in Wirklichkeit nie...) Zweifellos nimmt Blues in der popmusikalischen Metaphysik der Präsenz einen privilegierten Ort ein: Das Bild des solo Gitarre spielenden Singer-Songwriter steht im Rockismus emblematisch für Authentizität und Autorenschaft. Little Axes Rückkehr zu den vermeintlichen Anfängen erschüttert dies allerdings, wenn die Gespenster jener »Ursprünge« sichtbar werden. Hauntologisch tritt die Zeitlichkeit einer Geschichte voller

Lücken zutage, voller ausgelöschter Namen und plötzlich verschwundener Menschen. Die Gospel-, Spiritual- und Blues-Spuren, die *Stone Cold Ohio* versammelt und montiert, sind nicht Relikte einer verlorenen Präsenz, sondern Fragmente einer Zeit, die dauerhaft aus den Fugen ist, *out of joint*. Eine enorme Menge kollektiver Trauer und Melancholie steckt in dieser Musik. Little Axe betrachten die amerikanische Geschichte als die eines *Empire of Crime*, in dem der Krieg gegen den Terror, den der erste Track anprangert – eine beschwörende, post-9/11 Adaption von Blind Willie Johnsons »If I Had My Way« –, in einer Linie steht mit dem Terrorregime der Sklaverei.

In einem Interview, das ich mit Skip McDonald führte, macht er deutlich, dass die Arbeit an den Stücken von Little Axe immer mit dem Sampling beginnt. Entsprechend *out of joint* sind die Anfänge. Die Methode, sich selbst in die Vergangenheit zu versetzen, beschreibt McDonald als anachronisierend: »Ich surfe gern durch die Zeit. Und ich mag es, mir Epochen genau anzusehen – mich da richtig hineinzuarbeiten, so tief, bis es wirklich heftig wird.« Es ist das tiefe Eintauchen in alte Songs, das es ihm erlaubt, in die Vergangenheit zu reisen – und die Geister zu beschwören. Es ist eine Art Besessenheit. (Und es erinnert an Oprah Winfreys Äußerung, sie und alle anderen Mitwirkenden seien bei den Dreharbeiten zu *Beloved* »besessen« gewesen.)

Little Axes Stücke lassen Fragen von Autorschaft und Zuordnung, Ursprung und Wiederholung auf geschickte Weise verschwimmen. Es gestaltet sich schwierig, den Produktionsprozess zu entwirren, Sampling von Songwriting zu trennen, und es ist unmöglich, zwischen Coverversionen und Originalen klare Grenzen zu ziehen. Die Songs sind ihrer Textur nach dichte Palimpseste, eher akkresziert als dass sie einen Autor hätten. McDonalds Gesangsstimme, abwechselnd klagend, auf ruhige Art wütend und selbstbewusst, findet sich häufig mehrfach übereinandergelegt. Dabei sinken Gesang und andere Instrumente immer wieder, umflort von Hallschwaden, in ein körniges Sepia und teilen mit den knisternden und knackenden Samples eine seltsam dyschrone Zeitgenossenschaft.

In seinem bemerkenswerten »Tricknology«-Essay (jenem Text, der die Sound-Hauntology überhaupt zum ersten Mal thematisierte) kritisiert Ian Penman an Greil Marcus dessen »besonnenen Humanismus, der für das *Unheimliche* in der Musik wenig Platz« lasse.[16] Die Faszinierende an Little Axe ist nun nicht zuletzt, dass ihr Einsatz von Samples und Dub es uns ermöglicht, gerade dem Unheimlichen und Unzeitigen im Blues zu begegnen. Für Little Axe ist Blues nicht ein Teil der amerikanischen Geschichte – was er für Greil Marcus zweifellos ist –, sondern ein Winkel des Schwarzen Atlantik. Und die Kombination von Blues und Dub ist weit mehr als nur ein Gimmick; diese beiden Momente des Schwarzen Atlantik zu konfrontieren und übereinanderzulegen, entspricht der Logik des Unheimlichen.

Eine ganz wesentliche Rolle für die Band spielt Adrian Sherwood. Little Axe ist, Sherwood zufolge, inspiriert von dem Gedanken, es gebe »einen gemeinsamen Nenner der Musik von Captain Beefheart und Prince Far I, King Tubby und Jimi Hendrix«. Wenn so eine Mischung in die falschen Hände gerät, wird daraus leicht ein Rezept für unverdaulichen Whole-Earth-Humanismus. Doch Sherwood ist der Kopf des Labels On-U Sound, ein Experte für das Unheimliche und eine Art Anti-Jools Holland. Holland, selbst Musiker und Fernsehmoderator, tat sich, und das ist das Schlimmste an ihm, vor allem als Verfechter einer Position hervor, die darum bemüht ist, Pop das Artifizielle zu nehmen, Musik wieder »ein Gesicht zu geben« und sie so zu renaturalisieren. Dub hingegen wendet sich, ganz offenkundig, in exakt die Gegenrichtung, denn hier geht es darum, die Stimme sich selbst zu entfremden oder die ihr inhärente

[16] Ian Penman, »Tricky: Black Secret Tricknology«, in: *The Wire* 133 (März 1995), S. 38

Fremdheit aufzuzeigen. Im Interview mit Adrian Sherwood habe ich seine Kunst einmal »schizophonisch« genannt: Er löst Sounds von ihren Quellen oder verbirgt zumindest die unmittelbare Beziehung zwischen beiden.[17]

Die Tyrannei von Hollands Fernsehshow *Later...* auf BBC 2 fällt zusammen mit dem Aufstieg von »ernst gemeintem« Pop, der die Bedeutung von Aufnahmetechnik und Produktion zu unterdrücken versucht. Doch: »Dub war ein Durchbruch, weil er die Nähte der Aufnahme nach außen kehrt, um sie hörbar und berauschend wirken zu lassen; bis dahin waren wir es gewohnt, dass das ›Re-‹, die Re-Präsentation der Aufnahme unterdrückt und ausgespart wird, als sei sie eine Darbietung, die immer schon aus eigener Kraft existierte.«[18]

Hier kommen wir zu dem, was ich »Dubtraktion« nenne: Dub subtrahiert zu allererst *Präsenz*. Der Komponist Pierre Schaeffer bezeichnete einmal den von seiner Quelle abgelösten Klang mit dem Terminus »akusmatisch«. Der Dub-Produzent wäre dementsprechend ein Akusmatiker; er manipuliert von ihren lebendigen Körpern abgelöste klangliche Phantome. Die Zeit des Dub ist die der nicht Lebenden, und die nekromantische Rolle des Produzenten – die Auferweckung der Toten – verdoppelt sich, wenn er die Lebenden wie Tote behandelt. Für Little Axe und ebenso für die Bluessänger und die jamaikanischen Musiker, die sie beschwören, ist Hauntology eine politische Geste: ein Zeichen, dass die Toten nicht zum Verstummen gebracht werden können.

I'm a prisoner
Somehow I will be free

[17] Vgl. hierzu Mark Fisher, »Adrian Sherwood and On-U Sound: Adventures in Schizophonic Sound«, in: *FACT Magazine*, 4. Mai 2012 (online: www.factmag.com/2012/05/04/adrian-sherwood-and-on-u-sound-adventures-in-schizophonic-sound/).

[18] Penman, »Tricknology«, S. 39.

Moderne Nostalgiker: The Focus Group und Belbury Poly

»Mein Freund Jim Jupp und ich machten schon eine Weile Musik, unabhängig voneinander und auch zusammen, und hatten außerdem ein Faible für die gleichen Sachen – für die phantastischen Horrorgeschichten von Arthur Machen oder H. P. Lovecraft, für den Radiophonic Workshop der BBC, für schräge Leute und alles Okkulte. Wir wollten natürlich unsere Musik veröffentlichen, aber wir wollten auch unsere eigene Welt schaffen, in der all diese Bezugspunkte eine Rolle spielen konnten. Ein eigenes Label aufzubauen war der einzige Weg, das zu machen«, beschreibt Julian House, wie er und sein Schulfreund Jim Jupp dazu kamen, das Ghost Box Label zu gründen.

Exzentrisch bukolisch, durchtränkt davon, zu lange einer post-psychedelischen Sonne ausgesetzt gewesen zu sein, sind auf Ghost Box veröffentlichte Tracks im buchstäblichen Sinn *uneasy listening*. Steht Nostalgie für Heimweh, so folgt der Sound von Ghost Box dem »Unheimweh« und widmet sich dem Unheimlichen, den Geistern, die durch die Kathodenstrahlröhre in die vertraute Umgebung eindringen. In gewisser Weise sind Ghost Box selbst Fernsehen: ein Fernsehen, das verschwunden und selbst zu einem Phantom geworden ist, eine Verbindung hinüber ins Jenseits, etwas, woran sich heute nur noch Menschen einer bestimmten Altersgruppe erinnern. Gewiss gibt es immer wieder den Punkt, an dem eine Generation anfängt, den Artefakten ihrer Kindheit sehnsuchtsvoll nachzuhängen – doch was war das Besondere am Fernsehen der 1970er, dass Veröffentlichungen von Ghost Box sich so obsessiv darauf beziehen?

»Ich denke, damals gab es Sendungen für Kinder und Jugendliche, die definitiv ziemlich beeindruckend waren«, so House. »Ich meine, die Sechziger waren gerade vorbei, die ganzen Musiker, Autoren und Zeichner kamen von diesen psychedelischen Sachen, vom Acid Folk etwa, sie standen total auf dieses seltsame dunkle Zeugs, und sie brachten es in ihre Fernsehsendungen ein. Jemand wie Nigel Kneale beispielsweise: Er kam offenkundig aus der Tradition H. P. Lovecrafts – Wissenschaft des 20. Jahrhunderts als Folie kosmischer Schrecken und des Okkulten. Viele Motive, die Kneale in der Serie *Quatermass* entwickelte, finden sich schließlich bei *Doctor Who*, *Children of the Stones* oder *Sapphire and Steel* wieder. Oder nehmen wir den BBC Radiophonic Workshop: Leute wie David Cain beschäftigten sich intensiv mit mittelalterlicher Musik; Cain selbst veröffentlichte ein großartiges, von Dark Folk inspiriertes elektronisches Album, *The Seasons*. Und ein paar der Arrangements von Paddy Kingsland erinnern an Pentangle. Wie es scheint, gibt es dieses merkwürdige Ding mit Vergangenheit/Zukunft, und die psychedelischen Experimente haben ihren Teil dazu beigetragen.«

Die Veröffentlichungen des Ghost Box-Labels (wozu neben Soundtracks als integraler Bestandteil auch Bilder gehören) sind in ihrer affektiven Wirkung das genaue Gegenteil irritierend aufblitzender postmoderner Zitate. Ein Merkmal der Postmoderne ist die Exstirpation des Unheimlichen, das Ersetzen des gespenstischen Prickelns der Unwissenheit durch eine arrogant selbstgewisse Kenntnis von allem und jedem. Bei Ghost Box hingegen verschwören sich Halbvergessenes, schlecht Erinnertes und Konfabuliertes. Hören wir sample-lastige Stücke aus Genres wie Jungle oder frühem HipHop, erleben wir häufig Déjà-vus (oder Déjà-entendus), wenn eine vertraute Sequenz, durch das Sampling verfremdet, gerade so unterhalb der Schwelle tatsächlichen Wiedererkennens bleibt. Ghost Box-Veröffentlichungen nun lösen eine Art *künstliches* Déjà-vu-Erlebnis aus: Sie bringen uns dazu zu denken, wir würden etwas hören, das irgendwo aus den späten Sechzigern oder frühen Siebzigern stammt – keine falsche, sondern eine simulierte Erinnerung. Die Geister der Ghost Box-Hauntology sind die verlorenen Kontexte, die, so stellen wir es uns vor, das Gehörte umgeben haben müssen: vergessene Sendungen, nicht ausgestrahlte Serien, Pilotfolgen, auf die nie mehr etwas folgte.

Belbury Poly, The Focus Group, Eric Zann – es sind Namen aus einem niemals endenden Siebziger-Paralleluniversum, einer digital rekonstruierten Welt, in der die Analogtechnik auf immer herrscht, aus einer dyschronen nahen Vergangenheit, die an Michael Moorcock denken lässt. Der über das Digitale erfolgte Rückgriff auf Analoges trägt bei Ghost Box dazu bei, nicht einfach nur Vergangenheit zu simulieren. »Wir verwischen gern die Grenzen zwischen analog und digital. Jim verwendet eine Kombination aus analogen Synthies und Digitaltechnologie. Im Focus Group-Material gibt es Samples alter Percussion-Alben und digitale Effekte, elektronische Sounds aus dem Computer neben bearbeiteten akustischen Fundstücken. Ich denke, es geht dabei um diesen Abstand zwischen dem, was im Computer passiert, und dem, was sich außerhalb abspielt; zwischen Aufnahmen im Raum, echtem Nachhall, dem Klang eines Raums und dem virtuellen Raum auf der Festplatte. Das hat etwas von unterschiedlichen Dimensionen.«

»1980 gab es einen Knall, als die ersten Fairlight und dann Yamahas DX7 in der elektronischen Musik auftauchten«, macht Jupp deutlich. »Die Digitaltechnologie markiert, denke ich, ganz allgemein einen Wendepunkt in der Kultur, auch im Hinblick darauf, wie Fernsehen gemacht wird.« Nicht zuletzt Belbury Polys Sound setzt auf digitales Equipment. »Im Mittelpunkt steht ein Computer, das ist nichts, was wir verschweigen würden. Auch wenn ich heute im Studio sitze, und da stehen hauptsächlich analoge Synthies und jede Menge akustischer Instrumente, könnte das, was wir tun, ohne die HipHop- und Sampling-Kultur und die Verfügbarkeit preisgünstiger elektronischer Instrumente überhaupt nicht existieren. Es geht darum, sich alten Texturen und alten phantastischen Welten mit neuen Mitteln zu nähern.«

Jupp lacht, als ich meine, in den Siebzigern habe die britische Populärkultur eine gewisse *Rauheit* ausgezeichnet, die dann von der stylischen Hochglanz-Kultur der Achtziger geglättet worden sei. »Fast scheint es, als wären wir völlig amerikanisiert, mit gerichteten Zähnen und immer frisch geduscht. Neulich habe ich mit jemandem gesprochen, dessen Freundin es nicht aushält, wenn er alte Sitcoms schaut, die sie einfach nur grottig findet. Ich verstehe schon, was sie meint. Aber damals gab es im Fernsehen, im Radio und auf Platten einfach etwas, das die Achtziger wegpolierten, als alles ordentlich, digital, amerikanisch, optimistisch und farbenfroh wurde.«

Ghost Box erkunden ein Sound-Kontinuum, das sich vom schrullig Munteren bis zum insinuierend Unheilvollen erstreckt. Zu den ganz offenkundigen Vorläufern zählt der Bereich »funktionaler Musik«: Sounds, die an der Schwelle der Wahrnehmbarkeit bleiben, niemals die volle Aufmerksamkeit beanspruchen. Hierzu gehören Erkennungsmelodien, Hintergrundmusik und andere leicht wiedererkennbare Stücke, deren Autoren in der Regel anonym bleiben, zumal sie sich selbst häufig eher als Techniker denn als Künstler sehen. Vorlagen liefert unüberhörbar der BBC Radiophonic Workshop. (Auch in diesem Fall wurden die beiden »Stars« der Sendung, Delia Derbyshire und Daphne Oram, erst nach ihrem Tod einem breiteren Publikum bekannt.)

House stimmt zu: »Ich denke auch, dass der Radiophonic Workshop ein ganz wichtiger Bezugspunkt ist. Da gab es wilde Experimente (etwa aus der britischen elektronischen Avantgarde, dem Pendant zur Groupe de recherches musicales von Pierre Schaeffer in Frankreich), aber die Sendung hatte zudem großen Einfluss auf das Radio und Fernsehen, mit dem wir aufwuchsen. Es sind irgendwie zwei Dinge: Zum einen ist die Sendung an sich schon unvergesslich, zum anderen aber ist sie als Trigger für bestimmte Erinnerungen von Bedeutung. Diese unscharfen, nur halb im Gedächtnis gebliebenen Fetzen alter Hammer-Filme oder aus

Serien wie *Doctor Who* und *Quatermass* sind wertvoll – und das sind keine ›I love 1974‹-Reminiszenzen. Dabei geht es gerade nicht um Nostalgie, sondern das triggert etwas Dunkleres; wir erinnern uns an die Merkwürdigkeiten in diesen Sendungen, an die Dinge unter der Oberfläche, und erkennen nicht einfach nur die Titelmelodie wieder. Das ist wahrscheinlich auch der Grund, warum *Library Music* so einflussreich ist – man hört die Stücke aus dem Archiv, losgelöst von jeglichem Kontext, und sie funktionieren auf der Ebene des Unbewussten, wie musikalische Hinweise auf fehlende Bilder.

Als ich aufwuchs, verfolgten mich *Doctor Who*-Episoden wie ›The Sea Devils‹; die ziemlich dubiosen Ungeheuer und Studiosets waren unheimlich und verbreiteten eine ganz eigene Art von Schrecken. Da gab es zudem diese lauten Einsätze atonaler Musik. Als ich den Hammer-Film *Quatermass and the Pit* (dt. *Das grüne Blut der Dämonen*) zum ersten Mal sah, machte er wirklich großen Eindruck auf mich. Und die Tricks aus Osteuropa, an die ich mich nur vage erinnere, hinterließen ebenfalls ihre Spuren. Und das gleiche gilt für bestimmte Aufklärungs- und Werbespots.«

Ghost Box existieren in einer (ein wenig) anderen Welt, in der dem Radiophonic Workshop ein höherer Stellenwert zukommt als den Beatles. In gewissem Sinn ist das auch unsere Welt, zumindest insofern durch den Workshop selbst die avanciertesten Experimente in der Rockmusik obsolet wurden, bevor sie überhaupt in Erscheinung traten. Doch natürlich ist der Vergleich schräg: Die Beatles standen im Rampenlicht des Popspektakels, der Radiophonic Workshop hingegen wob Jingles, Werbekennungen, Titelmelodien und Spezialeffekte in unser Alltagslebens ein. Die Sendung war im wahrsten Sinne des Wortes *unheimlich*, während sie zu einem festen Bestandteil der von den Medien eroberten häuslichen Umgebung wurde.

Mitunter wurde Ghost Box vorgeworfen, nostalgisch zu sein – und zweifelsohne beruht darauf ein Teil ihrer Wirkung. Doch offenbart ihre Ästhetik letztlich ein Paradox: In einer durch Rückblicke und Erinnerung beherrschten Kultur zielt ihre Nostalgie auf nichts Geringeres als auf die (populäre) Moderne selbst. Ghost Box sind am interessantesten, wo die Dyschronie, der Bruch in der Zeit, in den Vordergrund tritt, so beispielsweise bei Belbury Poly in »Caermaen« (vom Album *The Willows,* 2004) oder in »Wetland« (von *The Owl's Map*, 2006), wo Folk-Stimmen von irgendwo jenseits des Grabes zurückbeordert werden, um neue Songs anzustimmen. Dyschronie ist auch bei The Focus Group ein integraler Bestandteil der Arbeitsweise: Die Verbindungsstellen sind deutlich hörbar, die Samples zu schartig, ihre Tracks klingen einfach nicht wie aufpolierte Artefakte.

In ihren besten Momenten beschwören Ghost Box eine Vergangenheit, die es niemals gab. Ihre Cover verbinden die Ästhetik von Gesamtschul-Lehrbüchern und Vorschriften für den Öffentlichen Dienst mit Anspielungen auf phantastische Literatur, eine Verbindung, die mehr an die Verdichtungen und Verschiebungen der Traumarbeit denken lässt als an nostalgische Erinnerung. Julian House erwähnt denn auch »einen merkwürdigen Traum von einem Schulbuch«.

Implizit erinnern uns Ghost Box mit ihren Sound-Referenzen daran, wie seit 1979 in Großbritannien öffentliche Einrichtungen und mit ihnen das Prinzip Öffentlichkeit selbst sukzessive, doch erbarmungslos zerstört wurde. Zu den Beschäftigten im *Public Service* gehörten schließlich auch die Mitarbeiter des Radiophonic Workshop, und was sie schufen, war ein *ungewöhnlicher* öffentlicher Raum – ein Raum, so ganz anders als die von bürokratischer Trostlosigkeit geprägte Sphäre der neoliberalen Propaganda.

Öffentlicher Raum wurde in den vergangenen Jahren vielfach vernichtet und durch sogenannte Dritt-Orte ersetzt; ein Paradebeispiel dafür sind Franchise-Coffee-Bars. Unheimlich erscheinen diese Orte einzig durch ihr Vermögen, Gleichförmigkeit zu reproduzieren. Die Monotonie einer

Starbucks-Einrichtung wirkt gleichzeitig beruhigend und auf seltsame Art desorientierend: Das Innere des Cafés ist förmlich dazu angetan zu vergessen, in welcher Stadt man sich befindet. Was ich an anderer Stelle »Nomadalgie« genannt habe, ist das Unbehagen, das solche anonymen, weltweit mehr oder weniger identischen Umgebungen auslösen – eine Reisekrankheit, die sich einstellt, weil die Reise immer nur durch Umgebungen führt, die überall sein könnten.[19] Wie auch immer… Was ist eigentlich aus der Idee einer Öffentlichkeit geworden, die sich nicht darin erschöpft, einer Anhäufung von Konsumentenwünschen gerecht zu werden?

Bei Ghost Box hat das verloren gegangene Prinzip Öffentlichkeit eine sehr eindringliche absente Präsenz, beispielsweise in den Samples öffentlich-rechtlicher Aufklärungs- und Informationsspots. (Übrigens etwas, das Ghost Box mit Rave verbindet: The Prodigy verwendeten das Sample eines solchen Spots in ihrem 1991er Track »Charlie«.) Derartige Aufklärungsspots – die im Gedächtnis bleiben, weil sie, gerade auf Kinder, häufig beunruhigend wirkten – gehören zu den Materialien, aus denen sich das Reservoir des kollektiven Unbewussten zusammensetzt. Im Ausgraben solcher Sendungen heute scheint letztlich ein Plädoyer auf, auf die Idee des *Public Service* zurückzukommen. Immer wieder beziehen sich Ghost Box auf öffentliche Institutionen – durch Namensgebungen (Belbury Poly, The Advisory Circle) wie auch auf der Ebene der Form (durch Anspielungen auf Tourismusbroschüren oder Schulbücher).

Angesichts der starken semiotischen Belastung des Alltags durch das Kapital, angesichts der in der metropolitanen Umwelt allgegenwärtigen idiotischen Signale und schwachsinnigen Slogans, die niemand glaubt – weder die Leute, die

[19] Vgl. unten das Kapitel »Nomadalgie: *So This Is Goodbye* von The Junior Boys«.

sie produzieren, noch die, auf die sie zielen –, fragt man sich oft: Was wäre, wenn all die Anstrengung, die dieser aufpolierte Trash absorbiert, dem Wohl der Allgemeinheit zugutekäme? Ghost Box verdient schon allein aus dem Grund unsere Anerkennung, weil sie uns diese Frage mit neuerlichem Nachdruck stellen lassen.

Andere Zeiten und andere Leben in altem Sonnenlicht: *Tiny Colour Movies* von John Foxx

(*k-punk-Eintrag vom 19. Juni 2006*)

> Er war auf dem Markt in der Menschenmenge, trug einen schäbigen braunen Anzug. All die Jahre versuchte er mich zu finden. Mein Geist kehrt heim. Wie kommt man durch all die Jahre nach Hause? Ein Pass, ein Foto – unmöglich. Keine Ähnlichkeit mit irgendeinem Lebenden oder Toten. Sanft spähen Blicke in Fenster.

Das Album *Tiny Colour Movies* von John Foxx ist eine willkommene Ergänzung der zahlreichen hauntologischen Veröffentlichungen des Jahrzehnts.[20]

Foxx' Musik stand schon immer in einer engen Beziehung zum Film. Wie Tonaufnahmen besitzen auch Film und Photographie – das Festhalten entschwundener Momente, das Vergegenwärtigen der Abwesenheit – von sich aus eine hauntologische Dimension. Und Foxx, soviel lässt sich ohne Übertreibung feststellen, ging es in seiner gesamten Karriere als Musiker immer wieder darum, die Hauntology des Visuellen mit der des Sounds in Beziehung zu setzen, die gespenstische Ruhe und Stille von Photographie und Malerei mit der leidenschaftlichen Unruhe von Rock zu verknüpfen.

Im Fall von *Tiny Colour Movies* war die Beziehung von Visuellem und Sound ein explizites Motiv. Die Inspiration für das Album lieferten Filme, die Arnold Weizcs-Bryant gesammelt hatte. Weizcs-Bryant interessiert sich aus-

[20] Zitate und eingerückte Passagen stammen, soweit nicht anders angegeben, von John Foxx, so insbesondere aus seinen Texten *The Quiet Man* und *Shifting Cities*, aus den Liner Notes zu *Tiny Colour Movies* sowie aus dem Booklet zu *Cathedral Oceans*.

schließlich für kurze Filme – in seiner Sammlung findet sich kein Film, der länger als acht Minuten dauert –, die »jenseits kommerzieller Überlegungen aus reiner Freude am Film entstanden. Das können Zufallsfunde, Amateurfilme oder auch zweckentfremdete Filmausschnitte sein«. *Tiny Colour Movies* entstand, wenige Wochen nachdem Foxx eine Vorführung von einigen der Filme Weizcs-Bryants in Baltimore gesehen hatte und ihm daraufhin die »Schönheit und Fremdheit« der Filme nicht mehr aus dem Sinn gingen – »das Nebeneinander von Unterwasserfahrzeugen, den Highways von Los Angeles, Filmen, die nur aus Rauch und Licht bestanden, ausgemusterten Aufnahmen von Überwachungskameras aus New Yorker Hotelzimmern aus dem Jahr 1964«. Foxx entschloss sich also »nachzugeben und zu schauen, was passieren würde, wenn [er], ausgehend von der Erinnerung an jene bunten Filmbilder, an einer kleinen Sammlung von Musikstücken arbeitete«.

Das Ergebnis ist Foxx' (un-)zeitgemäßestes Album seit dem 1980 erschienenen *Metamatic*, denn *Tiny Colour Movies* passt genau in die aus den Fugen geratene Zeit der Hauntology. *Metamatic* nannte Jim Jupp von Belbury Poly einmal einen wichtigen Markstein, doch die Zeit ist verbogen, sodass Einfluss und Beeinflusste heute eine unheimliche Gleichzeitigkeit teilen. Und zweifellos erinnern viele der Tracks auf *Tiny Colour Movies* an Veröffentlichungen von Ghost Box – synthetisch und zugleich oneirisch, psychedelisch und artifiziell. Es ist ein elektronischer Sound, Hast und Hektik der Gegenwart sind entfernt. Wollte man Beziehungen herstellen, so läge bei einem Track wie dem majestätisch schwermütigen »Skyscraper« der Vergleich mit Vangelis' *Blade Runner*-Soundtrack auf der Hand, doch im Großen und Ganzen sind die synthetischen Texturen frei von dem Druck, Zeichen der Zukunft zu sein. Stattdessen beschwören sie ein zeitloses Jetzt, in dem die Dringlichkeiten der Gegenwart aufgehoben sind. Einige der besten Tracks – so insbesondere die vier Titel am Ende des Albums, »Shadow City«, »Interlude«, »Thought Experiment« und »Hand-Held Skies« – sind kaum mehr als pure Atmosphäre, so zart und leicht. Sie sind Durchgänge zu dem, was Heronbone einmal »entschleunigte Zeit« nannte, eine Zeit meditativen Abstands von der Unruhe des Augenblicks.

> Unentwegt spüre ich eine ferne Sehnsucht. Der längste Song, ein Song des Verlangens. Einem verblassenden Geist gleich gehe ich dieselben Straßen. Flimmernder grauer Anzug. Dieselben Alleen, Plätze, Parks, Kolonnaden, wie ein Geist. Mit den Jahren finde ich Orte, die Durchgänge bieten, ein gewisses Wiedererkennen. Relikte anderer beinahe vergessener Orte. Immer wiederkehrend.

Tiny Colour Movies ist das Destillat einer Ästhetik, die Foxx seit dem Ultravox-Album *Systems of Romance* immer weiter entwickelt hat. In seinem Sound gab es immer schon jene andere Art Trance – sanftmütiger und sacht leuchtend, doch deshalb nicht weniger unpersönlich oder maschinisch –, selbst auf dem McLuhan-mäßigen *Metamatic*, auch wenn Foxx meist mit amnestischen, katatonischen Zukunftsschocks in Verbindung gebracht wird: »I used to remember / Now it's all gone / World War something / We were somebody's sons // Gewöhnlich erinnerte ich mich / Nun ist alles weg / Weltkrieg soundsoviel / Wir waren Söhne von irgendwem«.

Mit *Systems of Romance* von 1978 war Psychedelia zu einem expliziten Referenzpunkt geworden – besonders auf Tracks wie »When You Walk Through Me« oder »Maximum Acceleration« mit ihrer Bilderwelt von zerfließenden Städten und dahinschmelzender Zeit: »Locations change, the angles change / Even the streets get re-arranged // Orte ändern sich, die Blickwinkel ändern sich / Selbst die Straßen werden neu angeordnet«. Einen gelegentlichen Bezug zu früheren psychedelischen Experimenten mochte es geben – »When You Walk Through Me« etwa entlehnte das Drum-

Pattern »Tomorrow Never Knows« –, doch bemerkenswert an *Systems of Romance* bleibt der Versuch, Psychedelia »im Werden« nachzubilden statt sie schwerfällig zu (re-)iterieren. Foxx' psychedelische Stücke sind nüchtern und glattrasiert, elegant in anonyme Magritte'sche Anzüge gekleidet, und sie sind in formvollendet überwucherten Städten situiert, wie aus Träumen von H. G. Wells, Paul Delvaux und Max Ernst.

Delvaux und Ernst sind naheliegende Bezugspunkte, schließlich wählen sich Foxx's Songs nicht selten, ähnlich auch J. G. Ballards Erzählungen und Romanen, surrealistische Szenerien zum Schauplatz. Dabei geht es nicht allein um die Bilderwelt, sondern geleichermaßen um die Stimmung und den Ton (oder auch das *Kata*tone); es findet sich eine gewisse Apathie, eine radikal entpersönlichte, an Traumzustände erinnernde Gelassenheit.

In »The Coming of the Unconscious«, seinem 1966 veröffentlichten Essay über den Surrealismus, schreibt Ballard: »Mehr oder minder weist die surrealistische Malerei ein dominantes Merkmal auf: eine spiegelglatte Beziehungslosigkeit, als seien in diesen Landschaften alle Objekte ihrer emotionalen Verbindungen beraubt worden, der damit zusammenhängenden Empfindungen ebenso wie ihrer gewöhnlichen Verwendungszwecke.«[21] Es sollte von daher nicht überraschen, dass der Surrealismus immer wieder als Bezugspunkt der »Ausschweifung aller Sinne« in der psychedelischen Kunst auftaucht.

Foxx' psychedelische Ausschweifung ist stets eine sanfte Angelegenheit, beunruhigend nur durch ihre Ruhe selbst. Das ist möglicherweise dem Umstand geschuldet, dass es eher die Mittel der Malerei, Photographie und Dichtung sind als Drogen im engeren Sinn, denen die Umarbeitung der

[21] J. G. Ballard, »The Coming of the Unconscious« (1966), in: ders., *A User's Guide to the Millennium: Essays and Reviews*, London: HarperCollins, 1996, S. 88.

Wahrnehmung zugetraut wird. Man ahnt, dass das für/in Foxx' Empfinden aktivste psychotrope Agens *Licht* ist. 1983 erklärte er in einem Interview:

> »Manche Menschen scheinen bisweilen ein Licht in sich zu tragen, es ist nur so ein Gefühl, das manche einem geben, es ist eine Art Leuchten – und es ist etwas, das mich schon immer fasziniert hat. Das ist auch etwas, mit dem ich mich früher bereits in Songs beschäftigt habe, etwa in ›Slow Motion‹ und in ›When You Walked Through Me‹. Ich mag dieses Gefühl der Ruhe… William Burroughs hat es einmal wunderbar in die Worte gefasst: ›Ich hatte ein Gefühl stiller Verwunderung.‹«

Foxx' Perspektive weist eindeutig eine gnostische Dimension auf. Für die Gnosis ist die materielle Welt gleichermaßen *dicht* und *dunkel*, uns bleibt bestenfalls ein flüchtiger Blick über sie hinaus, ein schwacher *Glimmer* und *Schimmer* – zwei in Foxx' Vokabular häufig wiederkehrende Ausdrücke. Ungefähr zur Zeit von *Systems of Romance* veränderten sich auch die Cover, von der harten, durch Warhol und Heartfield inspirierten Bildmontage zu behutsamen, an Renaissance-Gemälde angelehnte Detournements. Bei Da Vinci und Botticelli entdeckt Foxx offenbar einen Katholizismus, der nicht nur der paganen Fleischlichkeit, sondern auch der leidenden Gestalt Christi entbehren kann und so zum unpersönlich leuchtenden Glanz gnostischer Begegnung zurückkehrt.

Nicht das Dunkel, sondern gerade das hell Leuchtende wird in der Kultur der Postmoderne verdrängt. Uns sind Dämonen weitaus angenehmer als Engel. Das Dämonische erscheint cool und sexy, während das Engelhafte als peinlich und sentimental gilt. (Wim Wenders' unerträglich überladener und prätentiöser Film *Der Himmel über Berlin* ist zeitgenössisch vielleicht der spektakulärste gescheiterte Versuch über das Engelhafte.) Wie Rudolf Otto in seiner Studie

Das Heilige indes zeigt, wirkt die Begegnung mit Engeln ebenso verstörend, beklemmend und übermächtig wie die mit Dämonen. Was könnte in unserem hyper-stressigen, permanent frustrierenden und reizüberfluteten Leben schließlich auch erschütternder, schwieriger zu ertragen und unbegreiflicher sein als die Empfindung *stiller Freude*? Otto, ein christlicher Konservativer, vertritt die Auffassung, die religiöse Erfahrung wurzele in etwas, das zunächst als »dämonische Scheu« verkannt werde; ähnlich sah er in »gespenstischen« Begegnungen eine entstellte Form dessen, was Christen als religiöse Erfahrung erleben. Ottos Studie steht so für den Versuch, die unpersönliche und verstörende Begegnung mit »Engeln« und »Dämonen« in einem klar umrissenen Bedeutungsfeld zu verorten.[22]

Otto beschreibt die religiöse Erfahrung mit dem Begriff des Numinosen, doch lässt sich dieses Numinose möglicherweise auch vom Religiösen befreien. So skizziert Otto eine ganze Reihe von Varianten numinoser Empfindungen: Am vertrautesten äußert es sich in »Stößen und Zuckungen«, die »zu seltsamen Aufgeregtheiten, zu Rausch Verzückung und Ekstase führen«; weit unheimlicher noch sind indes die äußerst aufgewühlten Empfindungen, die »mit milder Flut das Gemüt durchziehen in der Form schwebender, ruhender Stimmung versunkener Andacht«.[23] Foxx' Instrumentalstücken – auf *Tiny Colour Movies* ebenso wie auf den drei *Cathedral Oceans*-Alben oder auf der gemeinsam mit Harold Budd realisierten Doppel-LP *Translucence/ Drift Music* – gelingt es auf beinahe gespenstische Art, eine solche eigentümliche Ruhe zu evozieren. Besonders auf *Translucence*, wenn Budds melodische Klavierakkorde sich im Sonnenlicht schwebendem Staub gleich ausbreiten, kön-

[22] Rudolf Otto, *Das Heilige. Über das Irrationale in der Idee des Göttlichen und sein Verhältnis zum Rationalen* (1917), Neuaufl., München: C.H. Beck, 2014, insb. Kap. 4.
[23] Ebd., S. 13-14.

nen wir spüren, wie unser Nervensystem herunterfährt und eine reptilienartige Langsamkeit einkehrt. Es ist keine innere Ruhe, sondern eine äußerliche; nicht die Entdeckung eines billigen, New-Age-mäßigen »wahren« Selbst, sondern eine positive Entfremdung, in der das kalt idyllische Stillgestelltsein in einem Tableau als eine Befreiung von Identität erfahren wird.

Eine brauchbare Denkfigur hierfür scheint Duns Scotus' Begriff der *Haecceitas*, der »Diesheit«, zu bieten. Gilles Deleuze und Félix Guattari nehmen das Konzept in *Mille Plateaux* auf, als eine alles unpersönliche – einen Windhauch, die Beschaffenheit des Lichts – betreffende Art der Individuation.[24] Erfahrbar wird Haecceitas beispielsweise durch bestimmte filmische Mittel, namentlich die schmerzende Stille, wie sie sich bei Kubrick oder Tarkowski findet; oder auch durch Polaroid-Aufnahmen, die Haecceitas nicht nur einfangen, sondern zugleich selbst eine solche »Diesheit« sind.

Die unpersönliche Melancholie, die sich bei *Tiny Colour Movies* einstellt, ist dem merkwürdigen schmerzlichen Gefühl vergleichbar, die eine Website wie Found Photos auslöst.[25] Gerade die Dekontextualisierung dieser Photographien, die Diskrepanz zwischen der Bedeutung, die die Abgebildeten dem Geschehen beimessen, und dessen vollkommener Irrelevanz für uns, führt zu einer Aufladung, die auf ruhige Weise übermächtig wirken kann.

Foxx schrieb über diese Wirkung in seiner tief bewegenden Kurzgeschichte *The Quiet Man*. Die Hauptfigur ist allein in einem menschenleeren London und schaut sich Amateurfilme von Leuten an, die er nie gekannt hatte. »Ihn fas-

[24] Gilles Deleuze und Félix Guattari, *Mille Plateaux*, Paris: Éd. de Minuit, 1980 (dt. *Tausend Plateaus. Kapitalismus und Schizophrenie*, übers. von Gabriele Ricke und Ronald Voullié, Berlin: Merve 1997, insb. S. 354-361).

[25] http://www.foundphotos.net/

zinierten all die winzigen privaten Details der Filme, die zappelnden Menschen, die bei Hochzeiten und Geburtstagen und Taufen am Meer oder im Garten standen und winkten, die Aufnahmen ganzer Familien samt ihrer Haustiere, wie sie sich entwickelten und im Lauf der Jahre veränderten.«

»Hier sehen Sie andere Zeiten und andere Leben in altem Sonnenlicht«, kündigt Foxx hintergründig in den Liner Notes zu *Tiny Colour Movies* an. Die Familienalben *anderer* durchzublättern, Aufnahmen von Augenblicken zu sehen, die ihnen emotional sehr viel bedeuteten (uns hingegen gleichgültig sind), bringt es notwendigerweise mit sich, über dramatische Momente im eigenen Leben nachzudenken und so eine Art Distanz aufzubauen, die zugleich leidenschaftslos ist und eindringliche Gefühle freisetzt. Deshalb gehören für mich die – wunderbar, schmerzlich – sich hinziehenden Augenblicke in Tarkowskis *Stalker*, in dem die Kamera auf erratischen Objekten verweilt, die einst voller Bedeutung waren, doch nun nur noch unter Wasser stehen, zu den bewegendsten Szenen des Films. Es ist, als betrachteten wir die Notwendigkeiten unseres Lebens durch die Augen einer außerirdischen Gottheit. Otto zufolge ist der Sinn für das Numinose immer verbunden mit einem Gefühl der eigenen elementaren Wertlosigkeit, die »mit durchbohrender Schärfe und strengster Selbstabwertung« empfunden wird.[26] Im Gegensatz zu den Überzeugungen heutiger Ich-Psychologie, die uns ständig antreibt, unser Selbstwertgefühl zu stärken (damit wir uns besser »verkaufen« können), kann ein solches Bewusstsein der eigenen Nichtigkeit als Voraussetzung für ein Gefühl der *Gnade* gelten. Dessen melancholische Dimension rührt daher, dass mit ihm ein radikales Abrücken von dem, was uns für gewöhnlich wichtig ist, verbunden ist.

Er stand im weichen Sonnenlicht, das durch die Vorhänge fiel, für einen Moment gefangen in der Ruhe des Zim-

[26] Otto, *Das Heilige*, S. 67.

mers, betrachtete den Staub, der langsam in den golden auf Teppiche und Möbel fallenden Lichtflecken flirrte, und er spürte sich der verschwundenen Frau seltsam nahe. Hier zu sein und in der staubigen Intimität dieser Zimmer ihre Sachen zu berühren war, wie durch ihr Leben zu gehen; alles von ihr war hier, nur körperlich war sie nicht präsent, und in gewisser Weise war das der ihm unwichtigste Teil von ihr.

In Foxx' Texten ist immer wieder von *Sehnsucht* und *Schmerz* die Rede. »Blurred Girl« vom Album *Metamatic* – in dem die Liebenden »eng beieinander stehend sich niemals ganz berühren« – ist in gewisser Weise ein beinahe vollkommenes Lacan'sches Liebeslied: Das begehrte Objekt rückt ständig näher, ohne jemals erreicht zu werden; wichtig für das Genießen sind Aufschub und Verschiebung sowie die Umgehung des Objekts, nicht es zu besitzen. »Are we running still? / Or are we standing still? // Laufen wir noch? / Oder stehen wir still?« Auf *Tiny Colour Movies*, auf *Cathedral Oceans* und auch auf den Alben mit Budd finden sich keine Lyrics, sodass die ruhigen, nur minimal bewegten und unaufgeregt schwebenden Klänge dieses Empfinden angenehmer Melancholie erzeugen.

An den Rändern sind winzige undichte Stellen der Zeit zu entdecken. Nichts ist völlig getrennt, das spüre ich. An irgendeinem Punkt gibt es immer ein Leck, an dem alles ineinander rinnt. Die Kunst besteht darin, die Stellen zu finden. Sie bewegen sich langsam. Treiben. Es lässt sich nur beiläufig bewerkstelligen. Sie gezielt zu suchen wird immer scheitern.

Nur in der Erinnerung werden wir feststellen, dass wir einen flüchtigen Blick erhaschten. Während wir mit jemandem sprachen oder an jemand anderen dachten. Als unsere Aufmerksamkeit abgelenkt war. Nur ein Hauch, ein Aufscheinen, ein Schatten.

Die Erinnerung kommt viel später. Ohne dass wir wirklich wüssten, warum. Undeutliche, nebensächliche Empfindungen verdichten sich. Ein kleines Stück eines langen Takts wird allmählich wiedererkannt. Die verborgenen Frequenzen und Wellen der Stadt. Geometrie des Zufalls.

Hören wir *Tiny Colour Movies*, stellt sich, wie immer bei den besten Alben Foxx', das Gefühl ein, an einen Traumort zurückzukehren. Die langsam treibende Schattenstadt Foxx' bildet – wie Ernst'sche »grüne Arkaden« oder die Kolonnaden De Chiricos – einen urbanen Raum, wie ihn das Unbewusste bei einem Dérive sieht: einen intensiven Raum, in dem Momente von London, Rom, Florenz und von anderen, verborgeneren Orten sich in einer oneirischen Konsistenz verdichten.

In dieser Stadt verirrte ich mich vor mehr als zwanzig Jahren.

In billigen Pensionen schlafen. Ein Geist mit Laub in den Taschen und ohne Adresse. Das gute Gesicht halb blind. Ein Nebel aus Songs und Erinnerungen, sie werden deutlicher und verschwimmen wieder. Jemand erzählte mir, er sei da gewesen, doch das hatte ich damals gar nicht bemerkt. Die Stimme kam undeutlich von überall her. Still und stumm wie die Schatten eines Ozeans in den sich bewegenden Bäumen.

Graue Welten: Darkstar, James Blake, Kanye West, Drake und »Party Hauntology«

»Es ist ein tiefgrau klingender Synthesizer-Sound, sehr organisch und diffus. Wogen aus Synth-Pads, wir nennen sie *swells*, bei denen die Synthies ziemlich minimalistisch beginnen und langsam ein gewaltiger Akkord entsteht, bevor es dann weitergeht. Ich fand es einfach nicht richtig, an diesem Neon-Dayglo-Hyperdub-Sound von vor ein paar Jahren immer weiter festzuhalten. Natürlich liebe ich die damaligen Songs, aber es fühlt sich schon an wie aus einem anderen Leben.« Als ich Dan Hancox' Interview mit James Young von Darkstar las, fühlte ich mich bestätigt.[27] Beim ersten Hören des Albums, über das Young spricht – nämlich *North* aus dem Jahr 2010 – kam mir unvermittelt ein »Noch eine graue Welt« in den Sinn. Tatsächlich wirkt die Landschaft von *North*, als seien die grünenden Max Ernst'schen Wälder von Brian Enos *Another Green World* zu Asche zerfallen.

... mit dem Winter vor uns

Die Welt des Depressiven ist schwarz und/oder weiß – wir müssen uns nur an Cover wie *Unknown Pleasures* oder *Closer* von Joy Division erinnern –, doch *North* entwirft (noch) keine kalte, vollkommen von Schnee bedeckte Welt. Das Album steuert Richtung Norden, ohne indes sein Ziel schon erreicht zu haben. Die Landschaft, durch die die Reise führt, ist eher farblos als schwarz, die Stimmung skeptisch – es ist das Grau des Ungeklärten, ein graues Land. Das Album ist negativ bestimmt dadurch, dass es an den

[27] Dan Hancox, »Darkstar Take Dubstep Forward Again with *North*«, in: *The Guardian*, 7. Oktober 2010.

Zweifeln, dem Unbehagen und der Unzufriedenheit festzuhalten vermag, doch zugleich nicht in der Lage ist, sie zu benennen. Es ist grau wie »All Cats Are Grey« von The Cure auf deren 1981er Album *Faith*, das immer zwischen dem spinnenartig psychedelischen *Seventeen Seconds* und der kompromisslosen Dunkelheit von *Pornography* stand. Allerdings ist *North* letztlich zu ruhelos, um es mit dem frostigen Fatalismus von *Faith* aufzunehmen, doch was Darkstars Album mit den besten Aufnahmen von The Cure teilt, ist das vollkommene Eintauchen in eine Stimmung. Tatsächlich ist *North* das Ergebnis einer Art Immersion: Im erwähnten Interview mit Hancox erzählt Young, die Gruppe habe während der Arbeit an *North* obsessiv Radiohead, Burial, Human League und das erste Album von Orchestral Manoeuvres in the Dark gehört.

Das Album selbst verlangt nun ein vergleichbares Engagement; vielleicht finden es deshalb einige weniger faszinierend. Beim beiläufigen Hören wirkt das Unklare und Unentschlossene der Tracks möglicherweise einfach halbgar, der Gesang James Butterys entkräftet und anämisch. Viele sind zudem enttäuscht darüber, dass Darkstar ein Album veröffentlichen, das offenkundig nicht an den – wie Hancox schreibt – »Robot-2Step« anschließt, den die Gruppe auf der Single »Aidy's Girl Is A Computer« geschaffen hatte. Tatsächlich arbeiteten Darkstar an einem 2Step-Album, verwarfen das Projekt aber dann wieder, weil es ihnen zu wenig ambitioniert schien. (Das abgeschlossene, doch schließlich nicht veröffentlichte Album weist als Ganzes diverse Parallelen zu Burial auf.) Von »Aidy's Girl Is A Computer« einmal ganz abgesehen – hört man *North*, ohne die Vorgeschichte zu kennen, würde man wohl kaum irgendwelche Verbindungen zu Dubstep vermuten.

Zur gleichen Zeit ist das Album alles andere als einfach eine Rückkehr zu einem Sound der Vor-Dance-Zeit. Eher erlebt hier eine bestimmte Richtung in der elektronischen Popmusik ihre Fortsetzung, die irgendwann Mitte der achtziger Jahre ein frühzeitiges Ende gefunden hatte: so etwas wie New Order, hätten sie nicht das kalte kybernetische Mausoleum verlassen, das ihnen Martin Hannett mit *Movement* errichtet hatte.

Selbstverständlich lässt eine solche Linie sich nicht umstandslos fortsetzen, als ob nichts geschehen sei. Darkstar erkennen die Gegenwart an, unter negativen Vorzeichen. Und auf die vielleicht einzig mögliche Art schlägt sich diese Gegenwart in ihrer Musik nieder: als ein Scheitern der Zukunft, als ein zeitbedingtes Gebrechen, das die Stimme in Mitleidenschaft zieht, sie flüstern, stammeln und in merkwürdig spröde Bruchstücke zerfallen lässt.

Von ihren Synthie-Pop-Ahnen trennt Darkstar nicht zuletzt der Umstand, dass Synthesizer nicht länger *Zukunft* konnotieren. Doch muss sich die Gruppe gar nicht vom Anspruch auf die Zukunft verabschieden – weil eine solche nicht existiert. Deutlich wird das, wenn wir die Darkstar-Coverversion von »Gold« mit dem Original von Human League vergleichen. Es geht nicht darum festzustellen, welche Version weniger nach Zukunft klingt – der Punkt ist vielmehr, dass *keine von beiden* an Zukunft denken lässt. Während im Track von Human League ein überholter Futurismus aufscheint, hat die Version von Darkstar die Zukunft bereits hinter sich.

Es ist das Gefühl, in einem Interregnum zu leben, das *North* so (un-)zeitgemäß macht. Ließ Burial die verborgene Traurigkeit spürbar werden, die dem Boom unterlag, so artikulieren Darkstar die bangen Vorahnungen, die seit 2008 im Gefolge der Wirtschaftskrise allgegenwärtig sind. *North* ist voller Verweise auf verlorene Beziehungen, das ganze Album lässt sich als ein versteckter Versuch verstehen, eine gescheiterte Liebesgeschichte zu ergründen.

Unser Schicksal ist es, nichts gemein zu haben…
Die Verbindung zwischen uns ist verschwunden…

Die Konzentration auf das Liebespaar statt auf das Massiv des Rave ist selbst symptomatisch für eine Wendung nach innen. Allerdings wäre es ein Fehler, so zu tun, als sei Rave emotionslos, wie Simon Reynolds in einer Diskussion, die er und ich kurz nach dem Erscheinen von *North* führten, hervorhob. Rave ist eine Musik voller Affekte, ohne dass diese mit romantischen Gefühlen oder Introspektion verknüpft wären. Die Wende zur Innerlichkeit in der (Post-) Dance-Szene des 21. Jahrhunderts ist daher nicht gleichbedeutend mit einer Hinwendung zu Gefühlen, sondern markiert eine Verschiebung von der kollektiven Erfahrung zur Privatisierung von Emotionen. Der Wende zur Innerlichkeit haftet notwendig und unausweichlich eine eigene Traurigkeit an, unabhängig davon, ob die Musik gemeinhin als traurig wahrgenommen wird oder nicht. Die enge Verbindung von Romantik und Innerlichkeit, Liebe und ihren Enttäuschungen durchzieht die Popkultur des 20. Jahrhunderts. Im Gegensatz dazu bietet Dance-Musik seit Disco ein anderes emotionales Register, basierend auf einem Alternativmodell, dem Elend individuellen Solipsismus zu entgehen.

Das 21. Jahrhundert fühlt sich oft an wie der heftige Comedown nach einem Speed-Exzess – zurückgezogen im privaten Exil des Selbst; die Songs auf *North* besitzen demgegenüber die zittrige Klarheit nach dem Absetzen von Prozac.

Es fällt auf, dass James Butterys Stimme auf *North* häufig durch digitale Interferenzen überlagert ist. Die Vocals klingen vielfach, als seien sie über eine instabile Mobilfunkverbindung aufgenommen. Das bringt mich auf die von Franco Berardi (Bifo) formulierte These zum Zusammenhang zwischen Informationsüberflutung und Depression. Bifo folgt nicht der Erklärung, der Crash der New Economy sei verantwortlich für Depressionen, sondern argumentiert umgekehrt: Den Absturz der Dotcom-Branche habe letztlich die übermäßige Belastung des menschlichen Nervensystems durch die neuen Informationstechnologien im Semiokapitalismus provoziert.[28] Heute, mehr als ein Jahrzehnt nach dem Dotcom-Crash, hat die Datendichte noch gewaltig zugenommen. Paradigmatisch für die Arbeit heute sind die Beschäftigten in Callcentern: alltägliche Cyborgs, denen jedes Ausstöpseln aus der kommunikativen Matrix bei Strafe verboten ist. James Buttery, mit seiner auf allerlei Art digital paralysierten Stimme, klingt auf *North* wie ein Cyborg, dessen Implantate und Schnittstellen sich gelockert haben und der gerade lernt, wieder Mensch zu sein, ohne es freilich besonders zu mögen.

North wirkt wie ein seines Glanzes beraubtes *808s & Heartbreak*, Kanye Wests 2008er Album. Es gibt die gleiche Art Melancholie, die gleiche Verankerung im Synthie-Pop der frühen Achtziger – im Fall von *808s* explizit unterstrichen durch das Coverdesign, das Peter Savilles Plattenhüllen für die Alben *Blue Monday* und *Power, Corruption and Lies* von New Order zitiert. Der erste Track auf *808s*, »Say You Will«, klingt zudem, als sei die spröde synthetische Kälte von Joy Divisions »Atmosphere« aufbereitet und mit den sepulkralen Trommeln aus New Orders »In A Lonely Place« abgemischt. Die Bezugnahme auf die achtziger Jahre endet bei Kanye Wests Album allerdings – und auch bei *North* – mit dem Einsatz digitaler Stimmbearbeitung. *808s & Heartbreak* gilt als Wegbereiter der Verwendung von Auto-Tune, einem Effekt, der dann, in den späten nuller Jahren, in R&B und HipHop allgegenwärtig werden sollte. In gewissem Sinn ist der auffallend häufige Einsatz dieser Stimmbearbeitungssoftware – das heißt, ihr Einsatz als Effekt, statt sie ihrer ursprünglichen Bestimmung nach zur Tonhöhenkorrektur zu verwenden – ein Zurückspringen in die Neunziger, als Auto-Tune durch Cher auf ihrer 1998er

[28] Franco Berardi (Bifo), *Precarious Rhapsody. Semiocapitalism and the Pathologies of the Post-Alpha Generation*, übers. von Arianna Bove, Erik Empson, Michael Goddard, Giuseppina Mecchia, Antonella Schintu und Steve Wright, London: Minor Compositions, 2009.

Single »Believe« popularisiert wurde. In vielerlei Hinsicht ist Auto-Tune das Sound-Äquivalent zum digitalen Airbrush, und das (Über-)Strapazieren beider Technologien (zusammen mit der immer schnelleren Verbreitung kosmetischer Chirurgie) führen zu Sounds und Looks, die auf übertriebene Art ästhetisiert sind statt einfach nur auffallend künstlich. Wenn es so etwas wie die Signatur der Konsumkultur im 21. Jahrhundert gibt, dann ist es dieses Gefühl einer digital optimierten Normalität – eine überdrehte und zugleich ultra-banale Normalität, aus der jeder winzige Makel entfernt wurde.

Auf *808s & Heartbreak* hören wir das Schluchzen im Herzen des im 21. Jahrhundert angekommenen Pleasure Dome. Kanye Wests Android-Rührstück erreicht larmoyante Untiefen mit der überraschenden »Pinocchio Story«. Diese Art Auto-Tune-Lamento würden wir eigentlich eher von einem Pinocchio-Remake und Android-Ödipus wie David aus Steven Spielbergs *A.I.* (dt. *A.I. – Künstliche Intelligenz*, 2001) erwarten; es ist ein wenig wie mit Britney Spears' »Piece Of Me«: Entweder hört man darin den Augenblick, in dem eine Ware Selbstbewusstsein erlangt, oder man hört einen Menschen realisieren, zur Ware geworden zu sein. Es ist der verbitterte Sound am Ende des Regenbogens, einsamer Electro, so trostlos wie die infernalisch-endzeitliche Synthie-Oper »Frankie Teardrop« von Suicide.

Eine untergründige Traurigkeit lauert hinter dem gezwungenen Lächeln des 21. Jahrhunderts. Die Schwermut steckt im Hedonismus selbst, und es sollte nicht überraschen, dass sie ausgerechnet im HipHop – jenem Genre, das sich in den vergangenen paarundzwanzig Jahren zunehmend am konsumorientierten Genuss ausrichtete – am deutlichsten zu bemerken ist. So sind Kanye West oder auch etwa Drake krankhaft darauf fixiert, die armselige Leere zu ergründen, die ein verschwenderischer Hedonismus lediglich bemäntelt. Beiden sind HipHop-Allüren und demonstrativer Konsum nicht länger Motivation – sie haben schon längst alles, was sie jemals wollten –, sodass sie, während sie zügellos alle möglichen gerade verfügbaren Vergnügungen genießen, eine Mixtur aus Frust, Wut und Selbstekel empfinden, wohl wissend, dass irgendetwas fehlt, ohne freilich sicher zu sein, was genau es ist. Diese Schwermut des Hedonisten – eine ebenso weitverbreitete wie verleugnete Empfindung – wird nirgendwo besser eingefangen als in der tieftraurigen Art, wie Drake in »Marvin's Room« (auf seinem Album *Take Care*) die Zeilen »We threw a party / Yeah, we threw a party« singt.

Es überrascht nicht zu hören, dass Kanye West ein Bewunderer von James Blake ist. Es gibt eine affektive wie auch eine Sound-Affinität zwischen einigen der Tracks auf Wests *808s & Heartbreak* sowie *My Beautiful Dark Twisted Fantasy* und den beiden Alben Blakes. Die gesamte Arbeitsweise Blakes besteht in gewissem Sinn darin, Wests auf *808s* vorgeführte, digital manipulierte Melancholie zu renaturalisieren: Soul nach dem Auto-Tune-Cyborg. Doch einmal aus dem Penthouse-Gefängnis des West'schen Ego befreit, ihrer selbst nicht mehr sicher, in allerlei Sackgassen verrannt, erlahmt die Unzufriedenheit zur Lustlosigkeit, in der sie mitunter kaum noch imstande ist, die Schwermut erkennbar festzuhalten.

Es ließe sich sogar sagen, die introspektive Wende sei mit Blakes 2013er Album *Overgrown* zu einer Art Abschluss gekommen. Im Übergang vom Dubstep zum Pop hört Blake auf, seine Stimme digital zu manipulieren, und wird zum Sänger; aus dem Zusammenstellen von Tracks wird Songwriting. Der Auslöser für Blakes Hinwendung zu Songstrukturen kam zweifellos von Burial, dessen Kombination aufgeregter 2Step-Beats mit Samples von R&B-Vocals eine Richtung wies, wie Pop im 21. Jahrhundert sich möglicherweise anhören könnte. Es schien, als habe Burial die Dub-Versionen produziert; die Aufgabe lautete mithin, die Originale zu (re-)konstruieren, und dazu wiederum gehörte, die Samples durch einen wirklichen Sänger zu ersetzen.

Hören wir uns James Blakes Aufnahmen in der Chronologie ihres Entstehens an, bleibt ein Eindruck, als nehme hier ein Geist allmählich materielle Form an – oder vielleicht ist es auch so, als fügten sich einzig aus digitalem Äther Songs zusammen. Ein Track wie »I Only Know (What I Know Now)« von der EP *Klavierwerke* ist faszinierend unwirklich – reinster Schmerz, Blakes Stimme nicht mehr als eine Reihe Seufzer und unverständlicher. tonhöhenbearbeiteter Hooks, die ganze Aufnahme fragmentiert und wie unter Wasser gesetzt, das Arrangement kompliziert und zerbrechlich, auffallend unorganisch in dem Sinn, dass kein Versuch unternommen wurde, die Übergänge zwischen den montierten Einzelteilen zu glätten. Die Stimme verliert sich in Andeutungen und Ticks und bleibt ein gespenstischer, in den Mix eingestreuter Soundeffekt. Mit Blakes Debutalbum *James Blake* hingegen werden gewisse traditionelle Sound-Prioritäten wiederhergestellt. Die Neuerfindung von Pop, wie sie die frühen Aufnahmen versprachen, ist offenkundig aufgegeben worden; Blakes nun nicht länger fragmentierte Vocals treten in den Vordergrund, angedeutete und zergliederte Stücke fügen sich zu »richtigen«, vollständigen Songs zusammen, und auch die Dekonstruktion von Piano und Keyboards wird zurückgenommen. Elektronik und digitale Stimmmanipulationen finden sich weiterhin, erfüllen nun jedoch eine dekorative Funktion. Blakes blauäugiger Soulgesang und die Art, wie die Songs Keyboards (oder keyboardähnliche Sounds) und Electronica kombinieren, erinnern ein wenig an Steve Winwood in halber Geschwindigkeit.

Wie Darkstars *North* stieß auch Blakes Hinwendung zu Songstrukturen auf ein geteiltes Echo. Viele, die den ersten EPs enthusiastisch begegnet waren, zeigten sich von *James Blake* enttäuscht oder sogar ein wenig bestürzt. Ein Objekt zu verhüllen und lediglich durchscheinen zu lassen ist ein sicherer Weg, den Eindruck des Sublimen zu erwecken. Die Schleier zu entfernen und das Objekt im Rampenlicht zu zeigen birgt hingegen die Gefahr, jenes Sublime zu zerstören. Für manche reichen Blakes aktuelle Songs deshalb nicht an jene virtuellen heran, die seine frühen Aufnahmen für sie darstellten. Blakes Stimme ist von einer überwältigenden Schwere, bleibt jedoch emotional letzten Endes unspezifisch. Das Ergebnis ist eine mit zitternder Stimme vorgetragene Vagheit, die auch durch die Songtexte, die sich ebenfalls anspielungsreich ausweichend im Ungefähren bewegen, keineswegs klarer wird. Mit großer Geste appelliert das Album an unser Gefühl, ohne indes wirklich erkennen zu lassen, was wir denn fühlen sollen. Vielleicht ist es diese emotionale Schieflage, die Angus Finlayson motivierte, in seiner Besprechung des Albums *Overgrown* für das *FACT Magazine* noch einmal auf die Merkwürdigkeit der Tracks auf *James Blake* zurückzukommen. Diese klängen, so Finlayson, wie »Halb-Songs, skelettartige Platzhalter noch kommenden, vollständigeren Materials«.[29]

Auf dem eingeschlagenen Weg zu »richtigen« Songs ist Blake offenkundig noch nicht so weit vorangekommen, wie es zunächst schien. Es ist, als habe er versucht, die Form Song einzig mit Dub-Versionen und Dance-Mixes als Orientierungshilfen zu rekonstruieren. Das Ergebnis sind irgendwie chiffrierte, deformierte und solipsistische Strukturen, eine nur ansatzweise zu erkennende Version der anvisierten Form, frustrierend und faszinierend gleichermaßen. Die zerbrechliche Unwirklichkeit der frühen EPs ist einer Überfülle gewichen. Es ist wie das Ertrinken in einem warmen Bad (vielleicht mit aufgeschnittenen Pulsadern).

Die Tracks auf Blakes Alben machen so einen zugleich überladenen und unvollendeten Eindruck, und gerade dieser Unabgeschlossenheit – den skizzenhaften Melodien, den nur halben Refrains, den wiederholten Versen, die wie Anspie-

[29] Angus Finlayson, »James Blake *Overgrown*«, in: *FACT Magazine*, 4. April 2013 (online: www.factmag.com/2013/04/04/james-blake-overgrown-fact-review/).

lungen auf emotionale Momente wirken, die in den jeweiligen Songs selbst freilich im Dunkel bleiben – ist es letztendlich geschuldet, dass sie unter die Haut gehen. Der merkwürdig unbestimmte – unschlüssige und unabgeschlossene – Charakter der Aufnahmen macht sie zu Gospelmusik für all jene, die ihren Glauben nicht nur verloren, sondern auch vergessen haben, dass sie jemals glaubten. Nur eine zitternde Sehnsucht überlebt, ohne Ziel oder Kontext; Blake erscheint als *Amnesiac*, ein Gedächtnisloser, der an Bildern eines Lebens und einer Geschichte festhält, die er nicht wiederherzustellen vermag. Gerade dieses Unvermögen macht *Overgrown* in gewisser Art zur Inversion der kalkuliert überladenen Hochglanz-Emotionalität im Chart- und Reality-TV-Pop, wo man sich seiner Empfindungen stets absolut sicher ist.

Der Hedonismus des kulturellen Mainstream heute zeigt sich im Übrigen vielfach wenig überzeugend – und vielleicht auch wenig überzeugt. Besonders evident wird dies, wo elektronische Clubmusik und R&B aufeinandertreffen. Wenn ehemalige R&B-Produzenten und -Künstler sich dem Dancefloor widmen, sollten eigentlich verstärkte Euphorie und reichlich Ekstase zu erwarten sein. Doch das Gegenteil tritt ein: Es ist, als ziehe eine unergründliche Schwerkraft, eine verleugnete Tristesse viele Dancefloor-Tracks herunter. Die digitalen Uppers auf Tracks von Produzenten wie Flo Rida, Pitbull oder Will.i.am haben etwas von dilettantisch gephotoshoppten Bildern – oder auch von einer Droge, die wir so oft eingeworfen haben, dass wir nichts mehr von ihrer Wirkung spüren. Hinter der Aufforderung »Habt Spaß!« steckt, praktisch unüberhörbar, der klägliche Versuch, von der Depression abzulenken, von einer Schwere, die diese Tracks vielleicht bemänteln, doch niemals zerstreuen können.

In einem lesenswerten Essay für das Webzine *The Quietus* analysiert Dan Barrow die im Chart-Pop in den vergangenen Jahren häufiger anzutreffende Tendenz – unter anderem in

»Empire State Of Mind« von Jay-Z und Alicia Keys, in »Tik Tok« von Kesha oder in »Club Can't Even Handle Me Yet« von Flo Rida –, »den Hörerinnen und Hörern so schnell und so offenkundig wie nur möglich ihre Sound-Rendite auszuzahlen, ihnen also etwas zu geben, das sie schnell zufriedenstellt«.[30] Gewiss habe es immer schon zuckersüße Unterhaltung gegeben, doch herrsche im neuen steroid-gesteuerten Pop, so Barrow, eine Art tyrannischer Hoffnungslosigkeit. Hier werde nicht verführt, sondern tyrannisiert; es sei, meint Barrow, »ein primitiver, überdeterminierter Exzess, als zwinge Pop sich selbst zum Rückzug auf Merkmale, die als einzig entscheidend gelten – Chorus Hooks, Melodie, ›Zugänglichkeit‹ – und dann cartoonmäßig aufgeblasen und überbetont werden«.

Barrows Befund offenbart gewisse Analogien zu Bifos Thesen über Internetpornographie und Mittel wie Viagra, insofern hier auf ähnliche Weise auf Verführung verzichtet und stattdessen unmittelbar Befriedigung anvisiert wird. Wie wir uns erinnern, sind wir, Bifo zufolge, aufgrund der ständigen Vereinnahmung durch die digitale Kommunikation so überfordert und einfach zu beschäftigt, als dass wir zu einem ästhetischen Genießen noch in der Lage wären – Höhepunkte müssen in hyperbolischer Form und unkompliziert daherkommen, damit wir uns schnell wieder unseren E-Mails und sozialen Netzwerken zuwenden können. Bifos Beobachtungen erlauben uns, die Dynamiken des vergangenen Jahrzehnts in der Dance-Szene nochmals unter einem anderen Blickwinkel zu sehen. Während die Entwicklung digitaler Technologie in den achtziger und neunziger Jahren einen Beitrag zur kollektiven Erfahrung auf dem Dancefloor leistete, wirkten die Kommunikationstechnologien des 21. Jahrhunderts einer solchen Erfahrung entgegen. Auch in

[30] Daniel Barrow, »A Plague Of Soars. Warps In The Fabric Of Pop«, in: *The Quietus*, 13. April 2011 (online: thequietus.com/articles/06073-a-plague-of-soars-warps-in-the-fabric-of-pop).

Clubs werden heute obsessiv Smartphones gecheckt. (»Telephone«, der von Lady Gaga gemeinsam mit Beyoncé aufgenommene Track, in dem beide einen Anrufer bitten, endlich aufzuhören, sie zu nerven, damit sie tanzen können, scheint heute fast wie ein letzter, fehlgeschlagener Versuch, den Dancefloor vom ständigen Kommunikationszwang freizuhalten.)

Selbst augenscheinlich sehr unkomplizierte Aufforderungen, Spaß zu haben, können eine gewisse Schwermut nicht verbergen. Nehmen wir etwa Katy Perrys »Last Friday Night«. Oberflächlich betrachtet feiert der Track bloß das Vergnügen (»Last Friday night / Yeah we maxed our credit cards / And got kicked out of the bar // Letzte Freitagnacht / Haben wir unsere Kreditkarten ausgereizt / Und sind aus der Bar geflogen«). Gleichwohl ist es nicht allzu schwer, etwas Sisyphushaftes wahrzunehmen, den Hauch von Fegefeuer, wenn der Song den (gar nicht so) unendlichen Spaß besingt, aus dem Katy Perry und ihre Freundinnen nicht mehr herauskommen: »Always say we're gonna stop / This Friday night / Do it all again // Sagen immer, wir werden aufhören / Diese Freitagnacht / Tun wir's wieder«. Mit halber Geschwindigkeit abgespielt, klingt das düster wie die frühen Swans. Unendliche Wiederholung beschwört auch David Guettas »Play Hard« herauf. Spaß wird zu einer Verpflichtung, die nie wieder aufhört – »A hustler's work is never through […] / We work hard, play hard // Die Arbeit eines Gauners ist nie vorbei […] / Wir arbeiten hart, spielen hart« –, und Hedonismus wird explizit Arbeit gleichgesetzt: »Keep partyin' like it's your job // Stürz dich weiter in Partys als wär's dein Job«. Es ist die perfekte Hymne in einer Zeit, in der die Grenzen zwischen Arbeit und Nichtarbeit erodieren: Rund um die Uhr erreichbar zu sein (also beispielsweise zu jeder Tages- und Nachtzeit E-Mails zu beantworten) wird ebenso zur Selbstverständlichkeit wie niemals eine Gelegenheit auszulassen, das eigene Selbst zu Markte zu tragen. In einem gewissen (und keineswegs trivialen) Sinn sind Partys heute tatsächlich ein Job. Ein Großteil der Posts auf Facebook zeigt Bilder hedonistischer Ausgelassenheit, hochgeladen von Usern, die unbezahlte Arbeit verrichten: Für das soziale Netzwerk schaffen sie Wert, ohne dafür entlohnt zu werden. Und noch in einem anderen Sinn sind Partys ein Job: Unter Bedingungen objektiver Verelendung und ökonomischer Rezession wird der Ausgleich affektiver Defizite individualisiert und outgesourct.

Bisweilen sickert frei flottierende Tristesse bis tief in die musikalischen Strukturen. Auf dem Blog *No Good Advice* beschreibt Blogger J die Verwendung eines Samples aus Kaomas 1989er Track »Lambada« auf Jennifer Lopez' 2011er Hit »On The Floor«: »Das Fitzelchen aus ›Lambada‹ funktioniert wie ein Trigger für verschüttete Erinnerungen, eine Art Party Hauntology, die dem Song eine leicht wehmütige, nostalgische Traurigkeit verleiht.« Im Text des Tracks findet sich tatsächlich keine Spur von Traurigkeit, da geht es um nichts weiter als um die Aufforderung zum Tanzen. Die Schwermut scheint sich von außen zu nähern, wie Spuren der wachen Welt sich in Träume einschleichen – oder wie in Christopher Nolans Film *Inception* (2010) der Schmerz alle verbundenen Traumwelten durchdringt.

Möglicherweise ist »Party Hauntology« sogar die angemessene Bezeichnung für die Art Pop, die im 21. Jahrhundert bislang vorherrscht, jene transnationale Clubmusik, wie sie David Guetta, Flo Rida, Calvin Harris oder Will.i.am produzieren. Das Unerledigte der Vergangenheit, das Scheitern der Zukunft sind hier allerdings verdrängt, was bedeutet, dass uns auch die Hauntology in verleugneter Form begegnet. Nehmen wir einen Track wie das ungemein populäre »I Gotta Feeling« der Black Eyed Peas. Obgleich »I Gotta Feeling« vordergründig ein optimistisches Stück ist, hat es etwas Verzweifeltes an sich. Vielleicht liegt es an Will.i.ams Verwendung von Auto-Tune – fast scheint es, als wohne der Technologie selbst eine an *Sparky's Magic Piano* erinnernde Melancholie inne, etwas, das Kanye West auf *808s & Heartbreak* nicht so sehr erfand, als vielmehr freilegte. Ungeachtet der deklamatorischen Wiederholung zeichnet sich der in »I Gotta Feeling« so zuversichtlich angekündigte Spaß eher durch Zerbrechlichkeit und Flüchtigkeit aus. Zum Teil liegt das daran, dass der Track eher wie eine Erinnerung an Vergangenes daherkommt denn wie die Antizipation dessen, was die Nacht noch so bringen mag. Das Album *The E.N.D. (The Energy Never Dies)*, auf dem sich »I Gotta Feeling« findet, verweist – wie bereits das Vorgängeralbum *The Beginning* – in einem solchen Maß auf Rave, dass es im Grunde nur als eine Hommage an das Genre verstanden werden kann. »The Time (Dirty Bit)« von *The Beginning* ginge ohne Weiteres als Rave-Track aus den frühen 1990er Jahren durch – das ungeglättete Ineinanderfügen von Teilen erinnert an die Ruff 'n' Ready-Texturen, die Sampler zu jener Zeit geschaffen hätten, und das Aneignen von »(I've Had) The Time Of My Life« aus *Dirty Dancing* entsprach genau der Art subversiv/sublimierenden Umgangs mit kitschigem Rohmaterial, die Rave-Produzenten begeisterte. Allerdings steckt in den Rave-Anleihen der Black Eyed Peas nicht so sehr ein Revival als vielmehr vor allem ein Verdrängen, dass es Rave jemals gegeben habe. Denn wenn das Genre nie existierte, gibt es auch keine Notwendigkeit, ihm nachzutrauern. Wir können so tun, als passiere dies alles zum ersten Mal, als liege die Zukunft vor uns. Die Schwermut hört auf, etwas zu sein, das wir empfinden; das Dilemma prägt unsere Zeitlichkeit selbst, wir sind wie Jack Torrance im Gold Room des Overlook Hotel, tanzen zu Geisterstücken und reden uns ein, die Musik vergangener Jahre sei in Wirklichkeit die Musik von heute.

03: Die Farbe des Ortes

»Immer auf der Suche nach einer Zeit, die gerade zerrinnt« – *Savage Messiah* von Laura Oldfield Ford

(*Juni 2011*)

»Ich betrachte meine Arbeit als diaristisch. Die Stadt lässt sich als Palimpsest aus Schichten von Ausradiertem und Darübergeschriebenem lesen«, stellt Laura Oldfield Ford fest. »Die Notwendigkeit, die vergängliche und ephemere Natur der Stadt zu dokumentieren, wird umso dringlicher, je schneller der Prozess der Einschließungen und Privatisierungen sich fortsetzt.«[1]

Die Stadt, um die es hier geht, ist natürlich London, und Fords *Savage Messiah* bietet eine Underground-Gegengeschichte der Hauptstadt unter neoliberaler Herrschaft.[2] Wenn *Savage Messiah* »diaristisch« ist, so ist es doch viel mehr als nur subjektive Erinnerung. Geschichten aus Fords Leben vermischen sich notwendigerweise mit den Geschichten anderer, und es ist nicht möglich, die Verbindungen auszumachen. »Aus zerfallendem Gewebe, aus unerkennbarem Terrain wurde meine Lebensgeschichte, die Euphorie, dann die Wut, Schichten von Erinnerungen kollidieren, splittern und setzen sich neu zusammen.« Die Perspektive, die Ford einnimmt, die Stimme, mit der sie spricht – und die durch sie spricht –, gehören denen, die nach offizieller Lesart als Verlierer dastehen: Punks, Squatter, Raver, Fußballhools und politische Militante. Über sie fegte die Geschichte hinweg, photoshoppte sie skrupellos aus der

[1] Laura Oldfield Ford, Artist's Statement, The Valerie Beston Artists' Trust: Prizewinner 2007 (Ausstellung), September 2008.

[2] *Savage Messiah* ist der Titel des Blogs von Laura Oldfield Ford (lauraoldfieldford.blogspot.com) und des von ihr publizierten Zines. Der vorliegende Text erschien erstmals als Einleitung zur Buchveröffentlichung *Savage Messiah*, London: Verso, 2011.

Finanz-SimCity fort. *Savage Messiah* legt eine andere Stadt frei, eine Stadt, die dabei ist, begraben zu werden, und nimmt uns mit auf eine Tour zu ihren Wahrzeichen: Isle of Dogs… The Elephant… Westway… Lea Bridge… North Acton… Canary Wharf… Dalston… Kings Cross… Hackney Wick…

Es ist eines von vielen Echos des Punk, dass Ford ihr Projekt *Savage Messiah* als ein »Zine« bezeichnet. Sie begann damit 2005, acht Jahre nach der Regierungsübernahme durch New Labour, die den Thatcherismus eher zementiert als überwunden hat. Der Kontext ist düster. London ist eine besiegte Stadt; sie gehört dem Feind. »Die lichtdurchfluteten Filialen von Starbucks und Costa Coffee säumen diese schimmernden Promenaden, *young professionals* sitzen davor und unterhalten sich freundlich aufgeschlossen.«[3] Es herrscht eine restaurative und reaktionäre Stimmung, doch die Rede ist von Modernisierung; soziale Spaltung und Ausschluss – um London zu einem sicheren Ort für die Superreichen zu machen – heißen dementsprechend *Erneuerung* und *Entwicklung*. Der Kampf um Raum ist zugleich ein Kampf um Zeit und darum, wer sie kontrolliert. Widerstand gegen die neoliberale Modernisierung bedeutet (so erklärt man uns allenthalben), sich der Vergangenheit zu verschreiben. Über dem London von *Savage Messiah* hängt drohend der Megalith »London 2012«: Im Verlauf des vorangegangenen Jahrzehnts wurde die Stadt mehr und mehr einem abgeschmackten Science-Fiction-Telos subsumiert, während die Olympic Delivery Authority weite Teile von East London kurzfristig für einen Fototermin des globalen Kapitalismus herrichtete. Wo einmal inmitten der Stadt Berge aus alten Kühlschränken und verlassene Fabrikhallen in einer an Tarkovski und Ballard erinnernden urbanen Wildnis zu finden waren, wächst nun eine viel langweiligere Wüste:

[3] Zitate und eingerückte Passagen stammen, soweit nicht anders angegeben, von Laura Oldfield Ford, unter anderem aus *Savage Messiah*.

Räume, die man durchstreifen könnte, sind eliminiert, sie wichen Einkaufszentren und olympischen Wettkampfstätten mit Verfallsdatum.

»Als ich an den Zines arbeitete«, erinnert sich Ford, »ließ ich mich durch London treiben. Die Spuren und Überbleibsel von Rave, der Anarcho-Punk-Szene und aller möglichen Subkulturen ließen mich nicht los, während all diese unsäglichen Erneuerungs- und Entwicklungsprogramme umgesetzt wurden. Es war tatsächlich, als bewegte ich mich durch eine Stadt, in der es spukt, als ob sich gegen all das Phantasielose und Dumpfe der Art, wie New Labour die Stadt sah, Widerstand regte; und getragen wurde er von den Geistern der brutalistischen Architektur, aus der Konvoi- und Rave-Szene der Neunziger und den politischen Bewegungen der Achtziger sowie einer virulenten Schattenökonomie der Müllsammler, Diebe und Dealer. *Savage Messiah* gehört, denke ich, in diesen Zusammenhang einer Zeit, in der Reste und Spuren euphorischer Momente eine melancholische Landschaft heimsuchen.«

Das London der Restauration, das sich 2012 feiert, ist bemüht, all diese Spuren zu eliminieren. *Savage Messiah* bietet, wenn Ford Schichten von Junk, eine alles überwuchernde Vegetation und heruntergekommene Gegenden liebevoll porträtiert, eine unmittelbare Antwort auf die makellosen digitalen Bilder, die die Olympic Delivery Authority vor Augen hatte, beispielsweise bei der Umgestaltung des Lee Valley, heute eine streng überwachte Sicherheitszone mit Zugangsbeschränkungen.

Tony Blairs »Cool Britannia« ist die Blaupause für eine analgetische Vision der Metropole im Sinne der »Kreativindustrie«. Alles wird darin zu einer Werbekampagne. Alternativen werden nicht einfach nur überschreiben (oder eliminiert), sondern zu Simulakren ihrer selbst. Es ist eine im Grunde vertraute Geschichte. Nehmen wir nur den Westway: Die einst geschmähte mehrspurige Schnellstraße im Londoner Westen war ein mythischer Ort für J. G. Ballard, die Punk-Szene und Chris Petit; heute ist die Gegend eine überaus angesagte Filmkulisse.

> Die Randbezirke, die seit den siebziger Jahren einen negativen Ruf genossen, wurden in den Neunzigern von MTV und langweiligen Medientypen wiederentdeckt. Der Westway diente dem Gorillaz-Schwachsinn als Staffage, wurde zum Motiv farbloser Drum-and-Base-Cover oder zum Hintergrund von Photoshoots in kommerziellen Skate-Parks.
>
> Cool Britannia. Fader Scherz.
> »Raum« wird zur wichtigsten Ware überhaupt. Notting Hill. New Age-Spinner verhökern teuren Ramsch. Homöopathie und Boutiquen, Engelskarten und Heilsteine.

Medien und Hochfinanz auf der einen Seite, billige Mystik und Aberglaube auf der anderen: Alle Strategien der Hoffnungslosen und derer, die damit ihr Geschäft machen, im London der Restauration... Tatsächlich ist Raum die Ware überhaupt. Der Trend setzte vor mehr als dreißig Jahren ein und verstärkte sich mit der Privatisierung des sozialen Wohnungsbau sowie der Streichung öffentlicher Programme, um schließlich in der Hyperinflation der Wohnraumpreise zu Beginn des 21. Jahrhunderts zu kulminieren. Um den wachsenden kulturellen Konservatismus in der Metropole zu erklären, die Eroberung Londons durch die Kräfte der Restauration, genügt der Blick auf diese Entwicklung. Wie Jon Savage in *England's Dreaming*[4] beschreibt, war das London des Punk eine immer noch ausgebombte Stadt voller Lücken, heruntergekommener Räume und leerer Häuser, die man vorübergehend besetzen und bewohnen

[4] Jon Savage, *England's Dreaming. Anarchy, Sex Pistols, Punk Rock, and beyond*, London: Faber & Faber, 1991 (dt. *England's Dreaming. Anarchie, Sex Pistols, Punk Rock*, übers. von Conny Lösch, Berlin: Edition Tiamat, 2001).

konnte. Nachdem diese (Frei-)Räume beseitigt waren, fließt praktisch die gesamte Energie der Stadt in Mieten und Hypothekenzinsen. Für Experimente, für Streifzüge, bei denen man nicht weiß, wo sie hinführen, bleibt keine Zeit. Ziele und Absichten müssen von vornherein klar sein. »Freizeit« bleibt der Erholung vorbehalten. Wir wenden uns dem zu, womit wir uns am besten für den nächsten Arbeitstag fit zu machen meinen: Es ist Altbekanntes (oder klingt zumindest ähnlich). London wird zur Stadt griesgrämiger Drohnen mit iPod-Stöpseln im Ohr.

Savage Messiah entdeckt die Stadt als Ort des Dahintreibens und des Tagtraums wieder, als ein Labyrinth von Nebenstraßen und Räumen, die den Prozessen der Gentrifizierung und *Entwicklung* widerstehen, mit dem erbärmlichen Superspektakel von 2012 als Höhepunkt. Der Einsatz ist hier nicht nur die (historische) Ausrichtung der Zeit, sondern es sind ebenso sehr ihre verschiedenen Verwendungsweisen. Dem Kapital geht es darum, uns immer beschäftigt zu sehen, selbst wenn es keine Arbeit gibt. Im voluntaristischen Märchenland des Neoliberalismus gibt es immer irgendwelche Chancen, die man selbst schaffen oder ergreifen kann; ohne ein ständiges Streben und Bemühen ist alles vergeudete Zeit. Der gesamten Metropole wird eine gigantische Simulation permanenter Betätigung aufoktroyiert, ein phantastischer Produktivismus, ohne dass wirklich etwas produziert würde, eine auf heißer Luft und einem Delirium der Langeweile gründende Ökonomie.

Savage Messiah verhandelt eine andere Art Delirium: das Nachlassen des Drucks, man selbst zu sein, das langsame Entwirren der biopolitischen Identitäten, eine entpersönlichte Reise in jenen erotischen urbanen Raum, der parallel zur Geschäftsmetropole existiert. Das Erotische ist hier nicht in erster Linie sexuell, auch wenn es dies mitunter einschließt: Es geht um eine Kunst kollektiven Genießens, in der – zumindest für einen Augenblick – eine Welt jenseits der Arbeit aufscheint und erfahrbar wird. Vergeudete Zeit, verlorene Nachmittage, Unterhaltungen, die ausufern und dahintreiben wie Rauch, stundenlange Spaziergänge ohne bestimmtes Ziel, freie Partys in ehemaligen Industrieanlagen, die noch Tage später nachhallen. Der Schritt von der Anonymität zur Begegnung kann in der Stadt sehr klein sein. Wir gehen irgendwo hinein und stehen plötzlich mitten im Leben anderer. Manchmal fällt es uns leichter, mit Menschen zu sprechen, die wir nicht kennen. Bevor wir wieder in der Menge verschwinden, kommt es zu flüchtigen Vertrautheiten. Doch die Stadt verfügt über eigene Strukturen der Erinnerung: Ein Wohnblock oder eine Straße, die wir lange Zeit gar nicht mehr beachteten, erinnern uns an Menschen, die wir nur einmal getroffen haben, und zwar vor vielen Jahren. Werden wir sie je wiedersehen?

Auf eine Tasse Tee in einem der Tecton-Wohnblocks an der Harrow Road; eingeladen hat mich einer der älteren Männer aus der Tagesstätte, in der ich arbeite. Wir waren auf der Kilburn High Road einkaufen und dann goss ich die Fuchsien auf seinem Balkon. Die meiste Zeit sprachen wir über die Luftangriffe und über Krankenhäuser. Er war Wissenschaftler gewesen; seine Einkaufszettel schrieb er auf alte braune Briefumschläge, die er in einem Stapel Keksdosen aufbewahrte.

Ich vermisse ihn.
Ich vermisse sie alle.

Savage Messiah setzt Anachronismen als Waffe ein. Auf den ersten Blick, bei der ersten Berührung wirkt *Savage Messiah* vollkommen vertraut – und das Taktile ist für die Erfahrung ganz wesentlich: Es fühlt sich nicht genauso an, wenn man die Zines nur im JPEG-Format auf dem Bildschirm ansieht. Die Form selbst, die Zusammenstellung von Photographien, maschinengeschriebenen Texten und Zeichnungen, der Einsatz von Schere und Kleber statt des digitalen Cut-and-Paste, all das lässt *Savage Messiah* irgendwie unzeitgemäß, doch keineswegs überholt wirken. Bewusst lehnt sich die Ästhetik an die der Plattencover und Fanzines der Punk- und Post-Punk-Szene in den 1970er und 1980er Jahren an. Am deutlichsten erinnert es mich an Gee Vaucher, die damals die delirierenden, verstörend fotorealistischen Plattencover und Poster für das Anarcho-Punk-Kollektiv Crass schuf.

»Ich habe mit dem Zine und dessen Aussehen versucht, aufs Neue radikale Politik mit einer Ästhetik zu verbinden, die durch ihre Verwendung in der Werbung, bis hin zu Club-Events in Shoreditch, irgendwie kraftlos geworden war«, meint Ford. »Der Anarcho-Punk-Look war überall, doch bar jeglicher radikalen Kritik. Mir schien es wichtig, zu jenem Moment Ende der Siebziger, Anfang der Achtziger zurückzukehren, als es soziale Unruhe, Riots, Streiks und wirklich aufregende kulturelle Szenen gab und das Gefüge des Alltagslebens Risse bekam.« Die »Rückkehr« zu jenem Post-Punk-Moment ist eine Reise in eine andere Gegenwart. Dennoch führt die Rückkehr in erster Linie zu einem bestimmten Ensemble von Stilen und Methoden – tatsächlich existierte damals nichts *Savage Messiah* Vergleichbares.

Fords Zine ist eine gigantische, unvollendete Collage, die permanent ihre Gestalt verändert – wie die Stadt selbst. Makro- und Mikro-Erzählungen wuchern und breiten sich aus, krakelige Slogans kehren wieder, Gestalten ziehen durch verschiedene Varianten Londons, manchmal gefangen in den trostlos blendenden Räumen, wie Werbung und Erneuerungs-Propaganda sie entwerfen, manchmal frei dahintreibend. Ford verwendet die Collage-Technik ganz ähnlich wie William Burroughs: als eine Waffe in der Schlacht um Zeit. Das Cut-up ermöglicht es, etablierte Erzählungen zu verrücken, mit Gewohnheiten zu brechen, neue Assoziationen entstehen zu lassen.

In *Savage Messiah* löst sich die makellose, immer schon

vollendete kapitalistische Realität Londons in einen Aufstand von Möglichkeiten auf.

Savage Messiah ist für die geschrieben, die *Erneuerung* und *Entwicklung* nicht erreichen werden, selbst wenn sie das wollten. Sie sind nicht erneuerbar, eine verlorene Generation, »immer auf der Suche nach einer Zeit, die gerade zerrinnt«: Punk haben sie selbst nicht mehr mitbekommen, doch in ihren Erwartungen sind sie gerade durch dessen rebellischen Nachhall geprägt; den Bergarbeiterstreik bewunderten sie als Heranwachsende, waren jedoch zu jung, um sich tatsächlich an militanten Aktionen zu beteiligen; den Zukunftsrausch und die Euphorie des Rave schließlich erlebten sie in erster Person, und sie hätten sich nie träumen lassen, dass alles wie überhitzte Synapsen ausbrennen würde. Es ist, mit einem Wort, die Generation all jener, denen es niemals gelang, sich mit der durch den Triumph des Neoliberalismus aufgezwungenen »Realität« zu arrangieren. Friss oder stirb, heißt es, und wer sich der allgemeinen begeisterten Geschäftigkeit nicht anpassen mag oder nicht den notwendigen Enthusiasmus für die Kreativindustrie teilt, dem stehen tatsächlich jede Menge verschiedener Arten des Sterbens zur Verfügung. Millionen Tode, zur freien Auswahl: Drogen, Depression, Armut. Viele Formen katatoner Zusammenbrüche. Einst inspirierten »Deviante, Psychotiker und Schizophrene« militante Dichter, Situationisten und Rave-Träumer. Heute landen sie in Anstalten oder enden in der Gosse.

Einkaufszentrum. Kein Zugang für Fußgänger.

Dennoch verbreitet *Savage Messiah* keineswegs Hoffnungslosigkeit. Es geht nicht darum nachzugeben oder einzulenken, sondern um unterschiedliche Strategien, die tiefe Eiszeit im London der Restauration zu überleben. Es sind Leute, die am Rande des Nichts existieren, die mit Sicherheit nicht ihren Traum leben, doch ebenso wenig aufgeben.

»Fünf Jahre sind seit der letzten Party vergangen, doch er bleibt in der Spur; Lebensmittel organisiert er wie ein Ballard'sches Unfallopfer.« Wir können in eine Art Scheintod übergehen – wohl wissend, dass die Zeit nicht reif ist –, um mit kalter, reptilienhafter Geduld darauf zu warten, dass sie kommt. Oder wir können aus dem dystopischen London fliehen, ohne die Stadt zu verlassen, indem wir die innenstädtischen Geschäftsviertel meiden und sichere Korridore durch das besetzte Gebiet wählen, also für unsere Wege durch die Metropole Cafés, die Wohnungen von Gleichgesinnten oder öffentliche Parks nutzen. *Savage Messiah* verzeichnet solche Routen, sichere Passagen durch »kommerzialisierte Territorien der Kontrolle«.

Die Zines stecken voller Bezüge zur Musikkultur. Zuerst einmal finden sich die Namen von Gruppen: Infa Riot und Blitz. Fetzen von Abba oder Heaven 17 im Radio. Japan, Rudimentary Peni, Einstürzende Neubauten, Throbbing Gristle, Spiral Tribe. Ob wir diese Gruppen nun grandios finden oder unterirdisch, eine solche Aufzählung besitzt eine atmosphärische Kraft, die tief eindringt. Dreißig Jahre alte Konzertposter – Mob, Poison Girls, Conflict – rufen ältere Versionen unseres Selbst auf; halbvergessene Haarschnitte, lange begrabene Sehnsüchte sind wieder präsent. Doch die Rolle der Musikkultur geht in *Savage Messiah* noch weiter. Die Machart und Ästhetik verdanken den rohen Dance- und Drogenszenen, die aus dem Rave hervorgehen, ebenso viel wie Punk-Fanzines; die Montagetechnik hat mit DJ-Mixsets genauso viel gemein wie mit den Vorbildern im visuellen Bereich. Und nicht zuletzt geht es in *Savage Messiah* auch um die Beziehung von Musik und Ort: Die Zines bezeugen die Art und Weise, wie Musik die hochsensiblen Membranen der Stadt verändert.

> Der düstere Ort wird vom Sound versunkener Acid House Partys und dem fernen Nachhall von 1986 heimgesucht. Test Department. 303. 808. Spuren von Industrial.

In den Ringlokschuppen war leicht hineinzukommen, und im Depot selbst, seit Jahren nicht mehr genutzt, leuchteten Tags und Dubs.

Wir können die verlassenen Orte hören, spüren, wie die Vegetation die leerstehenden Keller, ehemaligen Bunker und eingestürzten Terrassen überrankt. Hochsommer, glühende Hitze unter dem Beton, Zeit(en) des Armagedón, ein verborgener Garten, gefunden und wieder verloren.

Oberflächlich betrachtet gehörte *Savage Messiah* wohl in die Kategorie Psychogeographie, doch auf eine solche Etikettierung reagiert Ford verärgert.

»Vieles von dem, was heute Psychogeographie genannt wird, ist in meinen Augen bloß eine Sache von Männern aus der Mittelklasse: Sie agieren wie Kolonialherren auf Forschungsreise, zeigen uns ihre Entdeckungen und achten im Übrigen darauf, alles in der Hand zu behalten. Ich habe die letzten zwanzig Jahre damit verbracht, in London herumzulaufen, habe hier in der Stadt unter prekären Bedingungen und an rund fünfzig verschiedene Orten gelebt. Ich glaube, mein Verständnis und meine Erörterung der Stadt unterscheiden sich ziemlich von solchen Ansätzen.«

Statt daher *Savage Messiah* einer zunehmend überstrapazierten Rubrik wie Psychogeographie zuzuschlagen, erscheint es überzeugender, die Zines als Beispiel jener kulturellen Verdichtung wahrzunehmen, die zeitgleich mit Fords Arbeit sichtbar (und hörbar) zu werden beginnt: Hauntology.

»Das von mir heraufbeschworene London«, so Ford, »ist durchdrungen von einem Gefühl der Trauer. Etwa um jene Außenbezirke, in denen damals die freie Rave-Szene trostloses Sumpfland und verlassene Industriegeländer leuchten ließ.« Viele Träume von Kollektivität starben im neoliberalen London. Eigentlich sollte ein neuer Mensch hier leben –

all das musste verschwinden, um der Restauration freie Bahn zu schaffen.

Bestimmte, besonders intensive Momente verfolgen und färben einen Ort. Wie David Peace, mit dessen Werk *Savage Messiah* eine Reihe von Berührungspunkten aufweist, zeigt sich Ford für die Poesie von Daten und Gelegenheiten sensibel. 1979, 1981, 2013: Jahreszahlen, die immer wieder auftauchen, Augenblicke des Übergangs, Zugänge zu einem ganz anderen Zeitlauf. 2013 verweist dabei auf eine postapokalyptische Dimension – insofern 2012 nicht nur für das Jahr der Olympischen Spiele in London, sondern auch, zumindest nach Meinung einiger, für das im Mayakalender angekündigte Datum des Weltuntergangs steht. 2013 könnte daher ein Jahr Null sein: die Umkehrung von 1979, eine Zeit, in der all die betrogenen Hoffnungen und verpassten Chancen endlich verwirklicht werden. *Savage Messiah* lädt dazu ein, in den Spalten und Rissen des besetzten London die Umrisse einer anderen Welt zu entdecken.

Vielleicht ist hier der Ort, den Raum zu öffnen und den kollektiven Widerstand gegen diese ganze neoliberale Expansion, gegen das endlose Wuchern von Banalitäten und die homogenisierenden Effekte der Globalisierung zu organisieren. Hier, in diesen ausgebrannten Einkaufspassagen, den zugenagelten Zentren, den verlorenen Zitadellen des Konsums findet sich möglicherweise die Wahrheit, öffnen sich neue Räume und klärt sich diese kollektive Amnesie.

Nomadalgie: *So This Is Goodbye* von den Junior Boys

(*k-punk-Eintrag vom 4. März 2006*)

Den Dingen Raum zu lassen, ist bei den Junior Boys üblich. Der Synthie-Pop, der die Band inspirierte, klebte größtenteils am Drei-Minuten-Format; gab es »extended Remixes«, war das meist ein Zugeständnis an die Imperative des Dancefloors. Doch auf *So This Is Goodbye* (2006) bleibt nur einer von zehn Tracks unter vier Minuten. Der Raum ist ein *integraler* Bestandteil, nicht nur des Sounds, sondern der Songs selbst. Raum ist ein kompositorisches Element, eine Voraussetzung der Stücke, nicht irgendetwas, das im Nachhinein hinzugefügt wird, weil einem Produzenten danach ist. Die Pausen, die imaginativ-anspielende Art der Lyrics, die hauchende Phrasierung würden außerhalb der aus dem Dance-Umfeld importierten Plateau-Architektur nicht funktionieren – oder machten zumindest wenig Sinn. Auf drei Minuten zusammengestaucht, büßten die Songs der Junior Boys nicht nur Spieldauer ein.

House-Bezüge finden sich überall: der Titeltrack ist umwerfend, das oneirische Schweben auf einem honigsüßen Mr Fingers-Plateau, und es sind nicht nur die treibenden Synthesizer-Arpeggien verschiedener Tracks, die dabei an Jamie Principle erinnern. Dennoch klingt das Album weder wie House noch wie die meisten vorangegangenen Versuche, House und Pop zu verbinden. *So This Is Goodbye* ist wie House, wenn House in der Wildnis Kanadas statt in den Clubs von Chicago entstanden wäre. Sehr viele House-Pop-Hybriden füllen den Raum des House mit geschäftigem, hektischem Tun. Den umgekehrten Weg wählte Luomo auf *Vocalcity* (2000) und, wenn auch in geringerem Umfang, auf *The Present Lover* (2003), wenn er die Songs immer weiter auseinanderdriften ließ. Doch Luomos Alben sind per se eher House als Pop. *So This Is Goodbye* hingegen ist ganz zweifellos ein Pop-Album; womöglich ist es sogar noch eingängiger als *Last Exit* (2004).

Ein offenkundiger Unterschied zwischen *So This Is Goodbye* und seinem Vorläufer ist das Fehlen exaltierter Stopp-Start-Stotter-Beats auf dem neuen Album. Wenn die Erfindungsgabe der Junior Boys sich nicht länger auf Beats konzentriert, reflektiert dies ebenso sehr einen Niedergang im näheren und weiteren Pop-Umfeld wie es ein Zeichen für die von der Band neuentdeckte Vorliebe für eine gewisse rhythmische Klassizität ist. Die auf *Last Exit* zu hörende Auseinandersetzung mit Beats von Timbaland und Dem 2 verweist auf Bezüge zu psychedelischen Strömungen, die damals im Pop noch formverändernd wirkten. In der Zwischenzeit haben freilich sowohl HipHop als auch UK Garage ein Wende zum Brutalismus vollzogen; Pop ist damit von allen modernisierenden Einflüssen von dieser Seite abgeschnitten. Timbalands Beat-Surrealismus wich schon vor Jahren dem repetitiven Auf-der-Stelle-Treten, wurde ersetzt durch das ultra-realistische, rücksichtslose Stampfen des kommerziellen HipHop und die harte Aggressivität von Crunk; und die »feminine Ausprägung« im 2Step ist längst verdrängt und überrollt durch die testosteron-gesättigte Beschränktheit von Grime und Dubstep. Einer solchen miefigen Schwere freilich steht die cyber-ätherisch elegische Körperlichkeit der Junior Boys absolut entgegen. Deren Tracks nach Grime oder Dubstep zu hören ist, als verließen wir die voller Dope-Schwaden hängende Mannschaftskabine, um in eine Berglandschaft Caspar David Friedrichs hinauszutreten. Ein Durchatmen. (Bezeichnenderweise übrigens verdrängen die super-hetero Post-Garage-Acts den Einfluss von House, während die Junior Boys so emphatisch darauf zurückkommen.)

Der Verzicht auf rhythmische Trickyness verweist möglicherweise allerdings auch auf die recht weit reichenden Pop-Ambitionen der Junior Boys; letztlich sind sie eher

Vorreiter eines *New MOR*, als dass sie weiter an *New Pop* arbeiteten.[5] Wenn es keine Innovation gibt, ist es sinnvoller, frühere Ecken und Kanten zu glätten und das Mainstreamige aufzupolieren. Schon immer hatten die Songs der Junior Boys mehr mit einer bestimmten Art des zeitgenössischen *MOR* gemein – Hall and Oates, Prefab Sprout, Blue Nile, Lindsay Buckingham – als mit Rock. Zeitgenössisches *MOR* ist das Gegenteil eines diskreditierten Entrismus: Es geht nicht um einen Marsch durch die Institutionen, nicht um ein *conform to deform*, sondern das Fremde wird direkt im Vertrauten fixiert. Das Problem im aktuellen Pop ist nicht die Dominanz des *MOR*-Formats, sondern der Umstand, dass *MOR* durch einschmeichelnd-weinerliche Indie-Authentizität korrumpiert ist. Gäbe es Gerechtigkeit auf der Welt, wären heute die Junior Boys und nicht die kitschige Gefühlsduselei von James Blunt oder die hausbackene Ernsthaftigkeit von KT Tunstall das Maß der Dinge im globalen Mainstream.

Allerdings klingt *So This Is Goodbye* eher nach Tundra als nach Mainstream, so als habe die Reise in die endlosen Weiten des amerikanischen Nordens die Junior Boys weit über die nächtlichen Fernstraßen von *Last Exit* hinausgeführt. Die Lichter der Stadt und der Edward Hopper'schen Coffee-Bars der ersten LP sind verschwunden, nun liegen selbst die letzten Kleinstädte hinter uns und wir sind auf dem Weg in die menschenleere Wildnis Nordkanadas. Genauer gesagt scheint diese Wildnis tief ins Innere des Albums vorgedrungen zu sein. Wie Glenn Gould auf *The Idea Of North* anmerkt, besitzt die eisige Einöde des hohen Nordens für das kanadische Imaginäre eine besondere Anziehungskraft.[6] Auf *So This Is Goodbye* ist das nirgendwo

[5] *MOR* (*Middle of the road*): Radioformat für melodischen Mainstream-Pop.
[6] Glenn Gould, *Solitude Trilogy. One: The Idea Of North* (1967), CD, CBC Records, 1992.

besser zu hören als in den Lücken und Leerstellen der Songs – jenen Lücken und Leerstellen, die die Songs erst zu dem machen, was sie sind.

Solche Kluften und Spalten weiten sich im Verlauf des Albums. In der zweiten Hälfte (die ich als die »zweite Seite« des Albums höre: *So This Is Goodbye* zeigt erfreulicherweise den Aufbau einer klassischen Pop-LP, nicht den einer mit Extra-Tracks vollgestopften CD) ziehen zusehends elektronische Cumuluswolken auf. Der Titeltrack setzt breite Synthies gegen die antiklimaktische Eindringlichkeit des »Forever Now« von Acid House: Es ist wie das Hinauflaufen auf einer abwärtslaufenden Rolltreppe, eingefrorene Bewegung in einem Augenblick des Übergangs. Auf den beiden Tracks »Like A Child« und »Caught In A Wave« hinterlässt der aufgeregte Drive der für das Album typischen Synthesizer-Arpeggien opiatisch-atmosphärische Kondensstreifen.

Die Interpretation des Frank-Sinatra-Covers »When No One Cares« ist der Knoten, der *So This Is Goodbye* als Ganzes zusammenhält, und zugleich ist der Track ein Indiz der *MOR*-Intentionen. (Titel weiterer Tracks – »Count Souvenirs« und »Like A Child« – entstammen Zeilen des Sinatra-Songs, ganz so, als gebe der ein Rätsel auf, das die Junior Boys auf ihrem Album zu lösen versuchten.) *So This Is Goodbye* steht ziemlich genau in der gleichen Beziehung zu High Energy wie der späte Sinatra zu Big-Band-Jazz: Was einmal ein tanzorientiertes Genre war, verwandelte sich in einen leeren, zerklüfteten, kontemplativen Raum einsamen Nachdenkens. Auf dem »When No One Cares« der Junior Boys finden sich keinerlei Beats mehr, die »endlose Nacht« des Tracks erleuchten nur noch sterbende Sterne mit ihrem Kometenschweif und das pulsierende Aufblitzen elektronischen Halls.

Die Junior Boy verwandeln die Melancholie des Originals, die Schwermut des Einsamen in der Menge – Frank, der an der Bar stehend in seinen Whisky Sour starrt, während hinter ihm (oder in seiner Fantasie) glückliche Paare ausgelassen feiern –, in eine in die Wildnis hinausgeflüsterte Klage, einen zu Eis gefrorenen Atem über dem mitternächtlich gleichgültigen schwarzen Spiegel eines der Großen Seen. Es ist die gleiche kosmische Hoffnungslosigkeit, mit der die Young Gods Kurt Weills »September Song« interpretieren, so arktisch weiß wie Miles Davis' *Aura.* Sinatras »When No One Cares« ist einer meiner Lieblingssongs; es ist bestimmt zwanzig Jahre her, dass ich ihn erstmals hörte, doch in der Version der Junior Boys – die den Kummer des Originals in einem positiven Sinn aus seiner katatonischen Starre löst – wirken die Lyrics wie nie zuvor.

Sinatras 1959er Album *No One Cares* (das den Untertitel *From Penthouse To Satis House* hätte tragen können) war – ein wenig wie die Haltung von Pop zur literarischen Moderne – eher eine *affektive* als eine konzeptionelle Angelegenheit: eine Reihe von Stücken zu einem bestimmten Thema – in einer Welt, in der alles mit allem in Verbindung steht, Verbindungen abzubrechen –, und Frank als ein in die Jahre kommender Feingeist, verlassen in der McLuhan'schen Ödnis der späten Fünfziger, Elvis war bereits da und die Beatles waren unterwegs, und Telefon oder Fernsehen eröffneten der Einsamkeit letztlich nur neue Wege. (Wofür stand jenes »Niemand« in *No One Cares*, wenn nicht für das jugendliche Publikum, das seine Verehrung neuen Objekten zuwandte?) *So This Is Goodbye* erscheint als ein Update von *No One Cares* unter den Bedingungen der Globalisierung: In den Bildern der Hotel-Lobbys, der Shopping-Malls, die wir niemals wiedersehen werden, und der zum Verkauf stehenden Häuser präsentiert sich eine Welt in einem Zustand ständiger Unbeständigkeit (oder sollte wir sagen: Prekarität?). Die Songs beschäftigen sich in ihrer großen Mehrzahl mit Abschiednehmen und Veränderung, richten den Blick darauf, etwas zum ersten oder zum letzten Mal zu tun. Nicht zufällig heißt der Titelsong »So This Is Goodbye«.

Die Melancholie Sinatras war die der »alten«, massenmedialen Technologie – die »Extimität« der Aufnahmen, gestützt auf Mikrophon und Schallplatte – und fand ihren Ausdruck in einer eigenartig kosmopolitischen, urbanen Schwermut. »I've flown around the world in plane / Designed the latest IBM brain / But lately I'm so downhearted // Ich flog in einem Flugzeug um die Welt / entwarf das neueste IBM-Hirn / doch in letzter Zeit ist mir das Herz so schwer«, singt Sinatra in »I Can't Get Started« auf *No One Cares*. Um die Welt zu jetten ist heute nicht mehr das Privileg einer Elite, sondern schwindelerregender Alltag für eine permanent enteignete globale Arbeitskraft. Jede Stadt ist heute ein Ziel für Reisende, worauf »FM«, der letzte Track auf *So This Is Goodbye*, anspielt. Alle sind wir heute auch zu Hause auf der Durchreise, sowohl im Sinne permanenter Mobilität als auch im Hinblick auf die Möglichkeit, über das Internet jederzeit Zugang zur Welt zu haben. Wenn Sinatras beste Songs, wie Hoppers Gemälde, sich damit beschäftigen, wie die Erfahrung der Metropole neue Formen der Isolation und Einsamkeit hervorbringt (und auch: wie die massenmediale Privatheit die einzige Art affektiver Beziehung begründet, die uns in einer fragmentierten Welt bleibt), so ist *So This Is Goodbye* eine Reaktion auf den im Zeitalter des Cyberspace recht banalen Gemeinplatz, dass mit dem Internet selbst zu den entlegensten Orte eine Verbindung hergestellt werden kann (und auch: dass solche Verbindungen häufig Gemeinschaften einsamer Seelen stiften). Sinatras »When No One Cares«, so der Eindruck, erzählt von einem nie erfolgten Anruf aus dem herzlosen Herzen des Big Apple, während in der Version der Junior Boys niemand die digitale Verbindung vom Ufer des Lake Ontario nutzt. (Und ist es ein Zufall, dass der Ausdruck »Cyberspace« von einem Kanadier geprägt wurde?)

Das Album *So This Is Goodbye* ist in einem bestimmten Sinn *reisekrank*. Es drückt etwas aus, das wir vielleicht *Nomadalgie* nennen können. Nomadalgie ist Fernweh, die Schwäche für das Reisen, das Komplement, nicht das Gegenteil zu Heimweh oder Nostalgie, der Sehnsucht nach Zuhause. (Und welche Beziehung besteht zu Hauntology?) Passenderweise verknüpft das letzte Stück des Albums, das bereits erwähnte »FM«, die »Fahrt nach Hause« mit Radio (auf *So This Is Goodbye* nicht die einzige Bezugnahme auf dieses Geistermedium). Internetradio, das erlaubt, an jedem Ort der Welt beliebige lokale Stationen zu hören, ist vielleicht mehr als alles andere der objektive Inbegriff unseres gegenwärtigen Zustands. Es ist ein Zustand, der sich dadurch auszeichnet, so Slavoj Žižek treffend, dass darin »globale Harmonie und Solipsismus auf eigentümliche Weise koexistieren. Geht, mit anderen Worten, unsere Immersion in den Cyberspace nicht Hand in Hand mit unserer Reduktion auf eine Leibniz'sche Monade, die, wenn auch ›ohne Fenster‹ auf eine äußere Realität, in sich selbst das ganze Universum spiegelt? Sind wir nicht immer mehr Monaden, ohne direkte Fenster auf die Realität, die nur mit dem Computerbildschirm interagieren, nur virtuellen Simulakren begegnen und doch mehr denn je zuvor in das globale Netzwerk eingebunden sind und zur gleichen Zeit mit der ganzen Welt kommunizieren?«[7]

[7] Slavoj Žižek, »No Sex Please! We Are Post-Humans«, The European Graduate School, 2001 (online: www.egs.edu/faculty/slavoj-zizek/articles/no-sex-please-we-are-post-humans/ – dt. in: ders., *Die gnadenlose Liebe*, übers. von Nikolaus G. Schneider, Frankfurt a. M.: Suhrkamp, 2001, S. 75).

Graue Gegend: Chris Petits Film *Content*

(*BFI / Sight & Sound, März 2010*)

An einer Stelle in Chris Petits neuem, verstörendem Film *Content* fahren wir durch den Containerhafen von Felixstowe. Für mich war es unheimlich, da Felixstowe von dort, wo ich jetzt lebe, nur ein paar Meilen entfernt liegt – was Petit filmte, hätte ich also genauso gut vom Auto aus sehen können. Noch unheimlicher wird das Ganze, weil Petit an keiner Stelle klar macht, dass er in Felixstowe ist; die Lagerhallen und ansatzweise erkennbaren Ladekräne wirken so archetypisch, dass ich anfing mich zu fragen, ob das nicht ein Doppelgänger sei, ein Containerhafen irgendwo auf der Welt. Das unterstreicht in gewisser Weise die Art, wie Petits Kommentar diese »blinden Gebäude« beschreibt, während die Kamera an ihnen vorbeifährt: »Nicht-Orte«, »nüchterne Baracken«, »die ersten Bauwerke einer neuen Zeit«, in der »Architektur überflüssig« werde.

Content ließe sich der Kategorie Essayfilm zuschlagen, doch ist er letztlich weniger essayistisch als aphoristisch. Damit ist indes nicht gesagt, der Film sei unklar oder zusammenhangslos. Petit selbst bezeichnet *Content* als »Road-Movie des 21. Jahrhunderts«, und die Betrachtungen des Films über Themen wie Älterwerden und Elternschaft, Terrorismus und Neuen Medien sind in eine Struktur eingelassen, die zwar non-linear aufgebaut ist, doch nicht fragmentarisch bleibt.

Content beschäftigt sich mit »Korrespondenz« in verschiedenen Bedeutungen des Wortes. Der Film geht in Teilen auf die elektronische Korrespondenz zwischen Petit und zwei wichtigen anderen Beteiligten zurück: Es sind Ian Penman (dessen Text im Film von dem deutschen Schauspieler Hanns Zischler gesprochen wird) und die deutsche

Musikerin Antye Greie. Penmans Text präsentiert eine Reihe von Überlegungen zum Thema E-Mail, das er als »anonyme, doch zugleich vertrauliche« Art flüchtiger Kommunikation begreift.

Manche von Penmans Betrachtungen hören wir zu Bildern von Postkarten – die bleibende Taktilität dieser obsoleten Form von Korrespondenz wird noch dadurch gesteigert, dass all die Absender und Empfänger heute vergessen sind. Greie ihrerseits produziert Sequenzen elektronischer Musik, die *Content* eine Art sonisches Unbewusstes geben, das die Begriffe und Vorstellungen, auf die Bilder und Voice-Track sich beziehen, bricht, in andere Zusammenhänge stellt, ergänzt.

Eines der ersten Zitate, das Greie in ihrer Soundarbeit verwendet – die im Übrigen an Skizzen nicht realisierter Songs erinnert – sind die berühmten Worte des Replikanten Roy Batty in *Blade Runner*: »If only you could see what I've seen, through your eyes« (Wenn du mit deinen Augen sehen könntest, was ich gesehen habe, mit deinen Augen). Es ist ein Satz, den auch Penman in seinen Essays über Musik, Technologie und Spuk wiederholt aufgreift – und der uns zu einer weiteren, von *Content* thematisierten Bedeutung von »Korrespondenz« bringt, nämlich zu Korrespondenzen im Sinne von Entsprechungen und Assoziationen. Manche hebt Petit in seinem trockenen, gleichwohl poetischen Kommentar hervor; andere zu finden, überlässt er den Betrachtenden.

Ein sehr erfreulicher Aspekt von *Content* ist, dass Petit der Intelligenz und Vorstellungskraft der Zuschauerinnen und Zuschauer vertraut, im Gegensatz zu so vielen zeitgenössischen Fernsehdokumentaristen, die zwanghaft ihre Kernthese ständig wiederholen und damit das Publikum tyrannisieren. Während im Fernsehen heute häufig eine Redundanz zwischen Bild und Kommentar anzutreffen ist, das Bild also darauf reduziert ist, den Text zu illustrieren, oder aber der Kommentar lediglich beschreibt, was man sieht, sind in *Content* gerade die Abstände zwischen Bild und Text produktiv, das Ungesagte und Ungezeigte.

Die Zusammenarbeit mit einem Schauspieler und einer Musikerin aus Deutschland sowie die vielen Bezugnahmen auf Kontinentaleuropa in *Content* verweisen unter anderem auf Petits Jugend, die er, wie der Film offenbart, zum Teil als Kind britischer Armeeangehöriger in Deutschland verbrachte. Zugleich steckt hinter jenen Bezügen aber auch Petits langgehegter Wunsch nach einer Art Versöhnung britischer Kultur mit der kontinentaleuropäischen Moderne. Petit selbst beschreibt *Content* als »informelle Coda« seines 1979er Films *Radio On* (der gegenwärtig auf DVD wieder verfügbar ist).[8]

Radio On orientiert sich stark am europäischen Avantgardekino und zielt seinerseits auf eine Annäherung zwischen britischem und kontinentaleuropäischem Film – die allerdings niemals glückte –, eine Annäherung, wie sie in den 1970er Jahren prominent im Art Pop stattfand, bei Kraftwerk und David Bowie etwa, einer musikalischen Richtung, die Petit in seinem Film in den Vordergrund rückt. Dem britischen Kino, das Petit hier vor Augen hatte, sollte es wie jener Musik gelingen, sein Europäischsein zu unterstreichen, und zwar nicht durch eine Wendung gegen Amerika, sondern gerade durch das selbstbewusste Absorbieren amerikanischer Einflüsse. Doch eine solche Zukunft stellte sich nie ein.

»Am Ende von *Radio On*«, so Petit kürzlich in einem Interview, »kommt ein Auto ›am Rande der Zukunft‹ zum Stehen, einer Zukunft, die, wie wir damals nicht wussten, Thatcherismus heißen würde.« In dieser Zukunft wartete eine bizarre und gleichermaßen banale Mischung aus Unvorhergesehenem und Archaischem. Statt auf Kraftwerks Autobahn zu beschleunigen, mussten wir feststellen, dass,

[8] *Radio On*, GB/D, 1979 (auf DVD wiederveröffentlicht von BFI Video, 2008).

wie Petit es in *Content* formuliert, »die Fahrt in ein Morgen zurückführte, das auf einer nicht existierenden Vergangenheit aufbaute«. Die Pop-Moderne, zu der auch *Radio On* gehörte, fand sich verdrängt und verleugnet durch eine toxische Mischung aus konsumorientiertem Populismus, Traditionskitsch, Xenophobie und US-Kulturindustrie. Vor diesem Hintergrund steht *Content* für den ruhigen, gleichwohl emphatisch vorgetragenen Vorwurf an die Adresse des britischen Kinos der vergangenen dreißig Jahre, sich im Großen und Ganzen von der Moderne verabschiedet zu haben – sei es durch farblosen Sozialrealismus, Pseudo-Krimis, durch Bilderbuch-Kostümfilme oder mittelatlantische Mittelklasse-Märchen. Nicht nur kommen in *Notting Hill* weder Arme noch Nicht-Weiße vor (um nur ein Beispeil zu nennen) – auch der Westway fehlt, das Ballard'sche Schnellstraßenungetüm im Londoner Westen, heute ein Relikt jener »modernen Stadt, die London niemals wurde«.

Dennoch ist *Content* nicht bloß ein Requiem auf die in den vergangenen dreißig Jahren verpassten Möglichkeiten. In seinen Bildern von atemberaubenden, doch selten gezeigten Orten – vom Ready-made einer postfordistischen Science-Fiction-Landschaft im Containerhafen von Felixstowe bis zu den gespenstischen Überbleibseln aus der Zeit des Kalten Kriegs im nahe gelegenen Orford Ness – demonstriert *Content* nicht nur, was das britische Kino übersehen hat, sondern belegt zugleich, was es immer noch sein könnte.

Postmoderne Antiquitäten: ***Patience (After Sebald)***

(*Sight & Sound, April 2011*)

Als ich zum ersten Mal Andrei Tarkowskis *Stalker* sah – das war, als der Film in den frühen 1980er Jahren auf Channel 4 ausgestrahlt wurde –, erinnerte er mich sofort an die Landschaft in Suffolk, wo ich als Kind die Ferien verbracht hatte. Überwucherte Geschützbunker, gedrungene Martello-Türme, rostende Buhnen, die an Grabsteine erinnern: alles zusammen ergab eine perfekte Science-Fiction-Kulisse. An einer Stelle in Grant Gees *Patience (After Sebald)* – einem Essayfilm, inspiriert von W.G. Sebalds Roman *Die Ringe des Saturn* – kommt Theaterregisseurin Katie Williams zur gleichen Assoziation und vergleicht die durch ihre militärische Vergangenheit geprägte Küstenlandschaft Suffolks mit der »Zone« aus Tarkowskis Film.

Ich las Sebalds *Die Ringe des Saturn* und hoffte, der Roman werde diese unheimlichen, numinosen Orte erkunden.[9] Doch begegnete mir etwas ganz anderes: ein Buch, das sich, so schien es mir jedenfalls, verdrossen durch die Weiten von Suffolk bewegte, ohne sie wirklich eines Blickes zu würdigen. Was sich bot, war kleinbürgerliche Bitternis, eine anmaßende Verachtung, der menschliche Siedlungen von vornherein als schäbig, Orte abseits davon als bedrückend anmuten. Die Landschaft funktioniert in *Die Ringe des Saturn* als ziemlich dünne konzeptive Metapher, die Orte wirken als Trigger auf einem literarischen Streifzug, der sich weniger wie eine Reisebeschreibung denn wie der lustlose Tagtraum eines Bibliothekars liest. Statt die Auseinander-

[9] W.G. Sebald, *Die Ringe des Saturn. Eine englische Wallfahrt*, Frankfurt a. M.: Eichborn, 1995 (engl. *The Rings of Saturn*, übers. von Michael Hulse, London: Harvill Press, 1998).

setzung mit vorherigen literarischen Begegnungen mit Suffolk zu suchen – Henry James unternahm bekanntlich eine Wanderung durch die Grafschaft, sein Namensvetter M. R. James lässt zwei seiner atmosphärisch dichtesten Geistergeschichten hier spielen –, orientiert sich Sebald an so jemandem wie Jorge Luis Borges. Meine Skepsis wird verstärkt durch den erstaunlich schnell sich entwickelnden Kult um Sebald, bei dem es immer wieder darum geht, die wohlformulierten Sätze des Autors zu bewundern. Sebalds Prosa bietet indes eher mäßige Schwierigkeiten, sie zeigt ein anachronistisches, antiquiertes Modell »guter Literatur«, das so tut, als hätten viele Entwicklungen in der (nicht nur experimentellen) Literatur und in der Populärkultur des 20. Jahrhunderts niemals stattgefunden. Nun ist es nicht allzu schwer, Gründe zu finden, warum ein deutscher Autor den Mittelteil des 20. Jahrhunderts gerne ausblenden würde; möglicherweise sind viele der formalen Anachronismen, die Sebalds Schreiben kennzeichnen – und jenes merkwürdige Gefühl hinterlassen, hier werde das 21. Jahrhundert in der beschränkten und zugleich überladenen Prosa eines Essayisten aus dem frühen 20. Jahrhundert betrachtet –, auf diesen Wunsch zurückzuführen, ebenso wie die Romane selbst die verschiedenen und letztlich gescheiterten, bewussten und unbewussten Strategien zum Gegenstand haben, die eine lädierte Psyche aufbietet, um Traumata abzuwehren und eine neue Identität aufzubauen.

Der Schriftsteller Robert Macfarlane nannte Sebald einmal einen »postmodernen Antiquar«; tatsächlich verweist die Unentschiedenheit der Prosa über ihr Genre – sind *Die Ringe des Saturn* autobiographisch, fiktional, ein Roman, eine Reisebeschreibung? – auf eine gewisse Verspieltheit, doch findet sie keine Entsprechung auf der inhaltlichen Ebene. Für Sebald ist es unvermeidlich, die Verbissenheit aufrechtzuerhalten, soll das »Antiquieren« gelingen. Bisweilen orientieren sich Gees Filmaufnahmen von Suffolk an den Schwarz-Weiß-Fotographien, mit denen das Buch illustriert ist. Doch sind diese Bilder selbst fabriziert: Sebald muss sie viele Male fotokopiert haben, bis sie die gewünschte Körnigkeit aufwiesen.

Die Premiere des Films von Grant Gee war Teil eines Wochenendsymposiums von Artevents unter dem Titel *After Sebald: Place and Re-Enchantment*, das, hervorragend kuratiert von Gareth Evans, im Veranstaltungskomplex Snape Maltings in der Nähe von Aldeburgh, Suffolk, stattfand. Letzten Endes freilich taugen Sebalds Romane nur sehr bedingt, wenn es darum gehen soll, Orte und ihren besonderen Zauber zu erörtern, denn seine Themen sind wohl eher Vertreibung und Entzauberung. Wie die Künstlerin Tacita Dean in *Patience (After Sebald)* feststellt, fühlen sich nur Kinder wirklich heimisch, während Erwachsene sich immer des Prekären und Vergänglichen der Orte, an denen sie leben, bewusst sind. In ganz besonderem Maße gilt das wohl auch für Sebald, einen Schriftsteller aus Deutschland, der den größten Teil seines Lebens in Norfolk verbrachte.

Gee schließt mit *Patience (After Sebald)* an seine Dokumentarfilme über Radiohead und Joy Division an. Der Wechsel von Rock zu Literatur, so Gee gegenüber Macfarlane, erscheine ihm, dessen Empfinden durch die britische Musikkultur der Siebziger geprägt sei, als ganz selbstverständlich. Hätte Sebald in den Siebzigern veröffentlicht, so Gee, wäre er auf den Seiten des *NME* sicherlich in einem Atemzug mit anderen Berühmtheiten der Avantgarde-Literatur genannt worden. Etwas von Sebald gelesen habe er erst 2004, auf Empfehlung eines Freundes, des Romanautors Jeff Noon. Den etwas rätselhaften Titel des Films erklärt Gee teilweise als Relikt aus einem frühen Stadium des Projekts. Nun beziehe sich *Patience* auf die Verlangsamung der Zeit, die die Landschaft von Suffolk uns auferlegt – zugleich eine Befreiung von der Hektik der Stadt –, doch ursprünglich habe der Titel auf eine Passage aus Sebalds Roman *Austerlitz* angespielt.

»Austerlitz sagte mir, daß er hier manchmal stundenlang sitze und diese Fotografien, oder andere, die er aus seinen Beständen hervorhole, mit der rückwärtigen Seite nach oben auslege, ähnlich wie bei einer Partie Patience, und daß er sie dann, jedesmal von neuem erstaunt über das, was er sehe, nach und nach umwende, die Bilder hin und her und übereinanderschiebe, in eine aus Familienähnlichkeiten sich ergebende Ordnung, oder auch aus dem Spiel ziehe, bis nichts mehr übrig sei als die graue Fläche des Tischs, oder bis er sich, erschöpft von der Denk- und Erinnerungsarbeit, niederlegen müsse auf der Ottomane.«[10]

Ursprünglich hatte Gee beabsichtigt, einen Film über die Nicht-Orte in Sebalds Werk zu drehen: die Hotelzimmer oder Bahnhofswartesäle, in denen Figuren nachsinnen, sich unterhalten oder zusammenbrechen. (In Sebalds Roman enthüllt sich Jacques Austerlitz die eigene Identität in einer blitzartigen Erinnerung im Wartesaal der Londoner Liverpool Street Station.) Letzten Endes aber wandte sich Gee dem Buch zu, das sich – zumindest vordergründig – auf eine einzelne Landschaft konzentriert.

Gee filmte praktisch alles selbst, wobei er eine umgebaute 16 mm Paillard-Bolex verwendete. Er wollte eine Kamera, die Bilder liefert, deren Winkel »enger als normal« ist, »als sei es der Blick einer einzelnen Person«. Gee betrachtet *Patience (After Sebald)* als Essayfilm, in der Tradition der Arbeiten von Chris Petit oder auch der Robinson-Trilogie von Patrick Keiller. Als ich Gee darauf anspreche, dass *Patience* die auktoriale Stimme fehle, die Petits oder Keillers Essayfilme auszeichne, meint er selbstkritisch, er habe zwar schon öfter versucht, die eigene Stimme in einen Film einzubauen, sei jedoch vom Ergebnis immer enttäuscht gewesen: Die Stimme klang nicht richtig, seine schauspiele-

[10] W.G. Sebald, *Austerlitz*, München/Wien: Hanser, 2001, S. 171-172.

rischen Fähigkeiten reichten nicht aus oder die Texte waren nicht stark genug. In *Patience* wird die Geschichte daher, wie bereits im Dokumentarfilm über Joy Division, von anderen erzählt, von Macfarlane, Dean, dem Autor Iain Sinclair, von Petit, der Literaturkritikerin Marina Warner sowie dem Künstler Jeremy Millar. Eine der gespenstischsten Szenen des Films geht auf Letzteren zurück: Bei einem von Millar fotografisch dokumentierten kleinen Feuerwerk zum Gedenken an Sebald nahm der Rauch unerwartet Konturen an, die an das Gesicht des Romanciers erinnerten; im Film verstärkt Gee diesen Effekt, indem er Millars Fotografie mit einem Bild Sebalds überblendet.

Verschiedene Teilnehmer des *After Sebald*-Symposiums haben eingeräumt, irreleitende Erinnerung an *Die Ringe des Saturn* zu haben. Das passt natürlich zum Gegenstand, bedenkt man, dass die Unzuverlässigkeit der eigenen Erinnerung als eines der Hauptthemen Sebalds anzusehen ist. Zum Kult um *Die Ringe des Saturn* trägt allerdings, wie ich vermuten würde, noch eine andere Art falscher Erinnerung bei: Das Buch verführt seine Leserinnen und Leser, Aussagen zu halluzinieren, die es dort gar nicht gibt; in ihrer Sehnsucht – nach einem modernen Reisebericht, nach einer Erzählung, die der Landschaft Suffolks Gerechtigkeit widerfahren lässt – sehen sie weitaus mehr in dem Roman, als Sebald tatsächlich schrieb. Auch *Patience (After Sebald)* selbst ist im Grunde eine falsche Erinnerung an *Die Ringe des Saturn*, nicht zuletzt da der Film im Vergleich zum Roman vieles anders gewichtet und andere Prioritäten setzt.

In *Die Ringe des Saturn* tritt Suffolk häufig (und enttäuschenderweise) in den Hintergrund, während Sebald sich darauf konzentriert, ganz eigene Assoziationslinien zu verfolgen. Im Unterschied dazu zeigt Gees Film in der Hauptsache Bilder der Landschaft Suffolks: die Heide, durch die man meilenweit gehen kann, ohne eine einzige Seele zu treffen, die bröckelnden Ruinen der untergegangenen Stadt Dunwich, das rätselhaft Orford Ness, dessen mysteriöse

Betonpagoden während des Kalten Kriegs still über militärische Experimente wachten, die noch immer geheim sind. Sebalds Betrachtungen, in *Patience* von Jonathan Pryce gesprochen, bieten – aus dem Roman herausgelöst – diesen Bildern kein besonders sicheres Fundament. Beim Symposium in Snape Maltings bekannten einige Vortragende – Gee eingeschlossen –, die Sebalds Wegen nachgegangen waren, es sei ihnen nicht gelungen, die Schwermut des Romanciers umzusetzen: Die Landschaft habe sich als zu eigensinnig erwiesen, ihre erhabene Einsamkeit biete der düsteren psychologisierenden Innerlichkeit zu wenig fruchtbaren Boden.

Im Gespräch mit Robert Macfarlane im Anschluss an die Vorführung von *Patience* stellte Gee fest, in seinen Augen sei nicht wirklich entscheidend, dass Sebald die Wanderung unternommen habe. Er wollte damit sagen, es sei nicht so wichtig, ob Sebald den Weg genau auf die Art gegangen sei, wie es der Erzähler in *Die Ringe des Saturn* beschreibt, nämlich an einem Stück; ebenso gut sei vorstellbar, dass verschiedene Wanderungen, die über einen längeren Zeitraum stattfanden, die Grundlage des Romans bildeten. Für mich sprach aus Gees Bemerkung allerdings noch etwas anderes: dass es für Sebald nicht entscheidend war, die Wanderung *überhaupt* unternommen zu haben; dass *Die Ringe des Saturn* keineswegs auf der Auseinandersetzung mit der Landschaft beruhen mussten, sondern hätten geschrieben werden können, ohne dass Sebald jemals einen Fuß nach Suffolk gesetzt hatte.

Eine solche Position vertrat beim *After Sebald*-Symposium letztlich auch Richard Mabey, dem die Rolle des ungläubigen Thomas zufiel. Mabey – der seit über vierzig Jahren über Natur und die gesellschaftlichen Naturverhältnisse schreibt und dessen jüngstes Buch, *Weeds*, den wunderbaren Untertitel *How Vagabond Plants Gatecrashed Civilisation and Changed the Way We Think About Nature* trägt – warf Sebald eine vollkommene Ignoranz der Landschaft gegenüber vor. Beim Lesen der *Ringe des Saturn* habe er sich gefühlt, meinte Mabey, als werde ein sehr guter Freund herabgesetzt; obgleich er selbst zahllose Male an der Küste Suffolks unterwegs gewesen sei, habe er sie in Sebalds Beschreibung an keiner Stelle wiedererkennen können. Allerdings ist der Punkt bei Sebald vielleicht gar nicht so sehr die Ignoranz der Landschaft gegenüber als vielmehr das Einfärben der Orte mit seinen Leidenschaften – so wie es Thomas Hardy mit Wessex tat, und wie es die Brontës mit Yorkshire oder in jüngerer Zeit auch der Musiker Richard Skelton mit der Heidelandschaft Lancashires taten. Für Sebald ist Suffolk eine Art Rorschach-Muster, ein Trigger für assoziative Prozesse, die sich sukzessive von der Landschaft entfernen, statt sich auf sie zu beziehen.

Mabey jedenfalls verlangt eine Auseinandersetzung mit der Natur, die ihrer nicht-menschlichen Exteriorität Rechnung trägt. Er klingt ein wenig wie ein Deleuzianer, wenn er über die »komplexe Heterogenität« und die »eigenständige Poesie« von Mikro-Ökosystemen doziert, die sich noch im Hufabdruck einer Kuh finden; er spricht von der Notwendigkeit, »wie ein Berg zu denken«, und zitiert zustimmend Virginia Woolfs Vorstellung von einem »philosophierenden und träumenden Land«. Beeindruckend finde ich im Übrigen die Parallelen zwischen Mabeys Ansatz und beispielsweise einer Position, wie sie Patrick Keiller in seinem Film *Robinson in Ruins* vertritt, wenn er Flechten als »nichtmenschliche Intelligenz« anspricht.

In seiner Annäherung an das »unentdeckte Land hier in unserer Nähe« steht nicht zuletzt auch Robert Macfarlanes für die BBC gedrehter – und ebenfalls auf dem *After Sebald*-Symposium gezeigter – Film *The Wild Places of Essex* einer Mabey'schen Haltung nahe, wenn er Natur betrachtet, die sich in von Menschen verlassenen oder für sie unbewohnbaren Räumen ausbreitet. (Macfarlanes Film scheint somit ein Konterpart zur wunderbaren Dokumentation *Oil City Confidential* von Julien Temple, der den fiebrigen

Rhythm & Blues von Dr. Feelgood in der Mondlandschaft von Canvey Island vor der Küste von Essex verwurzelt sieht.)

So vermag *Patience (After Sebald)* selbst einen Sebald-Skeptiker wie mich zu erreichen, insofern der Film sich – möglicherweise trotz Sebald – mit der Wildnis Suffolks auseinandersetzt. Gleichzeitig bringt mich Gees ruhige und beeindruckende Arbeit dazu, meine eigene Skepsis in Frage zu stellen und es vielleicht noch einmal mit Sebalds Romanen zu versuchen, um herauszufinden, was andere gesehen haben, mir aber bislang entging.

Handsworth Songs und die Riots in England

(*BFI / Sight & Sound, September 2011*)

»Ich bin sicher, eine Gruppe Leute, die den britischen Staat in die Knie zwingen kann, wird in der Lage sein, sich selbst zu organisieren.« John Akomfrah, Regisseur des vom Black Audio Film Collective produzierten Films *Handsworth Songs*, ließ bei der Vorführung des Films in der Tate Modern an seiner Position keinen Zweifel. Premiere hatte der Film 1986 gehabt, ein Jahr nach den Riots in Handsworth/Birmingham und Tottenham. Anlass der aktuellen Veranstaltung in der Tate waren die jüngsten Unruhen in England – es konnte daher kaum überraschen, dass den ganzen Abend über die Frage nach Kontinuitäten und Diskontinuitäten zwischen den Achtzigern und heute im Raum stand und nicht zuletzt auch die Diskussion beherrschte, die sich an die Filmvorführung anschloss.

Wenn wir den Film heute sehen (und vor allem auch hören), erscheint *Handsworth Songs* auf gespenstische Art (un-)zeitgemäß. Die Kontinuitäten zwischen den Achtzigern und heute drängen sich offenkundig mit einigem Nachdruck auf: Wie bei der jüngsten Eskalation war Polizeigewalt der Auslöser für die Ereignissee von 1985; und die damalige Diffamierung der Riots als sinnlose und kriminelle Akte der Gewalt vernimmt man von Tory-Politikern immer wieder. Deshalb ist es so wichtig, dem gelegentlich geäußerten Argument zu widersprechen, die Dinge hätten sich doch (noch dazu irgendwie kontinuierlich) »gebessert«, seit *Handsworth Songs* gedreht wurde. Gewiss, das Black Audio Film Collective wird heute, nach den neuesten Riots in England, in die Tate Modern eingeladen; das wäre 1985 undenkbar gewesen. Doch andererseits, Rob White wies darauf während der Veranstaltung hin, besteht gegenwärtig kaum die

Chance, dass *Handsworth Songs* oder etwas in der Art auf Channel 4 ausgestrahlt, geschweige denn vom Sender in Auftrag gegeben wird. Die Unterstellung, Polizeibrutalität und Rassismus seien Relikte einer längst vergangenen Zeit, ist Teil der reaktionären Narrativierung der jüngsten Riots, nach dem Motto: *Ja, gewiss, es gab damals ein solches Vorgehen und Rassismus, aber heute nicht mehr, das ist vorbei...* Die Lehre, die wir daraus ziehen sollten – nicht zuletzt gerade heute, da es gilt, das Recht auf Schwangerschaftsabbruch zu verteidigen und sich der Wiedereinführung der Todesstrafe zu widersetzen –, lautet, dass soziale Kämpfe niemals endgültig gewonnen sind.

In der Tate-Diskussion wies etwa George Shire aber auch darauf hin, dass Kämpfe häufig nicht unbedingt in Niederlagen enden, sondern in etwas münden, das Shire die »Privatisierung der Politik« nennt, sodass ehemalige Aktivisten beispielsweise einen Job als »Berater« bekommen. Ähnliche Überlegungen formuliert auch Paul Gilroy in einem unlängst veröffentlichen Kommentar: »Wenn wir uns die Schicht politischer Wortführer aus unseren Communities anschauen, die Generation, die in jener Zeit vor rund dreißig Jahren heranwuchs, stellen wir fest, dass viele darunter sind, die die Logik der Privatisierung akzeptiert haben. Sie haben jene Bewegung privatisiert, und sie verkaufen ihre Dienste als Berater und Manager und Diversity-Trainer.«[11]

Das verweist allerdings auf eine entscheidende Diskontinuität zwischen der heutigen Situation und der vor einem Vierteljahrhundert. 1985 wurde politische Kollektivität gewaltsam aufgelöst und zerschlagen, es war das Jahr, in dem auch der große Bergarbeiterstreik mit einer bitteren Niederlage endete. Das neoliberale Programm hatte begonnen,

[11] Paul Gilroy, »On The Riots«, Rede in Tottenham, North London, in: *The Dream Of Safety*, 16. August 2011 (online: dreamofsafety.blogspot.com/2011/08/paul-gilroy-speaks-on-riots-august-2011.html).

»Privatisierung« in den Köpfen zu verankern – ein Topos, der heute allenthalben als selbstverständlich angesehen wird. Akomfrahs mit Blick auf die aktuellen Unruhen geäußerter Optimismus – wonach die Aufständischen in der Lage seien, sich als kollektive Akteure zu konstituieren – geht davon aus, eine Umkehrung jener Privatisierung in den Köpfen sei heute möglich.

An *Handsworth Songs* bemerkenswert ist nicht zuletzt die abgeklärte Selbstverständlichkeit seines experimentellen Essayismus. Statt auf didaktische Eingängigkeit zu setzen, zeigt der Film ein vielschichtiges Palimpsest, das Archivbilder, ein zerfaserndes Sounddesign und Filmdokumente verbindet, die das Black Audio Film Collective während der Riots und danach gedreht hatte. Die Praxis des BAFC unterstellte ganz selbstverständlich, dass »*black*«, »Avantgarde« und »Politik« nicht einfach nur koexistieren, sondern einander voraussetzen. Eine solche Haltung, ein solches Selbstverständnis sind umso bemerkenswerter, als sie hart erkämpft werden mussten. Lina Gopaul, Gründungsmitglied des BAFC, erinnert sich, dass zu Beginn ihrer Arbeit die Vorstellung eines schwarzen Avantgarde-Kollektivs auf völliges Unverständnis stieß. Allein der Anblick junger Schwarzer mit Kameras löste verwirrte Fragen aus. Als das Collective vor 25 Jahren die Ereignisse in Handsworth und Broadwater Farm filmte, reagierten Polizisten, wie Gopaul sich entsinnt, verstört: *Sind die wirklich echt?*

In Zeiten, in denen Reaktionäre sich einmal mehr berufen fühlen, in Mainstream-Medien rassistisch verallgemeinernd über »schwarze Kultur« zu befinden, bleibt die durch das BAFC geleistete Dekonstruktion der landläufigen Vorstellungen dessen, was »*black*« denn eigentlich bedeute, notwendig und dringlich. In *The Ghosts of Songs: The Film Art of the Black Audio Film Collective*, einem bemerkenswerten Überblick über die Arbeit des BAFC, den er gemeinsam mit Otolith Group-Kollegin Anjalika Sagar herausgab, stellt Kodwo Eshun fest, für das Collective stehe »schwarz « in einem pointierten Sinn »für eine Dimension der Potentialität«.[12] Im Verlauf der von ihm geleiteten Diskussion in der Tate verwies Eshun zudem auf die Art, wie *Handsworth Songs* die gebrochene, Cut-up-Dub-Version von »Jerusalem« verwendet, die Mark Stewart & The Maffia 1982 aufgenommen hatten: Der Track lasse hier eine Vorstellung von *Englishness* aufscheinen, die *Blackness* nicht länger ausgrenze, sondern als den einzig gangbaren Weg aufzeige, das millenaristische Versprechen des revolutionären Gedichts William Blakes zu erfüllen. Der Rückgriff auf das Stück von Stewart verdeutlicht zudem, wie sehr *Handsworth Songs* einem Post-Punk-Moment angehört, der gerade durch die Erschütterung der Gewissheiten über »weiße« und »schwarze« Kultur definiert ist. Für das beeindruckende Sounddesign des Films zeichnet im Übrigen Trevor Mathison verantwortlich, der nicht allein auf Dub setzt, sondern mit Voice-Loops und brodelnder Elektronik arbeitet, was manchmal an Stücke von Test Department oder Cabaret Voltaire erinnert. Heutzutage dient der Soundtrack in vielen Film- und Fernsehproduktionen einzig dem Zweck, die Polyvalenz der Bilder zu eliminieren. Instant-Sounds unterwerfen das Publikum dem Audio-Spektakel, während der redundante Popmusik-Einsatz eine unentwegte, terroristische Sentimentalität verstärkt. Ganz im erfrischenden Gegensatz dazu befreien Mathisons Soundcollagen – gleichermaßen bestechend und befremdlich – Gefühle aus ihrer Individualisierung und emanzipieren die Potentiale des Sounds von der Beschränkung auf »Musik«. Selbst ganz ohne Bilder würde *Handsworth Songs* als packender Audio-Essay funktionieren.

Mit seinem Aufnahme-Equipment gelang es Mathison, für den Film einen ganz bemerkenswerten Moment festzuhal-

[12] Kodwo Eshun und Anjalika Sagar (Hg.), *The Ghosts of Songs: The Film Art of the Black Audio Film Collective*, Liverpool: Liverpool University Press, 2007, S. 75.

ten, nämlich eine im Grunde belanglose Diskussion zwischen dem Aufnahmeleiter und dem Produzenten des inzwischen schon lange abgesetzten wöchentlichen Magazins *TV Eye* in der Vorbereitung einer aktuellen Sondersendung, die mit Publikum in Tottenham aufgezeichnet werden sollte. Das Gespräch der beiden enthüllt, wie wenig »rein technische« Punkte sich von politischen Fragen trennen lassen, wenn der Produzent, der sich gerade noch nach der Beleuchtung erkundigte, plötzlich besorgt ist, ob sich nicht zu viele Nicht-Weiße im Publikum befinden. Durch den sachlichen Ton des Gesprächs wirkt das plötzliche Hereinbrechen der politischen Verhältnisse umso verstörender – doch äußerst aufschlussreich.

Die Filmvorführung und die Diskussion im Museum erinnern daran, dass »Mainstream-Medien« kein Monolith, sondern immer ein Terrain sind. Es war keine großzügige Geste der BBC oder von Channel 4, dass diese Institutionen zwischen den 1960er und den 1990er Jahren viele populäre Experimente unterstützten. Im Gegenteil: Es ist einzig der – gleichzeitig politischen und kulturellen – Auflehnung von Kräften zu verdanken, die weder bereit waren, sich weiter marginalisieren zu lassen, noch vorhatten, die bestehenden Formen des Mainstream zu reproduzieren. *Handsworth Songs* ist ein wunderbares Dokument dieses Kampfes – und eine Aufforderung an uns, ihn wieder aufzunehmen.

»Erschütterungen einer unabsehbaren Zukunft«: Patrick Keillers *Robinson in Ruins*

(*Sight & Sound, November 2010*)

In Ellis Sharps Kurzgeschichte »The Hay Wain« flieht 1990 ein an den Poll-Tax-Unruhen Beteiligter vor der Polizei in die National Gallery und »bemerkt – was er zuvor auf Keksdosen und Kalendern oder auf dem Plastiktablett, das in der Wohnung seiner Tante in Bradford an der Wand lehnte, noch nie bemerkt hatte – die winzigen Figuren, die sich auf dem Feld im Hintergrund nach vorn beugen«.[13] John Constables *Heuwagen*, jenes vermeintlich zeitlose Gemälde einer englischen Landschaft, hört plötzlich auf, ein idyllischer Bildschirmschoner zu sein und wird zu dem, was es immer schon in Wirklichkeit war: eine Momentaufnahme der Landarbeit. Die ländliche Gegend bietet keineswegs einen Zufluchtsort, frei von politischen Auseinandersetzungen, sondern das Land in England ist selbst Schauplatz zahlloser Kämpfe zwischen den Verteidigern von Macht und Privilegien und jenen, die sich ihnen zu widersetzen versuchen. Sharp stellt dem herrschenden idyllischen Bild der Landschaft nicht einen entleerten Gegenwartsrealismus entgegen, sondern eine poetische Imagination anderer Art, gefärbt durch die Revolte: Felder und Wasserläufe werden zu Kampfplätzen und Verstecken, Landschaften, die auf den ersten Blick ganz friedlich und still wirken, sind erfüllt von den auf Rache sinnenden Geistern ermordeter Märtyrer aus den arbeitenden Klassen. »Zeitlos« ist nicht der sonnenhelle Nachmittag im ländlichen England, sondern der Umstand, dass es den Reaktionären immer wieder gelingt, der Ge-

[13] Ellis Sharp, »The Hay Wain« (1992), in: ders., *Dead Iraqis. Selected Short Stories*, hg. von Macdonald Daly, Seattle: New Ventures, 2009.

rechtigkeit zu entgehen. Als der Polizeiknüppel den Demonstranten in der National Gallery trifft und sein Blut auf Constables Gemälde spritzt, jenen Stolz Englands, werden wir schlagartig an Episoden aus jüngster Vergangenheit erinnert. *Er hat sich der Festnahme widersetzt, richtig? So war es doch, Kollegen? – So war's, Chef. – Wir mussten unmittelbaren Zwang anwenden, richtig? ... Macht Euch nicht ins Hemd, wir stehen das Ding zusammen durch, nicht wahr, Kollegen? ... Wir haben alle auf unserer Seite, denkt daran. Die Einsatzleitung. Die Polizeigewerkschaft. Die Zeitungen. Und, wenn's darauf ankommt, auch die Forensik. Jetzt, verdammt, macht hin und ruft einen Krankenwagen.*

Patrick Keillers neuester Film, *Robinson in Ruins* (2010), der lange erwartete Nachfolger seiner beiden Arbeiten aus den Neunzigern, *London* (1994) und *Robinson in Space* (1997), betreibt eine ähnliche Politisierung von Landschaft. Oder vielmehr: Er erkundet und zeigt das ländliche England als einen immer schon außerordentlich politisierten Raum. »Ich begann 1981 damit, Landschaftsfilme zu drehen, in der frühen Thatcher-Ära, nachdem ich mich zuvor mit der surrealistischen Tradition auseinandergesetzt hatte. In meinen Augen sollte Film darauf zielen, die Alltagswirklichkeit zu verändern, radikal oder auf welche Weise auch immer«, schreibt Keiller rückblickend 2008, während der Vorbereitungen zu *Robinson in Ruins*. »Ich hatte ganz vergessen, dass Landschaftsfotografie in vielen Fällen durch utopische oder ideologische Vorstellungen motiviert ist, durch die Absicht, Kritik an der Welt zu üben und die Möglichkeit aufzuzeigen, eine bessere zu schaffen.«[14]

In *London* steckt viel stille Wut, der Film ist eine melancholische Studie der Metropole nach dreizehn Jahren der Tory-Herrschaft. Der namenlose Erzähler, gesprochen von Paul Scofield, berichtet von der obsessiven Forschungsar-

[14] Patrick Keiller, »Landscape and Cinematography«, in: *Cultural Geographies*, 16.3 (2009), S. 414.

beit, durch die Robinson, ein einzelgängerischer – fiktionaler – Wissenschaftler, bemüht ist, dem »Problem London« auf die Spur zu kommen, in jenem London, das einst die Hauptstadt der ersten kapitalistischen Nation war. Keillers Interesse gilt vor allem den Bedingungen, unter denen die Stadt heute zum Zentrum eines neuen, »postfordistischen« Kapitalismus wird, in dem eine Dienstleistungsökonomie in gespenstischer Schwerelosigkeit die alten Fabriken und Industrien ablöst. Robinson und sein Erzählerfreund betrachten diese schöne neue Welt mit Bitternis und der tiefen Trauer zweier Männer, die einmal andere Zeiten kannten: In ihrer untergegangenen Welt wurden Landschafts- und Naturfilme durch öffentliche Sendeanstalten finanziert.

London ist nicht zuletzt aufgrund der Art und Weise bemerkenswert, wie hier Fiktion mit der Form des Essay-Films kombiniert wird. Keillers statische Kamera betrachtet die Stadt unverwandt und zeigt sie in beeindruckenden, langen Einstellungen, in Momenten, die tiefe Einblicke gewähren. *Robinson in Space* behält diese Arbeitsweise bei, erweitert aber den Fokus und widmet sich nicht mehr nur London, sondern England als Ganzem. Der Film betrachtet nun auch Landschaften, doch sind sie etwas, über das Keillers Kamera eher hinausschaut, als dass sie darauf verharrt. In beiden Filmen gilt Robinsons Interesse den Städten, in denen der Kapitalismus sich konstituierte und erste Gestalt annahm, sowie jenen Nicht-Orten, an denen er sich heute mehr oder weniger geräuschlos weiter entwickelt und ausbreitet, den Logistikzentren und Containerhäfen etwa. Außer Robinson und seinem Erzählergefährten sucht praktisch niemand diese Orte auf, und doch verweben nicht zuletzt sie Großbritannien mit dem Weltmarkt. Keiller durchkreuzt bestimmte herrschende Narrative, wenn er beobachtet, dass die britische Wirtschaft sich keineswegs »im Niedergang« befindet. Im Gegenteil: Die »post-industrielle« Ökonomie floriert und festigt ihre beherrschende Position, ihre auf tiefen Ungleichheiten beruhende Macht.

London und *Robinson in Space* entstanden im Zeitraum zwischen zwei politischen Nicht-Ereignissen, den Parlamentswahlen von 1992 und 1997. Im Jahr 1992 erwartete man allgemein einen Regierungswechsel; alle dachten, das Ende der Tory-Herrschaft sei gekommen, nicht zuletzt auch die regierenden Konservativen, doch dann wurde John Major wiedergewählt. 1997 kam dann der so lange erhoffte Wechsel, doch wie sich herausstellte, blieb mehr oder weniger alles beim Alten. Tony Blair stand keineswegs für das Ende des Neoliberalismus, den Keillers Filme sezieren, im Gegenteil, die Labour-Regierung sollte die Verhältnisse konsolidieren. *Robinson in Space* entstand zum größten Teil während des Siechtums der Major-Regierung, zu früh also, um das, was folgte, angemessen wahrnehmen zu können. Doch sein Augenmerk für die gleichzeitige Banalität und die Ballard'schen Dimensionen des post-fordistischen Kapitalismus in Großbritannien machen *Robinson in Space* zu einem zutiefst prophetischen Film. Das England Gordon Browns ist immer noch das England dieses Films, nur ein Jahrzehnt später.

Robinson in Ruins nun, der dritte Film in Keillers Reihe, ist geprägt durch ein traumatisches Ereignis, die Finanzkrise von 2007/08. Alle Auswirkungen dieser Krise abzusehen, ist es noch zu früh, doch teilt *Robinson in Ruins* mit Chris Petits *Content* – neben vielen anderen Gemeinsamkeiten – die vorsichtige Intuition, dass eine historische Zeitspanne, die 1979 begann, 2008 endete. Die »Ruinen«, die Robinson im neuen Film durchwandert, sind nicht zuletzt die Ruinen eine neoliberalen Kultur, die nicht bereit ist, ihr Ableben hinzunehmen, und deshalb einfach fortfährt, als sei nichts geschehen: wie ein Zombie, dem der eigene Tod entging. Robinson zitiert im Film Fredric Jamesons Bemerkung, dass »es uns heute offenbar leichter fällt, uns die vollständige Zerstörung der Welt und der Natur vorzustellen als den Zusammenbruch des Spätkapitalismus; doch möglicherweise liegt das an einer gewissen Schwäche unserer Vorstellungskraft«, um daraus – wenigstens für den Augenblick – die Hoffnung zu schöpfen, die so genannte Kreditklemme sei ein wenig mehr als nur eine der wiederkehrenden Krisen, durch die der Kapitalismus sich periodisch erneuert.[15]

Auch wenn es vielleicht merkwürdig anmutet, ist es gerade die »vollständige Zerstörung der Welt und der Natur«, die Robinson ein wenig Hoffnung schöpfen lässt; der offenkundigste Unterschied zwischen *Robinson in Ruins* und den beiden vorangegangenen Filmen ist denn auch das Auftauchen einer radikal ökologischen Perspektive. Teilweise spiegelt sich in Keillers Wendung zu »grünen« Themen natürlich der Wandel, den zeitgleich der politische Mainstream vollzogen hat. Zu der Zeit, als die beiden vorherigen Robinson-Filme entstanden, erschienen Umweltfragen für den britischen Mainstream noch randständig. Doch gerade im vergangenen Jahrzehnt war es insbesondere die Sorge um die globale Erwärmung, die ins Zentrum der politischen Debatte drängte. Heute sieht sich jedes Unternehmen gezwungen, ganz gleich, wie sehr es die Umwelt belastet, sich als »grün« darzustellen. Durch das Einbeziehen ökologischer Überlegungen gewinnt Keillers Auseinandersetzung mit der Landschaft eine ganz eigene Dialektik. In der Konfrontation von Kapital und Ökosystem stehen sich faktisch zwei Totalitäten gegenüber. Keiller zeigt, dass der Kapitalismus – zumindest im Prinzip – alles durchdringt: Insbesondere in England, einer klaustrophobischen Nation, die schon vor Jahrhunderten das *common land*, die Allmende, einfriedete, gibt es kein Land außerhalb der Politik; im Grunde widersetzt sich nichts dem Drang des Kapitals, alles zu kommodifizieren, jedenfalls nicht in der »Welt der Natur«. Um dies zu demonstrieren, begibt sich Keiller auf einen langen Exkurs über steigende Weizenpreise im unmittelbaren Zusammenhang der Krise von 2008. Anderer-

[15] Fredric Jameson, *The Seeds of Time*, New York: Columbia University Press, 1994, S. xii.

seits bleibt das Kapital selbst, aus einer radikal ökologischen Perspektive betrachtet, obschon es in der Lage ist, die Umwelt des Menschen und weite Teile der unbelebten Natur zu vernichten, letztlich eine bloß begrenzte Episode. Die drohende Umweltkatastrophe bietet, was das vom Neoliberalismus völlig kolonisierte politische Unbewusste nicht zu bieten hat: Ein Leben nach dem Kapitalismus wird vorstellbar. Allerdings ist dieses Leben möglicherweise nicht menschlich, und zudem stellt sich das Gefühl ein, Robinson könnte, wie der Vater der Erzählerin in Margaret Atwoods kalt visionärem Roman *Surfacing* (dt. *Strömung/ Der lange Traum*), auf irgendwie dunkel-deleuzianische Art mit der Natur verschmolzen sein. Wie Atwoods Roman beginnt *Robinson in Ruins* mit einem Verschwinden: dem Robinsons selbst. Auch Robinsons Freund, der Erzähler, kommt im Film nicht mehr vor; Paul Scofield, der die Rolle gesprochen hatte, verstarb 2010. Die Aufgabe der Erzählerin übernahm daraufhin Vanessa Redgrave, die in *Robinson in Ruins* als Kopf einer Gruppe eingeführt wird, die sich vorgenommen hat, anhand von Notizen aus einem Caravan, dem letzten bekannten Aufenthaltsort Robinsons, die Forschungsarbeit des Einzelgängers zu rekonstruieren. Der Einsatz von Redgrave als Erzählerin überzeugt allerdings nicht so richtig, weil der Film das Gefühl vermittelt, Keiller sei der fiktionalen Geschichte um Robinson müde und habe sich von der Funktion der Rahmenerzählung innerlich verabschiedet. Tatsächlich gerät über weite Strecken des Films diese rahmende Geschichte aus dem Blick, bis dahin, dass an manchen Stellen das Zurückkommen auf Robinson eher holprig wirkt. Zudem lässt Redgraves Erzählweise, die oftmals seltsam zaghaft und tastend erscheint, Scofields mitunter süffisanten Unterton wie auch die Selbstverständlichkeit vermissen, mit der er Keillers Texte sprach.

Die Art, wie *Robinson in Ruins* die historische Entwicklung des Kapitalismus in England nachvollzieht und Schauplätze des Widerstands dagegen aufsucht, belegt die Sensibilität dafür, wie Landschaft stillschweigend das Politische aufnimmt (und hervorbringt). Eine solche Haltung lässt die Arbeitsweise von Danièle Huillet und Jean-Marie Straub anklingen. Wie Straub-Huillets Filme kehrt *Robinson in Ruins* an Orte zurück, an denen sich Auseinandersetzungen verdichteten: so nach Greenham Common oder in das Waldgebiet in Oxfordshire, in dem Professor David Kelly Suizid verübte. Keillers Entscheidung, weiterhin mit fotografischem Film zu drehen und nicht auf digitale Aufnahmemedien umzusteigen, kommt heute eine größere Bedeutung zu als damals, als er bei *London* und *Robinson in Space* mit der Filmkamera arbeitete. 1997 stand in vielerlei Hinsicht der Eintritt ins digitale Zeitalter noch bevor, doch heute, da wir den Cyberspace auf jedem Smartphone mit uns herumtragen, gibt es kein Außerhalb mehr. Mit Film zu arbeiten, habe ihm die Materialität des Mediums auf neue Art vor Augen geführt, sagt Keiller. »Verglichen mit Video ist Filmmaterial in der Anschaffung und bei der Bearbeitung teuer, und außerdem sind in einem Magazin nur 122 Meter Film, das heißt gerade mal vier Minuten bei 25 Bildern pro Sekunde. Die Arbeit mit Film verlangt deshalb, sich, bevor man dreht, mit einer Aufnahme eingehend zu beschäftigen und die Kamera im Anschluss auch wieder möglichst bald zu stoppen, um die Ausgaben in Grenzen zu halten und zudem das Magazin nicht ständig wechseln zu müssen. Ergebnisse sieht man frühestens, wenn der Film entwickelt ist, was in unserem Fall gewöhnlich erst ein paar Tage später der Fall ist; in der Zwischenzeit sind einige Motive sicher verschwunden, andere haben sich verändert, was die Möglichkeit, einen Take zu wiederholen, ausschließt. Ich frage mich, warum ich solche Schwierigkeiten nie zuvor bemerkte, oder ob ich sie einfach nur wieder vergessen habe. Ein anderes Problem ist, dass es beim heute üblichen digitalen Schnitt nicht mehr gängig ist, einen Abzug zu machen. Stattdessen wird der belichtete Film entwickelt und danach auf Digitalvideo übertragen, sodass das eigentliche

Bildmaterial vor dem Ende des Produktionsprozesses im Normalfall nicht mehr ins Spiel kommt. Diese Hybridität der fotografischen und digitalen Medien unterstreicht so den Wert der materiellen, gewissermaßen mineralischen Eigenschaften von Film. Man beginnt, die Cinematographie ganz neu zu sehen, als eine Art Steinmetzarbeit.«[16]

Recht früh in *Robinson in Ruins* erfahren wir, dass Robinson Formen »nicht-menschlicher Intelligenz« begegnet sei, was natürlich zunächst die Befürchtung auslöst, er sei dem Wahnsinn verfallen. Doch wie sich schließlich herausstellt, gehört die »nicht-menschliche Intelligenz« nicht Außerirdischen, die eine blühende Pulp-Science-Fiction-Psychose bevölkern, sondern es handelt sich um terrestrische Lebensformen, die das erwachende ökologische Bewusstsein entdeckt. Sie entwickeln sich diskret, doch mit einer Beharrlichkeit, die der Durchsetzungsfähigkeit des Kapitalismus nicht nachsteht. In einer langsamen Spirale, wie sie für Keillers Arbeitsweise typisch ist, wird sukzessive deutlich, dass die Flechten, denen die Kamera sich in frühen Einstellungen kurz zuwendet (motiviert, so zunächst der Eindruck, durch deren pittoreskes Aussehen), im Verlauf des Films in den Mittelpunkt rücken werden. Flechten sind, so hat Robinson herausgefunden, in großen Gebieten des Planeten schon heute die vorherrschenden Lebensformen.

Begeistert von der Arbeit der US-amerikanischen Biologin Lynn Margulis gesteht Robinson, dass er eine zunehmende »Biophilie« empfinde – ein Faible, das Keiller zu teilen scheint. Die Kamera verweilt unbeweglich auf Wildblumen, während die Erzählerin schweigt, und ein paar Augenblicke lang finden wir uns in einer Welt ohne Menschen wieder. Solche Momente, die nicht narrativierte Betrachtung einer nicht-menschlichen Szenerie, angeschnittene Bilder menschenleerer Landschaften, sind so etwas wie das Keiller'sche Pendant zur berühmten »Straub'schen Einstel-

[16] Keiller, »Landscape and Cinematography«, S. 112.

lung« in den Filmen von Straub-Huillet. Robinson findet Margulis interessant, weil sie die Analogien zwischen dem Kapitalismus und dem Biologischen zurückweist, die so häufig dazu dienen, kapitalistische Verhältnisse zu naturalisieren. Und statt des rücksichtslosen Wettbewerbs, den Sozialdarwinisten in der Natur wiederfinden, entdeckt Margulis Organismen, die kooperative Strategien entwickeln.

Wenn Keiller seine Kamera auf solche Formen »nichtmenschlicher Intelligenz« richtet, diese stummen Vorboten einer Zukunft ohne Menschheit, erinnert mich das an die schwarzen Orchideen in Troy Kennedy Martins Mini-Fernsehserie *Edge of Darkness*: Es sind Herolde einer Umwelt, die sich anschickt, an der sie gedankenlos zugrunde richtenden Menschheit Rache zu nehmen. Kennedy Martins ist inspiriert durch die anti-humanistische Ökologie James Lovelocks – eine apokalyptische Weltsicht, die auch durch *Robinson in Ruins* geistert. Keiller sieht den Untergang überall lauern – Arten sterben in viel größerer Zahl aus, als Wissenschaftler es noch vor ein paar Jahren für möglich gehalten hätten. Eine solche Akzentuierung des Aussterbens verweist auf die Verbindungen von *Robinson in Ruins* zu Themen, die in der Philosophie des spekulativen Realismus aufgetaucht sind, Fragen eines Raums jenseits des menschlichen Lebens, der diesem ebenso vorausgeht wie er es überdauern wird. In gewisser Weise nehmen die Thesen von Philosophen wie Ray Brassier oder Tim Morton die alte Gegenüberstellung der menschlichen Endlichkeit und des Erhabenen wieder auf, wie sie auch eine bestimmte Richtung von Landschaftskunst sich einmal zum Gegenstand machte. Doch während das Erhabene in diesem Fall auf einzelne Naturphänomene bezogen blieb, die Gewalt des Ozeans oder eines Vulkanausbruchs, durch die das Leben eines Individuums oder ganze Städte bedroht waren oder vernichtet werden konnten, betrachtet der spekulative Realismus den Untergang als einen umfassenden, der nicht nur die Menschenwelt, sondern das Leben und letztlich die

Materie selbst betrifft. Die Aussicht auf die ökologische Katastrophe bedeutet, dass die Disjunktion zwischen der erlebten Zeit menschlicher Erfahrung und beträchtlich längeren Zeiträumen heute nicht mehr nur eine Frage metaphysischer Kontemplation ist, sondern eine aktuelle politische Angelegenheit von großer Tragweite. Oder wie einer der Gewährsleute Robinsons, Fredric Jameson, es formuliert:

> »Als biologische Organismen mit einer bestimmten Lebensdauer, als biologische Individuen sind wir schlecht gerüstet, die grundlegenden Dynamiken der Geschichte wahrzunehmen, und wenn wir einen flüchtigen Blick auf diesen oder jenen keineswegs abgeschlossenen Augenblick erhaschen, beeilen wir uns, ihn in die allzumenschlichen Kategorien von Erfolg und Misserfolg zu übersetzen. Doch weder der Appell an stoische Weisheit noch die Mahnung, das Längerfristige im Auge zu behalten, sind wirklich befriedigende Antworten auf dieses eigenartige existenzielle und epistemologische Dilemma. Vielleicht wird nur die Anerkennung dieser radikalen Inkommensurabilität zwischen menschlicher Existenz und der Dynamik kollektiver Geschichte und Produktion in der Lage sein, eine neue Ethik hervorzubringen – und ebenso neue Arten politischer Haltungen, neue Formen der politischen Wahrnehmung, politische Geduld und darüber hinaus neue Methoden, die Epoche zu entschlüsseln und die darin kaum merklichen Erschütterungen einer unabsehbaren Zukunft zu lesen.«[17]

In seinem Requiem auf das neoliberale England vermittelt uns *Robinson in Ruins* zumindest eine Ahnung jener kaum merklichen Erschütterungen einer unabsehbaren Zukunft.

[17] Fredric Jameson, »Actually Existing Marxism« (1993), in: Saree Makdisi, Cesare Casarino und Rebecca E. Karl (Hg.), *Marxism Beyond Marxism*, New York/London: Routledge, 1996, S. 17.

Dank

Viele der hier vorgestellten Überlegungen gehen zurück auf Einträge in meinem Blog, *k-punk*. Ich danke den Leserinnen und Lesern von *k-punk* für ihre Kommentare und die Bereitschaft, diese Ideen zu diskutieren. Dank schulde ich auch den Verlagen, die mir freundlicherweise die Wiederveröffentlichung verschiedener Texte in diesem Buch erlauben, insbesondere gilt dieser Dank Rob Winter bei *Sight & Sound* sowie Tony Herrington bei *The Wire*. Verschiedene bereits andernorts erschienene Beiträge wurden überarbeitet, bevor sie hier Aufnahme fanden. Selbstverständlich fallen die Bearbeitungen dieser Texte in meine Verantwortung.

Wollte ich allen danken, die mich beim Schreiben dieses Buchs inspirierten oder unterstützten, wäre die Liste endlos; ich möchte mich daher nur auf die beschränken, die mir bei der Fertigstellung des Manuskripts zur Seite standen. Mein Dank dafür geht an Tariq Goddard für seine Geduld, an Liam Sprod und Alex Niven für ihr aufmerksames Lektorat und Korrektorat, und an Rob White für seine wie immer einsichtigen und wertvollen Anmerkungen.

Aus der Reihe Critica Diabolis

21. *Hannah Arendt,* Nach Auschwitz, 13,- Euro
45. *Bittermann (Hg.),* Serbien muss sterbien, 14.- Euro
55. *Wolfgang Pohrt,* Theorie des Gebrauchswerts, 17.- Euro
65. *Guy Debord,* Gesellschaft des Spektakels, 20.- Euro
112. *Fanny Müller,* Für Katastrophen ist man nie zu alt, 13.- Euro
129. *Robert Kurz,* Das Weltkapital, 18.- Euro
139. *Hunter S. Thompson,* Hey Rube, 10.- Euro
153. *Fanny Müller,* Auf Dauer seh ich keine Zukunft, 16.- Euro
154. *Nick Tosches,* Hellfire. Die Jerry Lee Lewis-Story, 16.- Euro
160. *Hunter S. Thomspon,* Die große Haifischjagd, 19.80 Euro
162. *Lester Bangs,* Psychotische Reaktionen und heiße Luft, 19.80 Euro
171. *Harry Rowohlt, Ralf Sotscheck,* In Schlucken-zwei-Spechte, 15.- Euro
173. *einzlkind,* Harold, Toller Roman, 16.- Euro
174. *Wolfgang Pohrt,* Gewalt und Politik, Ausgewählte Schriften, 22.- Euro
176. *Heiko Werning,* Mein wunderbarer Wedding, 14.- Euro
178. *Kinky Friedman,* Zehn kleine New Yorker, 15.- Euro
184. *Guy Debord,* Ausgewählte Briefe. 1957-1994, 28.- Euro
185. *Klaus Bittermann,* The Crazy Never Die, 16.- Euro
188. *Ralf Sotscheck,* Tückisches Irland, 14.- Euro
189. *Hunter S. Thompson,* The Kingdom of Gonzo, Interviews, 18.- Euro
192. *Heiko Werning,* Schlimme Nächte, 14.- Euro
197. *Wolfgang Pohrt,* Kapitalismus Forever, 13.- Euro
200. *Wolfgang Pohrt,* Honoré de Balzac, 13.- Euro
204. *Robert Kurz,* Weltkrise und Ignoranz, Essays, 16.- Euro
205. *Wolfgang Pohrt,* Das allerletzte Gefecht, 13.- Euro
207. *einzlkind,* Gretchen, Prima Roman, 18.- Euro
208. *Wiglaf Droste,* Die Würde des Menschen ist ein Konjunktiv, 14.- Euro
209. *Lee Miller,* Krieg. Mit den Alliierten in Europa 1944-45, 24.- Euro
210. *Berthold Seliger,* Das Geschäft mit der Musik, 18.- Euro
211. *Friedhelm Kändler,* Die Abenteuer der Missis Jö, 14.- Euro
212. *Franz Dobler,* A Boy Named Sue, 14.- Euro
213. *Klaus Bittermann,* Alles schick in Kreuzberg, 14.- Euro
214. *Heiko Werning,* Im wilden Wedding, 14.- Euro
215. *Hartmut El Kurdi,* Revolverhelden auf Klassenfahrt, 14.- Euro
216. *Ingo Müller,* Furchtbare Juristen, 22.- Euro
217. *Marcel Cohen,* Raum der Erinnerung. Tatsachen, 16.- Euro
218. *Ralf Sotscheck,* Türzwerge schlägt man nicht, 13.- Euro
219. *Wiglaf Droste,* Der Ohrfeige nach, 14.- Euro
220. *Bill Cardoso,* Rummel im Dschungel, Ali gegen Foreman, 12.- Euro
221. *Frédéric Ciriez,* Ein Sapeur in Paris. Roman, ca. 20.- Euro
222. *Hunter S. Thompson,* Odyssee. Gonzo-Briefe, 28.- Euro
223. *Mark Fisher,* Gespenster meines Lebens, 20.- Euro
224. *Hans Zippert,* Würden Sie an einer Tortengrafik teilnehmen?, ca. 14- Euro
225. *Eike Geisel,* Die Wiedergutwerdung der Deutschen, ca. 24.- Euro
226. *Mark Polizzotti,* Highway 61 Revisited. Dylan's Road-Album, ca. 18.-
227. *Berthold Seliger,* I Have a Stream, Ein Aufruf gegen das TV, ca. 14.- Euro

http://www.edition-tiamat.de